Mike Berry & Greg Philo • ISRAEL UND PALÄSTINA

W0417479

Mike Berry & Greg Philo

Israel und Palästina

Kampf ums „gelobte" Land – eine vergleichende Betrachtung

Aus dem Englischen von Verena Gajewski

Kai Homilius Verlag
Edition Zeitgeschichte Band 25

Copyright © Mike Berry and Greg Philo 2006.
ISRAEL AND PALESTINE: Competing Histories first published by
Pluto Press, London 2006.
Diese Übersetzung wurde herausgegeben mit dem Einverständnis
von Pluto Press Ltd., London

Wir danken PASSIA für die freundliche Bereitstellung
des Kartenmaterials.

© Kai Homilius Verlag 2007
Alle Rechte vorbehalten. Ohne ausdrückliche Genehmigung des
Verlages ist es nicht gestattet, dieses Werk oder Teile daraus
auf fotomechanischem Wege (Fotokopie, Mikrokopie) zu vervielfältigen oder in Datenbanken aufzunehmen.

Kai Homilius Verlag
www.kai-homilius-verlag.de
Email: home@kai-homilius-verlag.de

Autoren:	Mike Berry & Greg Philo
Übersetzung:	Verena Gajewski
Lektorat:	Doreen Brückner
Satz:	Jessika Hilscher
Cover:	Joachim Geissler
Druck:	Printed in E.U.
ISBN:	978-3-89706-846-9

Die Deutsche Bibliothek-CIP-Einheitsaufnahme

Mike Berry/Greg Philo

Israel und Palästina/Berry, Mike; Philo, Greg – Berlin: Kai Homilius Verlag, 2007

ISBN: 978-3-89706-846-9

Ne: GT

Inhaltverzeichnis

Kartenübersicht

EINLEITUNG

Ausgangspunkt für dieses Buch waren unsere Recherchen zu einer Studie über die Berichterstattung zum Nahostkonflikt in den Fernsehnachrichten.[1] Als wir mit den Recherchen begannen, kam uns der Gedanke, es könnte sich als sinnvoll erweisen, eine kurze geschichtliche Abhandlung zu dem Konflikt zusammenzustellen, da es nicht nur ein immenses öffentliches Interesse an dem Thema gab, sondern weil wir auch aufzeigen wollten, mit was für komplexen Argumentationsstrukturen sich Journalisten bei der Zusammenstellung von Nachrichtenprogrammen in diesem Bereich konfrontiert sehen. Schnell wurde uns klar, dass es nicht ***eine*** Geschichte dieses Konflikts gab, sondern viele, da praktisch jeder historische Fakt entweder von der einen oder der anderen Seite in Frage gestellt wurde. Dabei gibt es nicht nur große Unterschiede zwischen den Darstellungen der israelischen und der palästinensischen Historiker, die beiden Lager sind auch in sich zum Teil tief gespalten. Derartige Meinungsverschiedenheiten sind bis zu einem gewissen Grad absolut charakteristisch für eine wissenschaftliche Auseinandersetzung, doch in diesem Fall haben sie auch eine starke ideologische Dimension, da die verschiedenen Interpretationen und geschichtlichen Darstellungen auch zur Rechtfertigung politischer Positionen eingesetzt werden können. Der israelische Historiker Avi Shlaim sprach in diesem Zusammenhang einmal von „Geschichtskriegen", in denen eine Gruppe „neuer" israelischer Historiker, die die Rolle Israels bei der Entstehung und Fortsetzung des Konflikts mit den Palästinensern durchaus kritisch betrachteten, die traditionelle zionistische Darstellung der Entstehung des Staates Israel in Frage stellte. Diese neuen Historiker, zu denen neben Shlaim selbst auch Ilan Pappe gehörte, wurden in Israel massiv öffentlich angegriffen und Shlaim schrieb über seine Kritiker:

> Ihnen wäre es am liebsten, wenn in den Schulbüchern weiterhin nur die heroische Version der Entstehung des Staates Israel stünde. Die Kernaussage ist im Grunde, dass man in Bildungsfragen zum Wohle des Landes lügen muss. (2003:9)

1 Die Untersuchung wurde unter dem Titel *Bad News from Israel* im Jahr 2004 von Pluto Press veröffentlicht.

Die konservativen Kritiker waren in erster Linie besorgt, die „neuen" Historiker würden die patriotischen Werte und das Vertrauen der jungen Menschen in die Rechtmäßigkeit des israelischen Anspruchs untergraben. Sechs Monate vor den Nationalwahlen in Israel im Januar 2001 sagte Ariel Scharon dazu, seiner Ansicht nach „sollten die neuen Historiker nicht gelehrt werden". Als die neue konservative Regierung unter Scharon dann im Jahr 2001 die Regierungsgeschäfte übernahm, leitete die neue Bildungsministerin sofort entsprechende Maßnahmen ein. Shlaim dazu:

> Eine der ersten Amtshandlungen von Frau Livnat als Bildungsministerin bestand darin, neue Geschichtsbücher für höhere Schulen in Auftrag zu geben, aus denen jede Spur der Einflüsse der neuen Historiker getilgt worden war. (2003:10)

Es ist klar, dass es viele verschiedene Darstellungen der Entwicklungen gibt und dass diese manchmal in engem Zusammenhang mit dem Versuch stehen, die moralischen Vorstellungen der jeweiligen Seite zu stützen. In diesem Buch haben wir versucht, die ganze Bandbreite der verschiedenen Positionen und Argumente zu den einzelnen Ereignissen in diesem Konflikt darzustellen. Doch wir wollten diese Positionen nicht einfach nur kommentarlos wiederholen, da unser Ansatz nicht „post-modern" ist und wir nicht der Meinung sind, dass man alle Darstellungen als gleichermaßen gültig betrachten muss. Wir sind vielmehr der Meinung, dass es einen großen Unterschied gibt zwischen jenen, die einfach etwas behaupten, ohne sich dabei auf Beweise zu stützen, und jenen, die viele Stunden lang in Archiven sitzen, um Fakten zu recherchieren und ihre Schlussfolgerungen abzusichern. Es wird immer Auseinandersetzungen geben, doch wir haben, soweit uns dies möglich war, versucht darzustellen, welche Ansichten und Positionen am besten durch bisher zugängliche Beweise gestützt werden und an welcher Stelle es Ungenauigkeiten oder Widersprüche gibt. Allerdings haben wir versucht, dies nicht allzu vordergründig zu tun, da der Leser letztlich die Möglichkeit haben soll, sich eine eigene Meinung bezüglich des Wertes einzelner Darstellungen zu bilden und selbst zu entscheiden, was er glauben will und was nicht. Zu guter Letzt hoffen wir, dass es uns gelungen ist, mit unserer Darstellung der Bandbreite der Argumente dazu beizutragen, dass die Teilnehmer an der öffentliche Debatten zu einem Thema, das oft von Propaganda und Widersprüchen geprägt ist, nun eine bessere Grundlage für ihre Diskussionen finden.

Die Wurzeln des Zionismus und die Erste Welle jüdischer Immigration nach Palästina

Laut dem amerikanischen Historiker Howard Sachar (1977:6f.) geht das moderne zionistische Gedankengut bis auf die europäischen Rabbiner Judah Alkalai und Zvi Hirsch Kalischer zurück, die seit den 30er Jahren des 19. Jahrhunderts immer wieder die Bedeutung der Rückkehr des jüdischen Volkes ins Heilige Land als notwendige Voraussetzung für die Erlösung und für die Ankunft des Messias unterstrichen. Sachar behauptet, derartige messianische Ermahnungen fanden unter den europäischen Juden nicht sofort und auch nicht in großem Umfang Widerhall. Dennoch, so Sachar, waren in den 70er Jahren des 19. Jahrhunderts in ganz Russland bereits Gesellschaften gegründet worden, die allgemein als *Chovevei Zion* (Die Zion Liebenden) bekannt waren und Palästina als Ort der nationalen Erneuerung und als Zufluchtsort vor dem Antisemitismus betrachteten.

Nach der Ermordung von Zar Alexander II. im Jahre 1881 kam es in Russland zu einer ganzen Reihe von Pogromen, bei denen eine große Anzahl von Juden getötet wurde. Bis 1914 waren bereits etwa zwei Millionen Juden vor der Verfolgung in Russland geflohen. Der größte Teil von ihnen suchte Zuflucht in den Vereinigten Staaten, der geringere Teil von ihnen, etwa 25.000, kam in zwei großen Einwanderungswellen von 1882-84 und von 1890-91 in Palästina an. Zu dieser Zeit war der Anteil der jüdischen Bevölkerung in Palästina noch sehr klein. Laut der offiziellen Volkszählung des Osmanischen Reiches aus dem Jahr 1878 lebten insgesamt nur 15.011 Juden in Palästina, während die dort lebende muslimisch-christliche Bevölkerung 447.454 Personen umfasste. (McCarthy, 1990) Die Neuankömmlinge, welche von großen jüdischen Familien wie den Rothschilds finanziell unterstützt wurden, betrachteten sich selbst als Landwirtschaftspioniere, die mit ihrer Arbeit die Grundlage für eine Selbstbestimmung der Juden in Palästina legten. In einem Brief an seinen Bruder Simon vom 21. September 1882 beschreibt Wladimir Dubnow, Arbeiter in der landwirtschaftlichen Siedlung *Mikveh* Israel, die Gefühle und Hoffnungen dieser frühen jüdischen Siedler folgendermaßen:

> Mein letztendliches Ziel, ebenso wie das vieler anderer hier, ist weitaus größer, weiter gefasst, unfassbar, aber nicht unmöglich zu erreichen. Dieses Ziel besteht darin, die Kontrolle über Palästina zu erlangen und dem jüdischen Volk die politische Unabhängigkeit wiederzugeben, die ihm zweitausend Jahre lang verweigert war. Lach nicht, das ist kein Traum. Wir haben die Mittel zur Erreichung dieses Ziels. Wir müssen Siedlungen in diesem Land gründen, deren Basis Landwirtschaft und Handwerk sind, wir müssen alle möglichen Arten von Betrieben gründen und nach und nach erweitern. Kurz gesagt: Wir müssen Maßnahmen ergreifen, damit sich das gesamte Land und die gesamte Industrie in jüdischer Hand befinden. Außerdem wird es notwendig sein, die Jüngeren und die nächsten Generationen den Umgang mit Feuerwaffen zu lehren (in der freien, wilden Türkei ist alles möglich). Und dann – und hier schweife auch ich in Spekulationen ab – wird der glorreiche Tag anbrechen, von dem Jesaja in seinen glühenden und poetischen Verkündigungen gesprochen hat. Die Juden werden mit lauter Stimme und wenn nötig mit der Waffe in der Hand verkünden, dass sie die Herren über ihr altes Heimatland sind. (zitiert in Gilbert, 1999: 5-6)

Die Beziehungen zwischen den neuen jüdischen Immigranten und der einheimischen Bevölkerung waren sehr unterschiedlich. Man erwarb Grundstücke von *Effendis*, die selbst nicht im Land lebten, und baute darauf die jüdischen Siedlungen. In vielen Fällen wurden die Einheimischen, die sich bis dahin um das Land gekümmert hatten, mithilfe der türkischen Polizei von dort vertrieben, was Verbitterung und Gewalt auslöste. Einige Zionisten, wie beispielsweise Ahad Aham, standen der Art und Weise, wie die Siedler sich die Kontrolle über das Land sicherten und wie sie die Einheimischen behandelten, sehr kritisch gegenüber. 1891 sagte Aham, die Siedler „behandeln die Araber feindselig und grausam, berauben sie auf skrupellose Art und Weise ihrer Rechte, beleidigen sie grundlos und prahlen auch noch damit. Und niemand sagt oder tut etwas gegen dieses verabscheuungswürdige Verhalten." (1923:107; zitiert in Hirst, 1977:24) Es gibt allerdings auch Beweise dafür, dass die beiden Gruppen teilweise zum gegenseitigen Nutzen zusammenarbeiteten. Die jüdischen Siedlungen brachten nämlich auch einige Vorteile mit sich, darunter zusätzliche Arbeitsplätze, Zugang zu medizinischer Versorgung, die Möglichkeit zur Ausleihe moderner Gerätschaften und einen Absatzmarkt für die eigenen Produkte. Sachar berichtet, in den 90er

Jahren des 19. Jahrhundert seien in der landwirtschaftlichen Siedlung *Zichron Ya'akov* mehr als 1.000 Araber beschäftigt gewesen, die dort für etwa 200 Juden arbeiteten. (1977:34) Der ehemalige Nahost-Korrespondent des *Guardian*, David Hirst (1977), schreibt, zu Beginn des 20. Jahrhunderts sei dann ein militanterer Typ des jüdischen Siedlers in Palästina aufgetreten. Dieser sei von den Ideen Theodor Herzls inspiriert gewesen und entschlossen, die Kontrolle über das Land zu erlangen und Nicht-Juden vom Arbeitsmarkt in Palästina auszuschließen. Der *Jüdische Nationalfond*, der zur Verwaltung der Landkäufe der Juden gegründet worden war, verfügte im Jahr 1901, dass die Grundstücke, die über den Fond erworben wurden, niemals an Nicht-Juden weiterverkauft oder verpachtet werden dürfen, und die Siedler begannen, die arabischen Arbeitskräfte zu boykottieren. (Hirst, 1977; Shafir, 1999)

Theodor Herzl und die Entstehung des politisch orientierten Zionismus

Theodor Herzl, der allgemein als Begründer des politisch orientierten Zionismus gilt, war ein jüdischer Journalist und Schriftsteller aus Österreich-Ungarn. Der ansteckende Antisemitismus, der zu jener Zeit in ganz Europa herrschte, hatte ihn zutiefst erschüttert. In seiner Funktion als Journalist für die Wiener Tageszeitung *Neue Freie Presse* hatte er über den berüchtigten Dreyfus-Prozess in Paris berichtet, in dem ein jüdischer Offizier fälschlicherweise beschuldigt worden war, Geheimnisse an die Deutschen verraten zu haben, und die Wahl von Karl Lueger, dem Anführer einer Partei mit ganz offener antisemitischer Ausrichtung, zum Bürgermeister von Wien hatte ihn ebenfalls stark beunruhigt.
Herzl war der Ansicht, dass die Verstreutheit in der Diaspora und die Tatsache, dass die Juden in jedem Land, in dem sie lebten, eine Minderheit waren, die zentralen Probleme des jüdischen Volkes darstellten. Dies, so Herzl, führte zu einer Abhängigkeit der Juden von der Kultur des Gastlandes und zu einer Unterdrückung der Selbstbestimmung. Außerdem glaubte Herzl, der weit verbreitete Antisemitismus würde bedeu-

ten, dass eine vollständige Assimilation der Juden in den Gesellschaften der europäischen Länder für die meisten Juden unmöglich wäre.

In seinem Buch *Der Judenstaat* (1896) legt er dar, dass die Lösung für dieses Problem darin bestünde, einen eigenen Staat für die Juden zu errichten, in welchem sie in der Mehrheit wären und ihre Selbstbestimmung als Nation ausüben könnten. Im Gegensatz zum „praktischen Zionismus" der Siedler in Palästina, die seit 1882 in Palästina ankamen, entschied sich Herzl für eine politische Orientierung. Er baute Verbindungen zu bekannten Staatsmännern der großen Reiche auf und versuchte so, eine Charta für einen Judenstaat zu erreichen.

Herzl hatte zwei mögliche Standorte für seinen geplanten Judenstaat im Auge: Argentinien oder Palästina. Aus seinen Tagebüchern lässt sich erkennen, dass er stark von dem britischen Imperialisten Cecil Rhodes beeinflusst war und dass ihn besonders die Art und Weise, wie Rhodes den Einheimischen die Kontrolle über Mashonaland und Matabeleland entrissen hatte, sehr beeindruckt hatte. (Hirst, 1977) In seinen Tagebüchern schreibt Herzl, die Siedler sollten sich an Rhodes ein Beispiel nehmen und die einheimische Bevölkerung „sachte" enteignen und „trachten, die arme Bevölkerung unbemerkt über die Grenze zu schaffen, indem wir ihr in den Durchzugsländern Arbeit verschaffen, aber in unserem eigenen Lande jederlei Arbeit verweigern". „Das Expropriationswerk muss ebenso wie die Fortschaffung der Armen mit Zartheit und Behutsamkeit erfolgen." (Herzl, 1984:117f.)

Zur Erreichung seines Ziels war Herzl auf der Suche nach einem Gönner unter den Imperialmächten, der bereit wäre, eine solche Siedlungscharta zu gewähren. Er umwarb den deutschen Kaiser, den Sultan des Osmanischen Reiches und den Briten Joseph Chamberlain und betonte allen gegenüber die Vorteile, die ein Judenstaat und das jüdische Kapital ihnen bringen würden. Im Jahr 1901 reiste Herzl eigens nach Konstantinopel, um sich dort mit dem Sultan zu treffen. In einem letztlich erfolglosen Versuch, vom Sultan eine Charta zur Einrichtung einer *Jüdisch-Osmanischen Kolonisierungsgesellschaft in Palästina* zu erhalten, bot er ihm an, dass die Juden die Staatsschulden des Osmanischen Reiches ausgleichen würden. Bohm (1935) behauptet, durch den dritten Artikel dieser angestrebten Charta hätte die jüdische Verwaltung das Recht erhalten, die einheimische Bevölkerung aus Palästina zu vertreiben.

Danach wandte sich Herzl den britischen Politikern zu. Hirst (1977:) schreibt, Herzl habe versucht, eine Verbindung zwischen den Zielen der

Zionisten und den imperialen Interessen der Briten herzustellen. Darüber hinaus versuchte er, den Antisemitismus bestimmter britischer Politiker für seine Zwecke zu nutzen, indem er dahingehend argumentierte, dass der Strom jüdischer Immigranten, die vor Pogromen nach Großbritannien flüchteten, abnehmen würde, wenn die Juden einen eigenen Staat hätten. Zu jener Zeit bestand bei einigen Vertretern des britischen Establishments die Befürchtung, die Juden könnten den Bolschewismus nach Großbritannien einschleppen.

Herzl warb bei Lord Rothschild für eine Schaffung jüdischer Kolonien auf Zypern, auf der Halbinsel Sinai und im ägyptischen Teil Palästinas, doch dieser Plan stieß auf Gegenwehr seitens der ägyptischen Behörden. Im April 1903 schlug Neville Chamberlain Herzl vor, die Zionisten sollten ihren Judenstaat unter der Hoheitsgewalt der britischen Krone in Uganda errichten. Chamberlain bot ihm dafür ein Gebiet an, in das eine Million Juden einwandern und dort siedeln könnten und das unter der Kontrolle eines jüdischen Gouverneurs stehen würde. (Gilbert, 1999:21) Herzl akzeptierte diesen Vorschlag. Martin Gilbert schreibt, dass Herzl „entschlossen war, das erste Angebot anzunehmen, welches den Juden von einer Großmacht gemacht würde, und somit den russischen Juden zumindest einen zeitweiligen Zufluchtsort zu bieten". (1999:21) Obwohl nicht alle Zionisten von dem Vorschlag begeistert waren, gelang es Herzl doch, auf dem 6. Zionistischen Weltkongress 1903 in Basel mit 295 Stimmen dafür, 175 dagegen und 99 Enthaltungen eine Mehrheit für den Uganda-Plan zu erhalten. Nachdem Herzl jedoch kurz darauf, im Juli 1904, im Alter von 44 Jahren starb, wurde mit ihm auch der Uganda-Plan beerdigt. Auf dem Weltkongress 1905 wurde er endgültig abgelehnt und die Aufgabe, den politisch orientierten Zionismus weiter voranzubringen, wurde dem britischen Chemiker Chaim Weizman übertragen.

Die zweite Welle jüdischer Immigration nach Palästina

Im Jahr 1904 begann die zweite Welle jüdischer Immigration nach Palästina, ebenfalls infolge von Pogromen in Russland. In den darauf folgenden zehn Jahren wanderten zwischen 35.000 und 40.000 Juden nach Palästina ein. Unter ihnen befand sich auch ein damals 20-jähriger russischer Jude namens David Grün. (Er änderte später seinen Namen in Ben-Gurion, Sohn des Grün.) Er kam im September 1906 in Jaffa an und sollte später eine wichtige Rolle beim Auf- und Ausbau des Staates Israel spielen.

Die neuen Immigranten arbeiteten größtenteils in den landwirtschaftlichen Siedlungen, die von den Einwanderern der ersten Welle begründet worden waren, oder aber in den Städten. Sie gründeten auch die ersten jüdischen Parteien, schufen eine hebräischsprachige Presse, Gemeinschaftsfarmen (so genannte *Kibbuzim*) und im Jahr 1909 die erste jüdische Selbstverteidigungsmiliz mit dem Namen *HaShomer* (Der Wächter), deren Motto lautete: „Durch Blut und Feuer fiel Judäa, durch Blut und Feuer soll Judäa auferstehen." (Gilbert, 1999:27) Der israelische Soziologe Gershon Shafir sagt, im Kampf um eine ausschließlich jüdische Arbeiterschaft haben sich die jüdischen Arbeiter in „militante Nationalisten" verwandelt, die „eine homogene jüdische Gesellschaft schaffen wollten". (1999:88)

Palästina wurde zum Entstehungsort zweier konkurrierender Formen des Nationalismus: da war einerseits der Nationalismus der einheimischen Bevölkerung aus Muslimen und Christen, die nur allzu gern die Herrschaft der Osmanen abgeschüttelt hätten, und andererseits der Nationalismus der neu eingewanderten Juden, die dort unbedingt ihr eigenes Land gründen wollten. Einige Zionisten begannen, die Bedeutung einer bewaffneten Truppe immer wieder zu betonen. Israel Zangwill, der auch den Wahlspruch „ein Land ohne Volk für ein Volk ohne Land" geprägt hatte, sagte auf einem Zionistentreffen in Manchester im Jahr 1905: „[Wir] müssen dazu bereit sein, die [arabischen] Stämme, denen das Land gehört, mit dem Schwert von dort zu vertreiben, wie es unsere Vorväter getan haben, oder aber uns mit dem Problem auseinanderset-

zen, dass ein großer Teil der Bevölkerung Fremdstämmige sein werden". (Zangwill; zitiert in Morris, 2001:140)
Die Palästinenser, die selbst unter der Herrschaft des Osmanischen Reiches standen, leiteten ihre Proteste zunächst sehr ehrerbietig über ihre Anführer weiter. In den 90er Jahren des 19. Jahrhunderts ersuchten Vertreter der palästinensischen Oberschicht wiederholt ihre imperialen Oberherren in Konstantinopel, der jüdischen Immigration nach Palästina Grenzen zu setzen, blieben dabei jedoch erfolglos. Das Ende des 19. Jahrhunderts war eine Zeit des zunehmenden pan-arabischen Bewusstseins, das in der Bewunderung für die arabische Literatur und Kultur seine Wiedergeburt erlebte. Ovendale schreibt, sowohl das Osmanische Reich als auch die Ausbreitung des Zionismus wurden von den Arabern als Bedrohung für die eigene Entwicklung angesehen. Weiter schreibt er, dass „zwischen 1909 und 1914 in Palästina der Widerstand der nationalistisch Orientierten gegen den Zionismus zunahm: man befürchtete, dass im Falle einer Einnahme Palästinas durch die Juden die territoriale Einheit der arabischen Welt zerstört und das Anliegen der Araber geschwächt würde". (1999:12) 1914 sagte der muslimische Intellektuelle Rashid Rida, die Palästinenser stünden vor einer maßgeblichen Entscheidung: Sie können sich entweder mit den Zionisten dahingehen einigen, dass die Zionisten im Austausch für ein Entgegenkommen seitens der Araber ihre eigenen Ambitionen einschränken würden, oder sie können sie mit Waffengewalt bekämpfen.

> Es liegt ganz bei den Führern der Araber – die die einheimische Bevölkerung bilden – sich für eine von zwei Möglichkeiten zu entscheiden. Entweder müssen sie mit den Führern der Zionisten zu einem Ausgleich der Interessen beider Seiten kommen [...] oder sie müssen alle Kräfte bündeln und die Zionisten auf jede erdenkliche Art bekämpfen, zunächst durch die Gründung von Firmen und Gesellschaften und schließlich auch durch die Bildung bewaffneter Truppen, die sie mit Gewalt bekämpfen. (Rida; zitiert in Hirst, 1977:32-33)

Die Balfour-Deklaration und das britische Mandat

Im Verlauf des Ersten Weltkrieges ging man allgemein davon aus, dass das Osmanische Reich auseinander fallen würde, und so begannen die Entente-Mächte damit, über ihre territorialen Ansprüche zu verhandeln. 1916 endeten die Verhandlungen zwischen Großbritannien, Frankreich und Russland mit der Unterzeichnung des geheimen Sykes-Picot-Abkommens, durch welches so genannte „Einflusssphären" der europäischen Mächte in der Region geschaffen werden sollten. Doch in dem Abkommen wurden auch die realen Gegebenheiten in Bezug auf den arabischen Nationalismus in Betracht gezogen und so wurde in dem Abkommen die Anerkennung „eines unabhängigen arabischen Staates" oder einer „Konföderation arabischer Staaten" in der Region festgeschrieben.
Zusicherungen seitens der Briten an die Araber bezüglich ihrer Unabhängigkeit nach dem Sieg über die Mittelmächte (die man ihnen als Belohnung für die Unterstützung der Araber während des Ersten Weltkriegs zugesagt hatte) finden sich in der Korrespondenz zwischen dem britischen Hochkommissar in Ägypten, Sir Henry McMahon, und dem Emir von Mekka, Sharif Hussein, der zudem als Hüter der allerheiligsten Stätten des Islam galt.[2] Doch diese Zusicherungen der europäischen Mächte, die Unabhängigkeit der Araber anzuerkennen, stand im Widerspruch zu den Zusicherungen, die die Briten zeitgleich gegenüber den Zionistenführern gemacht hatten, dass Großbritannien sich für die Schaffung eines Judenstaates in Palästina einsetzen würde. Zioni-

2 In einem Brief vom 24. Oktober 1915 beschrieb McMahon die Gebiete, in denen die Briten bereit waren, eine Unabhängigkeit zu gewähren: „Die beiden Distrikte Mersina und Alexandretta und Teile Syriens westlich der Distrikte Damaskus, Homs, Hama und Aleppo können nicht als rein arabisch angesehen werden und sollten deshalb von den geforderten Grenzziehungen ausgeschlossen werden. Wir erkennen diese Grenzen mit den oben genannten Modifikationen und ohne jede Beeinträchtigung unserer bereits bestehenden Verträge mit arabischen Führern an. Was nun die Gebiete innerhalb dieser Grenzen angeht, in denen Großbritannien Handlungsfreiheit genießt, solange dadurch kein Nachteil für unseren Verbündeten Frankreich entsteht, so bin ich ermächtigt, im Namen der Regierung von Großbritannien folgende Zusicherungen zu machen und Ihnen folgende Antwort auf Ihren Brief zu geben: (1) Unter der Bedingung der Anerkennung der oben genannten Modifikationen ist Großbritannien bereit, die Unabhängigkeit der Araber in allen Gebieten innerhalb der von Sharif von Mekka geforderten Grenzen anzuerkennen und zu unterstützen". (Brief zitiert in Ingrams, 1972:2)

stische Führer pflegten enge Beziehungen zu bekannten britischen Politikern, darunter auch Lloyd George, Arthur Balfour, Herbert Samuel und Mark Sykes. 1915 schlug Samuel in einem Memorandum mit dem Titel *The Future of Palestine* (Die Zukunft Palästinas; Anm. d. Übers.) vor, „Großbritannien [solle] Palästina annektieren, [wo] man dann drei oder vier Millionen europäischer Juden unterbringen könnte". (Weisgal, 1944:131; zitiert in UN, 1990) Und in der Balfour-Deklaration vom November 1917 wurde die Unterstützung der Briten für einen Judenstaat dann explizit festgeschrieben:

> Die Regierung seiner Majestät steht der Gründung einer nationalen Heimstatt für das jüdische Volk in Palästina wohlwollend gegenüber und wird sich nach Kräften bemühen, die Erreichung dieses Ziels zu unterstützen. Es versteht sich von selbst, dass hierbei nichts unternommen werden sollte, wodurch die bürgerlichen oder religiösen Rechte der bestehenden nicht-jüdischen Gemeinschaften in Palästina oder die Rechte oder den politischen Status von Juden in irgendeinem anderen Land beeinträchtigt würden.

Die „nicht jüdischen Gemeinschaften", die 89 Prozent der Bevölkerung ausmachten und aus Arabern, Muslimen und Christen bestanden, waren angesichts der Deklaration sehr verärgert.[3] Sie merkten an, dass in der Deklaration nur von ihren „bürgerlichen und religiösen Rechten" die Rede war, nicht aber von ihren politischen Rechten. Außerdem stellten sie in Frage, dass die Briten berechtigt waren, Land zu verschenken, das ihnen gar nicht gehörte.

Für die Zionisten dagegen stellte die Deklaration einen großen Sieg dar. Der israelische Historiker Avi Shlaim schrieb in freier Wiedergabe eines Ausspruches von Chaim Weizman, die Deklaration hätte „den Juden den goldenen Schlüssel in die Hand gegeben, um die Tore nach Palästina zu öffnen und sich dort selbst zu den Herren des Landes zu machen". (2000:7) Die Rechtmäßigkeit der Balfour-Deklaration ist seither von mehreren Experten angezweifelt worden. (Linowitz, 1957; Cattan, 1973) Nach Ende des Ersten Weltkrieges erhielt Großbritannien über das Mandatssystem zur Zerstückelung des Osmanischen Reiches die Kon-

3 Laut einer von den Briten durchgeführten Volkszählung aus dem Jahr 1922 lag die Gesamtbevölkerungszahl in Palästina bei 752.048, darunter waren 83.790 Juden, 589.177 Muslime und 71.464 Christen. (United Nations, 1945)

trolle über Palästina. 1921 teilte Großbritannien das Gebiet in zwei Teile, wobei der Teil östlich des Jordans zu Transjordanien wurde und das Gebiet westlich davon zum Mandatsgebiet Palästina. Im Juli 1922 bestätigte der Völkerbund das Mandat der Briten für Palästina, wobei in Artikel 4 des Mandats festgeschrieben wurde, dass „eine entsprechende jüdische Vertretung als Gremium zur Beratung und Zusammenarbeit mit der Administration Palästinas in allen wirtschaftlichen, sozialen und anderen Fragen, die die Schaffung der Heimstätte des jüdischen Volkes betreffen könnten, anerkannt wird". (Gilbert, 1999:50)
Für viele Befürworter des Staates Israel liefert die Tatsache, dass die Bedingungen der Balfour-Deklaration in das Mandat des Völkerbundes mit einbezogen wurden, eine juristische Rechtfertigung für die Errichtung des Staates Israel in Palästina. Nach Ansicht der Palästinenser dagegen waren derartige Abkommen ihrem Wesen nach kolonialistisch und die Anwesenheit der Juden in Palästina ebenso wenig legitim wie die Kolonien der französischen Siedler in Algerien, die jedoch nach der Entlassung Algeriens in die Unabhängigkeit geräumt wurden. Die einheimische Bevölkerung des Mandatsgebiets Palästina befürchtete, dass eine Masseneinwanderung von Juden nach Palästina zu einer weiteren Kolonialisierung ihres Landes führen würde und dass diese in ihrer eigenen Unterjochung enden würde. Mehrere bekannte britische Politiker teilten diese Ansicht, unter ihnen auch Lord Curzon, der am 26. Januar 1919 gegenüber Lord Balfour sagte:

> Ich bin deshalb ziemlich sicher, dass, obwohl Weizman eines zu Ihnen sagt oder obwohl Sie unter einer Nationalen Heimstatt eine Sache verstehen mögen, er etwas ganz anderes im Sinn hat. Er plant einen Judenstaat, eine jüdische Nation, eine Unterordnung des arabischen und anderer Bevölkerungsteile, die dann von den Juden regiert werden: Er will, dass der Großteil des Landes in jüdischem Besitz ist und dass sie die Administration lenken [...]. Er versucht, all das ungesehen und unter dem Schutzmantel der britischen Treuhandschaft zu erreichen. (British Government, Foreign Office; 1919a; zitiert in Ingrams, 1972:58)

Einige Vertreter des britischen Establishments glaubten, dass die Unterstützung der Errichtung eines Judenstaates einen direkten Verstoß gegen die Bedingungen des Mandats darstellte.[4] Andere scheinen sich weniger Sorgen über die Meinung der arabischen Bevölkerung gemacht zu haben. Ein hochrangiger britischer Vertreter soll zu Weizman gesagt haben, in Palästina gäbe es „ein paar Hunderttausend Neger, doch das ist nicht von Bedeutung". (Heller, 1985; zitiert in Chomsky, 1992:435) Einige Historiker jedoch haben die Vorstellung, dass die jüdischen Immigranten die einheimische arabische Bevölkerung beherrschen oder verdrängen wollten, in Frage gestellt. Martin Gilbert beispielsweise behauptet, die jüdischen Immigranten hätten das Land zum gegenseitigen Nutzen für beide Völker erschließen wollen und sie seien wegen der Folgen der jüdischen Immigration für die einheimische Bevölkerung sehr besorgt gewesen.

> Ben-Gurion wollte die Dynamik der jüdischen Besiedlung mit den grundlegend humanen Idealen des Judentums verbinden, die sich über Jahrhunderte herausgebildet hatten. Die Rechte der Bewohner des Landes – die zu biblischen Zeiten nicht immer respektiert worden waren – waren für ihn von größter Bedeutung. Er war der Ansicht, ein Zusammenleben mit den Arabern würde für diese erhebliche Vorteile bringen, ohne sie auf irgendeine Art und Weise ihres Besitzes zu berauben. (1999:38)

Andere, wie der ehemalige Premierminister Benjamin Netanjahu, argumentierten dahingehend, dass die jüdischen Siedler ein größeres Anrecht auf das Land hatten als die dort lebende Bevölkerung, weil die Juden mehr als 2.000 Jahre zuvor bereits dort gelebt hätten und in der Zwischenzeit ihren Anspruch auf das Land niemals aufgegeben hätten. Netanjahu behauptete auch, der Anspruch der Juden auf das Land habe einen höheren Wert als der Anspruch der dort lebenden Bevölkerung, da das Land angeblich nicht vollständig erschlossen worden wäre:

---

4 In einem Memorandum an Lord Curzon vom 11. August 1919 schrieb Balfour: „der Widerspruch zwischen den Buchstaben des Abkommens und der Politik der Alliierten ist im Falle der ‚unabhängigen Nation' in Palästina noch offenkundiger als im Falle der ‚unabhängigen Nation' in Syrien. Im Falle Palästinas haben wir nicht einmal angeboten, uns formell über die Wünsche der derzeitigen Bevölkerung des Landes zu informieren, obwohl die amerikanische [King-Crane-] Kommission sich pro forma danach erkundigt hat, wie diese aussehen". (British Government, Foreign Office, 1919b; zitiert in Ingrams, 1972:73)

> Die Auseinandersetzung zwischen Juden und Arabern über ihr jeweiliges Anrecht auf eine nationale Heimstatt ähnelt in vielerlei Hinsicht der Auseinandersetzung über die Rechte eines Hausbesitzers auf sein Haus. Wenn der ursprüngliche Besitzer aus seinem Haus hinausgeworfen wird, sein Recht auf Rückkehr und erneute Inbesitznahme seines Besitzes aber zu keiner Zeit aufgibt, so kann er seinen Anspruch geltend machen. Angenommen, ein neuer Bewohner hat das Haus in Ordnung gebracht und es in ein echtes Heim verwandelt, während der ursprüngliche Anspruchsberechtigte noch in der Nähe ist, aber nicht in der Lage, seinen Anspruch geltend zu machen. In diesem Fall wird der Anspruch des neuen Bewohners, auch wenn er dort schon seit geraumer Zeit wohnt und den Wert des Besitzes erhöht hat, dem des ursprünglichen Besitzers untergeordnet. Hat jedoch in der Zwischenzeit niemand dort gewohnt und der Besitz ist verfallen, so kann es keine konkurrierenden Ansprüche geben und der ursprüngliche Besitzer hat ganz eindeutig das Recht, seinen Besitz zurückzufordern. (Netanjahu, 2000:27-28)

Zwischen 1919 und 1926 nahm die Präsenz der Juden in Palästina durch die Zuwanderung von ca. 90.000 Juden stark zu. (Bregman, 2003:20ff) Gilbert sagt, die antisemitischen Gewaltakte in der Ukraine in der Folgezeit des Ersten Weltkrieges, bei denen 100.000 Juden ums Leben kamen, aber auch die zunehmende Verfolgung der Juden in Polen waren ein „starker Katalysator für die Immigration". (1999:49) Die jüdische Gemeinde in Palästina wurde zunehmend militarisiert und man schuf eine, so Shlaim, „eiserne Wand" unbezwingbarer Stärke, die die jüdischen Siedlungen vor Übergriffen der Araber schützen sollte. Erstmals wurde das Konzept der „eisernen Wand" von Wladimir Jabotinsky, dem Anführer der Revisionisten, verwendet.[5] Jabotinsky war überzeugt, dass

5 Die revisionistische Bewegung war der politische Gegner der Arbeiterbewegung von Ben-Gurion. Sie hatte eine militantere Ausrichtung in Bezug auf die Araber und verfolgte eine liberalere Wirtschaftspolitik. Der Großteil der Unterstützung, die die Revisionisten in den 20er und 30er Jahren des 20. Jahrhunderts erfuhren, kam von Seiten der aus Polen eingewanderten Juden. Insgesamt beanspruchten die Revisionisten nicht nur Palästina, sondern auch Transjordanien für die Juden und behaupteten, ein Konflikt mit den Arabern sei unvermeidlich. In den 20er Jahren wurde der militärische Flügel der Revisionisten, *Betar*, gegründet. In den 30er Jahren spalteten sich einige *Betar*-Mitglieder ab und gründeten die *Irgun*, eine paramilitärische Gruppierung, die in den 40er Jahren gegen die britischen Mandatsbehörden kämpfte. Die Mitglieder der revisionistischen Bewegung stellten später einen großen Teil der Anhängerschaft der Herut- und der Likud-Partei.

die indigene arabischstämmige Bevölkerung das Vorgehen der Zionisten nicht einfach hinnehmen würde, und setzte sich für die Schaffung einer „eisernen Wand“ ein, die die einheimische Bevölkerung nicht würde durchbrechen können:

> Wenn man ein Land kolonisieren will, das bereits bewohnt ist, muss man eine Garnison für das Land aufbauen oder einen Wohltäter finden, der die Garnison für einen zur Verfügung stellt. Der Zionismus ist ein Kolonisierungsunternehmen und steht und fällt damit mit der Frage der Streitkräfte. (Jabotinsky; zitiert in Masalha, 1992:45)

Außerdem erhöhten die Zionisten ihren Landbesitz maßgeblich. Man kaufte den nicht im Land lebenden arabischen Grundbesitzern landwirtschaftliche Nutzflächen ab und vertrieb die Bauern, die das Land bis dahin versorgt hatten und die darauf lebten. Die King-Crane-Kommission, die nach Palästina entsandt worden war, um sich einen Einblick in die Ansichten der Bevölkerung vor Ort zu verschaffen, berichtete in ihren Gesprächen mit jüdischen Vertretern, dass „die Zionisten sich darauf freuen, die derzeitigen nicht jüdischen Bewohner Palästinas durch verschiedene Formen des Besitzerwerbs praktisch vollständig zu enteignen“. (British Government, 1947:3; zitiert in Laqueur und Rubin, 1984:29) Des Weiteren boykottierten die Zionisten zunehmend die arabischen Arbeitskräfte. Die britische Hope-Simpson-Kommission kritisiert die Beschäftigungsvereinbarungen des zionistischen Keren Ha-Yesod als diskriminierend. In diesem Zusammenhang wies man besonders auf Artikel 7 hin, in dem es hieß: „Der Siedler verpflichtet sich hiermit, [...] wenn und wann immer er sich genötigt sehen sollte, jemanden zur Hilfe anzustellen, nur jüdische Arbeitskräfte einzustellen“. Ein weiterer Kritikpunkt war Artikel 11, dort hieß es: „der Siedler verpflichtet sich [...] keine Arbeitskräfte von außerhalb einzustellen, es sei denn, es handelt sich um jüdische Arbeitskräfte“. (British Government, Cmd. 3686:52-53; zitiert in UN, 1990) Die Kommission berichtete, die durch diese exklusive Arbeitsvergabe entstehenden Spannungen stellten „eine beständige und wachsende Gefahrenquelle für das Land“ dar. (British Government, Cmd. 3686:55; zitiert in UN, 1990)

In den 20er Jahren manifestierte sich der Widerstand der Araber gegen das Projekt der Zionisten in immer länger andauernden Gewaltausbrüchen. Im Jahr 1921 kam es bei einer Parade zum 1. Mai zu Angriffen seitens der Araber auf die Juden in Jaffa und die Gewalt griff sehr schnell auf andere Städte und auf die umliegenden ländlichen Gebiete über. Ehe es der britischen Armee gelang, die Situation unter Kontrolle zu bringen, waren bereits fast 200 Juden und 120 Araber getötet oder verwundet worden. Die Briten setzten eine Kommission zur Untersuchung der gewaltsamen Vorfälle ein und die Haycraft-Kommission berichtete, die Gewaltausbrüche seien spontaner Natur gewesen und hätten sich weniger gegen die Juden als solche, sondern vielmehr gegen die Zionisten gerichtet. In dem Bericht wies man den Arabern die Schuld für die gewaltsamen Auseinandersetzungen zu, wies aber auch auf die Befürchtungen der arabischen Bevölkerungen hin, infolge des massiven Zustroms jüdischer Immigranten letztlich unterjocht zu werden. General William Congreve, der Oberkommandierende der britischen Truppen im Nahen Osten, kritisierte die Politik von Herbert Samuel, ungeachtet des Widerstandes des größten Teils der dortigen Bevölkerung in Palästina eine nationale Heimstatt für die Juden zu errichten. (Ovendale, 1999) Kurze Zeit später wandten sich die Araber mit einer Petition an den Völkerbund, in welcher sie um demokratische Wahlen und die Unabhängigkeit Palästinas ersuchten. (Segev, 2001:186) 1922 veröffentlichte die britische Regierung ein so genanntes Weißbuch, durch das die Befürchtungen der Araber zerstreut werden sollten. Darin bestritt man, dass die Balfour-Deklaration den Weg für einen jüdischen Staat geebnet hatte und dass die arabische Bevölkerung, ihre Kultur oder ihre Sprache unterdrückt werden würden. Es enthielt auch den Vorschlag zur Gründung eines gemeinsamen gesetzgebenden Rates, in dem Juden, Muslime und Christen vertreten sein sollten, doch der Vorschlag wurde von den Arabern zurückgewiesen. Hirst (1977) bringt vor, ein großer Teil der Mitglieder dieses Rates wäre direkt von den Briten ernannt worden, was aller Wahrscheinlichkeit nach dazu geführt hätte, dass die Juden in der Mehrheit gewesen wären. Aus diesem Grund befürchteten die Palästinenser, dass die Politik der Zionisten so unter dem Deckmantel der Verfassungsmäßigkeit hätte legitimiert werden können.

In den 20er und 30er Jahren des 20. Jahrhunderts gab es noch mehr gewaltsame Zwischenfälle, in deren Folge die Briten jedes Mal eine Untersuchungskommission einsetzten, welche die Ursachen ergründen sollte. Nach 1921 trat eine Zeit relativer Ruhe ein – bis zum nächsten größeren Ausbruch der Gewalt im Jahr 1929. Diesmal bildete ein Disput über die Souveränität eines Gebietes, in dem sich wichtige religiöse Stätten sowohl der Juden als auch der Muslime befanden, den Auslöser für die Gewalt. Bereits seit mehreren Monaten hatte es Spannungen diesbezüglich gegeben und die aufwieglerische Rhetorik in der arabischen und jüdischen Presse hatte sie noch zusätzlich geschürt. Ende August 1929 griff eine Gruppe bewaffneter Araber betende Juden in Jerusalem an und im Verlauf einer Woche der Unruhen und Gewalt starben 113 Juden und 116 Araber. In Hebron töteten arabische Aufrührer mehr als 60 Mitglieder einer seit langem bestehenden, traditionell nicht-zionistischen jüdischen Gemeinde. Als Reaktion darauf setzten die Briten die Shaw-Kommission ein, die bei ihren Untersuchungen zu dem Schluss kam, dass jüdische Demonstrationen an der Klagemauer den Auslöser für die Gewalt gebildet hatten, dass jedoch die tiefer liegenden Gründe in politischen und wirtschaftlichen Beschwerden bestanden, die die arabische Seite gegen das Mandat vorbrachte. Weiterhin war die Kommission der Ansicht, die Masseneinwanderung von Juden nach Palästina hätte „bei den Arabern die Befürchtung geweckt, dass sie über kurz oder lang ihrer Lebensgrundlage beraubt würden und unter die politische Herrschaft der Juden geraten würden". (zitiert in Gilbert, 1999:64) Bei einem Zusammentreffen mit britischen Vertretern in London bat eine arabische Delegation, der auch der Mufti von Jerusalem angehörte, um ein Verbot des Landverkaufs von Arabern an Nicht-Araber, einen Stopp der jüdischen Einwanderung und die Einrichtung eines nationalen Parlaments. Die kurze Zeit später von den Briten eingesetzte Hope-Simpson-Kommission hob das Problem der wachsenden Zahl von Arabern ohne jeden Landbesitz deutlich hervor und empfahl, die jüdische Zuwanderung und den Landerwerb durch Juden zu kontrollieren. Diese Vorschläge wurden im Passfield-Weißbuch von 1930 umgesetzt, doch die Zionisten betrachteten diese Entwicklung als ernsten Rückschlag und es gelang ihnen, durch massive Lobbyarbeit die Bedingungen des Weißbuchs umzukehren. Gilbert schreibt, es habe zwei Gründe für den massiven Widerstand der Zionisten gegen die Empfehlungen der Kommission gegeben: erstens wollten sie, besonders angesichts der zunehmenden Verfolgung der Juden in Europa, dass Palästina für die Masseneinwanderung von Juden offen bleibt und zweitens fürchteten sie, ohne eine massive jüdische Zuwanderung würden sie in Palästina in der Minderheit bleiben und müssten sich der Kontrolle durch die arabische Mehrheit unterwerfen. Gilbert zitiert einen Brief des bekannten Zionisten Arthur Rupin vom 3. Dezember 1931, in dem diese Gefühle sehr gut zum Ausdruck kommen:

> Bestenfalls würden die Araber zustimmen, den Juden innerhalb eines arabischen Staates nationale Rechte einzuräumen, ähnlich wie es in Osteuropa gemacht wird. Doch wir wissen nur zu gut um die Bedingungen in Osteuropa und wie wenig eine Mehrheit, der die Exekutivgewalt obliegt, dazu bewegt werden kann, einer Minderheit echte und vollständige nationale Gleichberechtigung einzuräumen. Das Schicksal der jüdischen Minderheit in Palästina hinge stets vom Wohlwollen der arabischen Mehrheit ab, die den Staat führen würde. (zitiert in Gilbert, 1999:66)

In den Jahren zwischen 1936 und 1939 entwickelten sich die sporadischen Gewaltausbrüche zu einer echten Rebellion der Araber. Zu dieser Revolte gehörten friedliche Widerstandsaktionen, wie ein sechsmonatiger landesweiter Streik und eine Verweigerung der Steuerzahlung in weiten Teilen des Landes, aber auch massive Gewalt. Palästinenser schlossen sich zu Banden zusammen und vernichteten die Ernten, zerstörten Baumpflanzungen, verminten Straßen und verübten Sabotageakte auf die Infrastruktur sowie auf Erdölpipelines. Sie griffen jedoch nicht nur Juden an und töteten sie, sie wendeten sich auch gegen Araber, die sie nicht unterstützten oder die sie der Kollaboration verdächtigten. Gilbert behauptet, dass in dieser Zeit „die *Irgun*, der militärische Arm der Revisionisten, die meisten von Arabern verübten Terroranschläge mit ebenso grausamen Vergeltungsschlägen beantwortete". (1999:92) Die arabische Seite forderte demokratische Wahlen und einen Einwanderungsstopp für die Juden und die Briten setzten eine neue Untersuchungskommission ein. Diese kam im Jahr 1937 zu dem Schluss, das Mandat sei nicht mehr ausführbar, und empfahl eine Teilung. Nach dem Vorschlag der Peel-Kommission sollte der Nordwesten Palästinas, der zwar nur 20 Prozent des Landes ausmachte, aber die fruchtbarsten Böden hatte, den neuen Judenstaat bilden. Die restlichen 80 Prozent sollten einen arabischen Staat mit Verbindung zu Transjordanien bilden, jedoch sollte ein Korridor zum Meer, ebenso wie Jerusalem und Bethlehem, unter britischer Kontrolle bleiben.

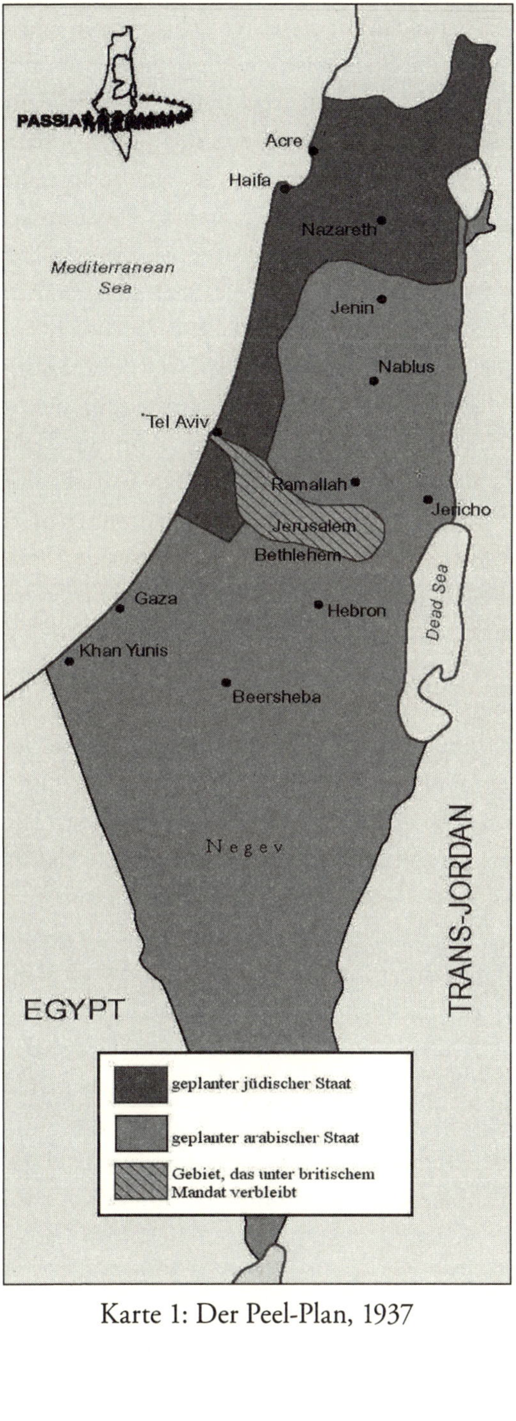

Karte 1: Der Peel-Plan, 1937

Die Reaktionen der Juden auf diesen Vorschlag waren sehr gemischt. Die einen, die sich um die revisionistische Bewegung von Jabotinsky scharten, waren der Ansicht, ein Judenstaat müsse ganz Palästina und Transjordanien einschließen. Die anderen, unter ihnen Chaim Weizmann und David Ben-Gurion, meinten, dies sei eine historische Gelegenheit zur Schaffung eines eigenen jüdischen Staates. Der israelische Historiker Simha Flapan schreibt, Ben-Gurion hätte den Plan als Trittbrett für die Zionisten zur Erlangung der Kontrolle über ganz Palästina betrachtet und ihn deshalb akzeptiert. In diesem Zusammenhang weist er auf folgende Aussagen hin, die Ben-Gurion 1937 vor der Zionistischen Exekutive gemacht hatte: „wenn wir nach der Errichtung des Staates [Israel] eine große Armee aufgebaut haben, werden wir die Teilung aufheben und uns über ganz Palästina ausbreiten". (Ben-Gurion; zitiert in Flapan, 1987:22) Der israelische Historiker und Kolumnist der *Ha'aretz*, Tom Segev, schreibt, dass der (in den Empfehlungen der Peel-Kommission inhärente) Vorschlag zum „gewaltsamen Transfer" der arabischen Einwohner aus dem jüdischen Staat hinaus sowie die dadurch gewährleistete Gründung eines „wirklich jüdischen Staates" für Ben-Gurion alle Nachteile des Vorschlags aufwogen. (2001:403)
Der Plan zur Teilung Palästinas wurde schließlich dem in Zürich stattfindenden 20. Zionistischen Weltkongress vorgelegt und dort mit 299 zu 160 Stimmen angenommen. Die arabische Seite lehnte den Teilungsvorschlag kategorisch ab und argumentierte dahingehend, dass ganz Palästina Bestandteil der Heimat der Araber wäre und nicht geteilt werden sollte. Letztlich wurden die Teilungspläne nie umgesetzt und die Revolte der Araber ging weiter, bis die Briten sie schließlich unterdrückten. Für das deutlich überlegene britische Militär war es leicht, die arabischen Guerillas mit ihren rudimentären Waffen zu bezwingen. Hirst (1977:92f.) schreibt, das britische Militär hätte in dieser Zeit massive Vergeltungsschläge verübt und „Kollektivbestrafungen" durchgeführt. Britische Soldaten sind in arabische Dörfer eingefallen, haben standrechtlich Menschen hingerichtet und die Häuser und den Besitz zerstört. Segev behauptet, die britischen Behörden hätten auch Folter eingesetzt. (2001:415f.) Laut Angaben der *Times* vom 21. Juli 1938 hatten im Verlauf der Revolte 101 Briten sowie 463 Juden ihr Leben lassen müssen. (*The Times*, 21. Juli 1938; zitiert in Hirst, 1977:93) Die Verluste unter den Palästinensern waren zwar schwerer einzuschätzen, doch

nach Schätzungen des palästinensischen Historikers Walid Khalidi gab es mehr als 5.000 Tote und etwa 14.000 Verletzte. (Hirst, 1977:93)

Noch herrscht Uneinigkeit über die Gründe für diese zunehmend massiveren Ausbrüche der Feindseligkeit zwischen der jüdischen und der muslimischen Gemeinschaft. Einige Israelis behaupten, das Projekt der Zionisten sei für die Araber in Palästina grundsätzlich von Vorteil gewesen und nur die Unnachgiebigkeit der Araber und ihre Xenophobie hätten verhindert, dass man sich entgegenkam. So betont beispielsweise Cohn-Sherbok (2001) die rechtliche Grundlage der Siedlungstätigkeit in der Balfour-Deklaration, die ja auch in das Mandat mit aufgenommen worden war, und weist gleichzeitig darauf hin, dass die Araber den Teilungsplan von 1937 abgelehnt hatten. Er sagt, die Gewalt der Araber gegen die Juden sei „unfaßbar" und die arabische Seite sei nie zu einem Kompromiss bereit gewesen:

> Während der gesamten Zeit war die arabische Gemeinschaft nicht bereit, über die Probleme, vor denen die Bewohner des Heiligen Landes standen, zu verhandeln. Die Juden dagegen haben immer wieder versucht, eine Lösung für die Probleme der einheimischen Bevölkerung zu finden, ohne dabei ihre Überzeugung aufzugeben, dass es eine nationale Heimstatt für die Juden geben muss. (Cohn-Sherbok, 2001:179)

Martin Gilbert schlägt in dieselbe Kerbe, indem er schreibt, dass „die Zionistenführer sich in den frühen 30er Jahren immer wieder darum bemüht haben, eine Einigung mit den Arabern in Palästina zu erzielen". Er behauptet, die „wichtigsten" dieser Bemühungen bildete ein Treffen zwischen Ben-Gurion und Auni Abdul Hadi, dem Anführer der palästinensischen Unabhängigkeitsbewegung, am 18. Juli 1934. Er zitiert Ben-Gurions Aussagen gegenüber Hadi folgendermaßen:

> Letztendlich besteht unser Ziel in der Unabhängigkeit des jüdischen Volkes in Palästina, auf beiden Seiten des Jordan, nicht als Minderheit, sondern als Gemeinschaft mit mehreren Millionen Mitgliedern. Meiner Ansicht nach ist es möglich, bei Einbeziehung Transjordaniens innerhalb von vierzig Jahren zusätzlich zu einer arabischen Gemeinschaft mit zwei Millionen Mitgliedern eine Gemeinschaft von vier Millionen Juden entstehen zu lassen [...]. Die Araber in Palästina würden bleiben,

wo sie waren, ihr Leben würde sich verbessern und sie wären auch politisch nicht abhängig von uns, selbst wenn wir eines Tages die übergroße Mehrheit der Bevölkerung stellen. (Gilbert, 1999:74f.)

Sachar äußert sich ganz ähnlich und behauptet, dass die Zionisten das Land erschlossen, den materiellen Lebensstandard der arabischen Bevölkerung verbessert und neue Arbeitsplätze geschaffen hätten. Die Übergriffe auf Juden, so Sachar, waren das Ergebnis der Hetze angeblich xenophober Anführer wie die des Muftis von Jerusalem sowie der faschistischen Agitation, die aus Italien und Deutschland einsickerte. (1977:178f.) Joan Peters (1984) hat behauptet, das zionistische Projekt sei für die arabische Bevölkerung so vorteilhaft gewesen, dass es eine große Anzahl von Arabern von außerhalb Palästinas ins Land lockte. Ihrer Ansicht nach ist das starke Anwachsen der arabischen Bevölkerung während der Mandatszeit der illegalen Einwanderung aus anderen arabischen Ländern zuzuschreiben und sie behauptet, dass die jüdische Bevölkerung aus diesem Grund 1948 einen mindestens ebenso großen Anspruch auf das Land hatte wie die arabischen „Neuankömmlinge". Eine große Anzahl britischer und israelischer Kritiker haben jedoch inzwischen die Behauptungen von Joan Peters als unsinnig abgelehnt und die meisten Demographen gehen davon aus, dass der Großteil der Zunahme der arabischen Bevölkerung auf gesunkene Sterberaten zurückzuführen ist, die das Ergebnis verbesserter hygienischer Bedingungen und einer besseren Infrastruktur waren.[6] Doch es wurden auch andere Erklärungen für die Revolte vorgebracht. So weist beispielsweise Hirst auf den Groll und die wirtschaftlichen Probleme infolge der Vertreibung

6 Der Oxford-Historiker Albert Hourani beschrieb Joan Peters Buch im *Observer* als „albern und wertlos". Ian und David Gilmour nannten es im *London Review of Books* „absurd". In *Time Out* wurde es als „Fehlinformation von der Größe und dem Gewicht eines getrockneten Kuhfladens" beschrieben und auch der Lehrstuhlinhaber für Philosophie an der Hebrew University, Avishai Margalit, verurteilte Peters „betrügerisches Netz". (Kritiken zitiert in Finkelstein, 2001:45-46) McCarthy schreibt, die nicht näher dokumentierte Immigration von Arabern nach Palästina während der Mandatszeit sei von vergleichsweise „geringem Ausmaß" gewesen, und um „ernstzunehmende Auswirkungen auf die ethnische Zusammensetzung der Bevölkerung Palästinas haben zu können, hätte das Ausmaß immens sein müssen". Er kommt zu dem Schluss, dass „das Argument, arabische Einwanderer hätten einen großen Teil der arabischen Bevölkerung in Palästina ausgemacht, ist damit statistisch nicht haltbar". (1990:34) Eine Auseinandersetzung mit den Auswirkungen der verbesserten gesundheitlichen und hygienischen Bedingungen auf die Bevölkerungszahlen in Palästina findet sich bei Friedlander und Goldscheider (1979).

der Bauern von den Grundstücken und des Boykotts arabischer Arbeitskräfte hin:

> Nachdem man sie von den Landstücken vertrieben hatte, strömten die Bauern auf der Suche nach Arbeit scharenweise in die schnell anwachsenden Städte. Viele von ihnen endeten als Arbeiter, die Häuser für eben jene Immigranten bauten, die sie gleichzeitig hassten und fürchteten, und sie lebten im Elend. In der Altstadt von Haifa lebten 11.000 von ihnen zusammengepfercht in Hütten, die aus Benzinfässern gebaut worden waren und weder über eine Wasserversorgung noch über auch nur rudimentärste sanitäre Einrichtungen verfügten. Andere, die ohne Familie waren, schliefen unter freiem Himmel. Diese Lebensbedingungen standen auf beschämende Weise im Kontrast zu den schmucken Häusern, die diese Bauern für die wohlhabenden Neuankömmlinge bauten, aber auch zu den Unterbringungen für die jüdischen Arbeiter, die von den jüdischen Baufirmen ausgestattet wurden. Sie [die ehemaligen Bauern] verdienten nur die Hälfte, manchmal nur ein Viertel dessen, was ihre jüdischen Kollegen verdienten und durch die zunehmend exklusive Arbeitsvergabe an jüdische Arbeiter verloren sie nach und nach auch das noch. (1977:75)

Einige israelische Forscher, unter ihnen auch Gershon Shafir, sind der Ansicht, die jüdische Siedlungstätigkeit in Palästina im 20. Jahrhundert ähnele dem Modell der „reinen Siedlungskolonie", einer Form des europäischen Kolonialismus, welches in Nordamerika und Australien Anwendung gefunden hatte. Bei diesem Modell wird „eine Wirtschaft aufgebaut, die auf der Arbeit weißer Arbeitskräfte beruht und es den Siedlern zusammen mit der gewaltsamen Entfernung oder der Auslöschung der einheimischen Bevölkerung ermöglichte, das Gefühl von kultureller und ethnischer Homogenitität wiederzuerlangen, das zum europäischen Konzept von einer Nation gehört". (Shafir, 1999:84) Segev schreibt, das „'Verschwinden' der Araber sei zentraler Bestandteil des zionistischen Traumes und eine notwendige Bedingung für seine Umsetzung gewesen". (2001:405) Außerdem ist er – ganz im Gegensatz zu Gilbert – der Ansicht, prominente Zionisten wie David Ben-Gurion haben geglaubt, dass es sich bei der arabischen Revolte um einen nationalistischen Kampf handelte, durch den die Araber verhindern wollten, dass man sie enteignete:

> Die Rebellion warf ein neues Licht auf die Araber. Statt eines „wilden und zerstreuten Mobs, der nur Raub und Plünderung im Sinn hatte," so Ben-Gurion, „erschienen sie als organisierte und disziplinierte Gemeinschaft, die mit politischer Reife und der Fähigkeit zur Selbsteinschätzung ihren Willen als Nation zum Ausdruck brachte". Er schrieb, wäre er ein Araber gewesen, so hätte er auch rebelliert, er hätte sogar noch heftiger, noch verbitterter und noch verzweifelter gekämpft. Nur wenige Zionisten hatten Verständnis für die Gefühle der Araber und Ben-Gurion befand es für notwendig, sie zu warnen. Er sagte, diese Rebellion sei nicht einfach bloßer Terror, Terror war nur das Mittel zum Zweck. Und es ging auch nicht nur um Politik, die Naschaschibis gegen den Mufti. Die Araber hatten einen nationalen Krieg begonnen, sie kämpften gegen die Enteignung ihres Heimatlandes; und auch wenn ihre Bewegung vielleicht primitiv war, so Ben-Gurion, mangelte es ihnen doch nicht an Hingabe, Idealismus und Aufopferungsbereitschaft. (Segev, 2001:370-71)

Infolge der Revolte setzen die Briten eine weitere Untersuchungskommission ein, deren Ergebnisse im MacDonald-Weißbuch von 1939 zusammengefasst wurden. Man schlug vor, in den nächsten fünf Jahren 75.000 jüdische Immigranten plus 25.000 außerplanmäßige Flüchtlinge ins Land zu lassen, danach sollte jede weitere Zuwanderung der Zustimmung durch die Araber bedürfen.[7] Das Weißbuch enthielt außerdem den Vorschlag, die Landverkäufe streng zu reglementieren und innerhalb von zehn Jahren einen unabhängigen palästinensischen Staat zu errichten. Die Zionisten betrachteten das Weißbuch – besonders angesichts der zunehmenden Verfolgung der Juden in ganz Europa – als Verrat, durch den die Schaffung eines Staates mit jüdischer Mehrheit in Palästina gefährdet wurde. Einige Israelis, unter ihnen auch Benjamin Netanjahu, behaupteten, die Briten seien mitschuldig am Völkermord der Nazis an den Juden, weil sie den Juden die uneingeschränkte Einwanderung nach Palästina verwehrt hätten:

---

7 Gilbert schreibt, die britischen Behörden hätten 1943 auf Churchills Anweisung hin die Beschränkungen für eine jüdische Einwanderung nach Palästina gelockert, indem sie erlaubten, dass „jeder Flüchtling, der per Zug oder Schiff aus dem Balkan nach Istanbul gelangte, unabhängig von den bestehenden Quoten nach Palästina weitergelassen werden sollte". (1999:115) Nach Gilberts Schätzungen sind auf diesem Weg mehrere Tausend Juden nach Palästina gelangt.

> Man kann das Ausmaß des Verrats der Briten an den Juden nur im Kontext dessen ermessen, was in Europa in den 30er Jahren und danach geschah. Als Reaktion auf den Druck seitens der Araber beschränkten die Briten die Zuwanderung der Juden nach Palästina (es gab übrigens keine derartigen Beschränkungen für arabische Zuwanderer) und schnitten damit den aus dem brennenden Europa flüchtenden Juden den Fluchtweg ab. Während die Gestapo versuchte, ganze Schiffe voller deutscher Juden hinaus auf hohe See zu schicken – man wollte so beweisen, dass andere Länder die Juden ebenso wenig wollten wie Deutschland – schickten die Briten pflichtbewusst jedes Boot, das es nach Palästina schaffte, wieder zurück und nahmen sogar einige unter Beschuss. [...] Mehr als zehn Jahre lang war den Juden, die vor ihrer Ermordung geflüchtet waren, dank den Briten die Tür zur nationalen Heimstatt der Juden verschlossen. Dadurch haben die Briten nicht nur daran mitgearbeitet, die nationale Heimstatt der Juden zu zerstören – denn jeder war der Ansicht, ohne weitere Immigranten könne sie nicht überleben – sie haben sich außerdem zu Komplizen bei der Vernichtung des europäischen Judentums gemacht. (2000:75-76)

Die jüdische Antwort auf das MacDonald-Weißbuch von 1939 bestand aus drei Elementen. Zunächst einmal erhielt man die illegale jüdische Immigration nach Palästina aufrecht. Des Weiteren verübten paramilitärische jüdische Gruppierungen Anschläge auf die Briten, zu denen Sabotageakte, Bombenanschläge und Mordangriffe gehörten, ein Element, das nach 1945 deutlich an Bedeutung gewann. Und schließlich wandten sich die Zionisten bei der Wahl ihres Gönners von den Briten ab- und den USA zu. Dabei bauten sie enge Kontakte zu politischen Führern in den USA auf und benutzten die Stimmen der amerikanischen Juden als Druckmittel, um die USA dazu zu bringen, die Fortsetzung der jüdischen Immigration nach Palästina und die Gründung eines jüdischen Staates dort politisch zu unterstützen.

Die amerikanische Politik und die Siedlungen der Überlebenden des Holocaust

Im Mai 1942 verabschiedeten die Zionisten auf der American Zionist Conference in New York die so genannte Bilmore-Resolution, in der sie die Errichtung eines „jüdischen Staates“ in ganz Palästina forderten, und man begann, die politische Führung Amerikas unter Druck zu setzten, damit diese die in der Resolution genannten Bedingungen unterstützte. Im Jahr 1941 gründeten die Zionisten das *American Palestine Committee*, zu dessen Mitgliedern zwei Drittel des US-Senats, 200 Mitglieder des Repräsentantenhauses sowie die Führer der beiden großen Parteien und der Arbeiterorganisationen gehörten. (Ovendale, 1999) Man legte dem Senat und dem Repräsentantenhaus Resolutionen vor, in denen man die freie Einreise von Juden nach Palästina und die Wiederherstellung Palästinas als jüdisches Commonwealth forderte, diese Bestrebungen blieben jedoch erfolglos. Außerdem betrieben zionistische Vertreter direkte Lobbyarbeit bei den Politikern der beiden großen Parteien. Die Präsidentschaftswahl 1944 war ein Kopf-an-Kopf-Rennen und Ovendale deutet an, dass hier der politische Einfluss der Zionisten besonders zum Tragen kam. Die 4.500.000 amerikanischen Juden lebten vor allem in drei entscheidenden Staaten (New York, Pennsylvania und Illinois), die jederzeit über den Ausgang der Wahlen entscheiden konnten. Die Republikaner verabschiedeten ein Parteiprogramm, in welchem sie die unbeschränkte Möglichkeit zur Einwanderung von Juden nach Palästina, uneingeschränkte Möglichkeiten zum Landerwerb und die Umwandlung Palästinas in einen freien und unabhängigen jüdischen Staat forderten. Roosevelt (der Kandidat der Demokraten; Anm. d Übers.) stand damit stark unter Druck; er musste nachziehen, und so versprach er den Führern der Zionisten in einem privaten Brief, er würde sich im Falle seiner Wiederwahl für die „Etablierung Palästinas als freier und demokratischer jüdischer Staat“ einsetzen. (Ovendale 1999:87f.)

Die politischen Entscheidungen im Zusammenhang mit der Ansiedlung jüdischer Flüchtlinge in Palästina gegen Ende des Zweiten Weltkrieges sind immer noch heftig umstritten. In der Debatte geht es darum, ob sich die Überlebenden des Holocaust von sich aus in Palästina ansiedeln wollten oder ob sie durch die zionistische Propaganda beeinflusst wurden und kaum eine andere Möglichkeit hatten. Einige argumentieren, der Grund könnte darin bestehen, dass den jüdischen Flüchtlingen der Weg in andere potentielle Zufluchtsorte, wie die Vereinigten Staaten, versperrt war und dass die zionistischen Führer dem zumindest stillschweigend zustimmten. Nach wie vor ist diese Debatte sehr emotionsgeladen, da Zehntausende Überlebende des Holocaust nach Ende des Krieges noch in europäischen Vertriebenenlagern starben, während gleichzeitig der US-Kongress Flüchtlingen aus Ländern, die von den Sowjets besetzt waren, durch ein neue Gesetzgebung Priorität bei der Aufnahme in die Vereinigten Staaten einräumte, obwohl es unter ihnen eine ganze Reihe von Nazi-Sympathisanten und ehemaligen SS-Soldaten gab. (Chomsky, 1999) Die Anführer der Zionisten betonten immer wieder, dass es lebenswichtig sei, in Palästina einen Zufluchtsort für die jüdischen Flüchtlinge aus Europa, die den Holocaust überlebt hatten, zu schaffen. Man behauptete, nur Palästina könne den jüdischen Flüchtlingen jenen sicheren Zufluchtsort bieten, in dem sie ihr Leben wiederaufbauen und vor weiteren antisemitischen Anfeindungen geschützt wären:

> Sie (die Überlebenden des Holocaust) wollen ihre Menschenwürde und ihr Heimatland wiederhaben, sie wollen sich, nachdem sie ihre engsten Verwandten verloren haben, in Palästina mit ihresgleichen wiedervereinen. Die Länder, in denen sie geboren wurden, sind für sie der Friedhof ihres Volkes. Sie können und wollen nicht dorthin zurückkehren. Sie wollen zurück in ihre nationale Heimstatt und deshalb besteigen sie die Schiffe. (Ben-Gurion; zitiert in Gilbert, 1999:147)

Gilbert (1999) führt als Beweis dafür, dass die meisten Flüchtlinge unbedingt nach Palästina wollten, an, dass Überlebende des Holocaust häufig versuchten, auf Schiffen wie der *Exodus* nach Palästina zu gelangen. Seinen Schätzungen zufolge schlugen sich zwischen August 1945 und Mai 1948 etwa 40.000 Juden heimlich nach Palästina durch. Zudem zitiert Gilbert Bemerkungen des britischen Parlamentsmitglieds Richard Crossman von der Labor-Partei und strikten Befürworters des Zionismus bezüglich der tatsächlichen Wünsche der jüdischen Flüchtlinge, die in den Vertriebenenlagern dahinsiechten und von denen er behauptete, sie seien nicht einfach von der zionistischen Propaganda beeinflusst worden:

> Selbst wenn es nicht einen einzigen ausländischen Zionisten und keine Spur zionistischer Propaganda in diesen Lagern gegeben hätte, hätten sich diese Menschen für Palästina entschieden [...]. Neun Monate lang lebten diese Juden da zusammengepfercht und hatten nichts anderes zu tun, als ihre Zukunftspläne zu diskutieren. Sie wussten, dass die westlichen Demokratien sie nicht wollten und sie hatten von Atlees Plan gehört, laut dem sie hier bleiben und beim Wiederaufbau ihrer Länder helfen sollten. Das klang für sie wie reine Heuchelei. Sie waren nicht länger Polen, sondern – wie Hitler ihnen klar gemacht hatte – Angehörige des jüdischen Volkes, das vom „zivilisierten Europa" verachtet und abgelehnt wurde. Sie wussten, dass sie im weit entfernten Palästina eine nationale Heimstatt finden würden, die bereit und begierig war, ihnen eine Chance auf ein neues Leben zu geben – nicht als Fremde in einem fremden Land, sondern als Juden in ihrem eigenen. Es ist ganz und gar absurd, ihre Sehnsucht nach Palästina der organisierten Propaganda zuzuschreiben! Wenn man es einmal realistisch und nüchtern betrachtet, so war Palästina ihre einzige Hoffnung, das Lager früher zu verlassen. (zitiert in Gilbert, 1999:128; Vertriebene mussten zunächst ein Land finden, das sie aufnehmen würde.; Anm. d. Übers.)

Der israelische Historiker Yehuda Bauer (1970) ist ebenfalls der Ansicht, dass sich die Flüchtlinge nur zu gern in Palästina ansiedeln wollten und zitiert in diesem Zusammenhang den Bericht einer jüdischen Untersuchungskommission aus dem Jahr 1946, in dem es heißt, dass 96,8 Prozent der jüdischen Flüchtlinge, die zu Kriegsende in den Vertriebenenlagern in Europa dahinvegetierten, genau das wollten. Avi Shlaim schreibt, dass „nach dem Trauma [des Holocaust] nur wenige das Recht der Juden auf eine Heimat in Frage stellten" und dass die moralische Rechtfertigung dafür „unangreifbar" wurde. (2000:23-24) Andere israelische Historiker zeichnen jedoch ein ganz anderes Bild. So schreibt Segev:

> Es gibt keinerlei Grundlage für die weit verbreitete Annahme, der Staat sei infolge des Holocaust gegründet worden. Natürlich haben der Schock, das Grauen und die Schuldgefühle die Sympathien für die Juden allgemein und für die zionistische Bewegung im Besonderen stark zunehmen lassen. Diese Sympathien trugen dazu bei, dass die Zionisten ihre diplomatische Kampagne und ihre Propaganda vorantreiben konnten und dass sie ihre Strategie zunehmend auf die Bemühungen um die

Überlebenden ausrichteten, jene Juden in den Vertriebenenlagern, die forderten, man möge sie nach Palästina bringen. Die Jewish Agency behauptete, all diese Überlebenden seien Zionisten und sie wollten alle nach Palästina. Doch das war nicht wahr. Man ließ den Vertriebenen die Wahl: sie konnten in ihre jeweilige Heimat in Osteuropa zurückkehren oder sich in Palästina ansiedeln. Wenige konnten oder wollten in Länder zurückkehren, die damals in unterschiedlichem Maß von Hungersnöten geplagt oder in der Hand von Antisemiten oder Kommunisten waren. Man gab ihnen auch nie die Möglichkeit, zwischen Palästina und beispielsweise den Vereinigten Staaten zu wählen. Tatsächlich hatten sie nur die Wahl zwischen der Auswanderung nach Palästina und dem Verbleib in den Vertriebenlagern. (2001:491)

Wieder andere, wie beispielsweise Feingold (1970) und Shonfeld (1977) haben sich über das Gebaren der Zionisten in Palästina und Amerika zum Ende des Zweiten Weltkrieges höchst kritisch geäußert. Sie schreiben, die zionistische Bewegung hätte mobil machen müssen, um so die US-Regierung unter Druck zu setzen, damit diese die Überlebenden des Holocaust ins Land lässt. Auf diese Weise hätten viele Juden, die so in den europäischen Vertriebenenlagern starben, gerettet werden können. Segev sagt, Ben-Gurion und die Labour-Führung in Palästina hätten den Aufstieg der Nazis in den 30er Jahren als potentiell „gewinnbringenden Einfluss für den Zionismus“ angesehen, da auf diese Weise das Potential für eine Massenimmigration nach Palästina geschaffen wurde. (1993:18) Er führt an, die Labour-Führung habe in den 30er und 40er Jahren sogenannte *haavara* (Transport)-Abkommen mit den Nazis geschlossen, durch die es den Juden möglich war, nach Palästina zu emigrieren und sogar begrenzte Mengen an Kapital mitzunehmen. Er behauptet, Ben-Gurions politische Gegner aus den Reihen der Revisionisten seien gegen die Abkommen gewesen und hatten die Ansicht vertreten, man solle die Deutschen boykottieren statt mit ihnen zu verhandeln. Weiter schreibt Segev, Ben-Gurion sei nach den Pogromen der Reichskristallnacht sehr besorgt gewesen, andere Länder könnten durch ihr „humanitäres Gewissen“ dazu bewegt werden, ihre Tore für jüdische Flüchtlinge zu öffnen – ein Schritt, den er ganz klar als Bedrohung für den Zionismus ansah:

Wenn ich wüsste, dass ich alle [jüdischen] Kinder in Deutschland retten könnte, indem ich sie nach England bringe, aber nur die Hälfte von

> ihnen, wenn ich sie nach Palästina bringe, so würde ich mich doch für Letzteres entscheiden, denn wir müssen uns nicht nur dem Urteil dieser Kinder stellen, sondern der historischen Beurteilung durch das jüdischen Volkes. (Ben-Gurion; zitiert in Segev, 1993:28)

Auch einige bekannte Vertreter der britischen Regierung und des US-Außenministeriums teilten die Ansicht, dass die jüdischen Flüchtlinge nur als politisches Druckmittel benutzt wurden, um die Errichtung eines jüdischen Staates in Palästina zu erreichen[8], und man war sehr besorgt wegen der Auswirkungen auf die Stabilität in Palästina und eines möglichen Durchbruchs der Russen.[9] Roosevelts Nachfolger, Harry Truman, entschied sich dafür, die Politik der Unterstützung für eine Ansiedlung der jüdischen Flüchtlinge in Palästina weiter fortzusetzen. Ovendale (1999) schreibt, der Grund dafür habe hauptsächlich in der Wahl zum New Yorker Bürgermeister im Jahr 1945 bestanden, da die Stimmen der jüdischen Wähler dort entscheidend sein konnten. William Eddy vom amerikanischen Außenministerium behauptet, Truman habe die amerikanischen Botschafter in den arabischen Ländern mit folgenden Worten darüber informiert: „Es tut mir leid, Gentlemen, aber ich muss mich vor Hunderttausenden verantworten, die sich einen Erfolg für den Zionismus wünschen; und ich habe nicht Hunderttausende Araber unter meinen Wählern". (1999:36)

---

8 US-Außenminister James Byrnes schrieb an den britischen Außenminister Lord Halifax, dass die amerikanischen Juden kein Interesse daran hätten, dass das Flehen der Flüchtlinge in Europa erhört würde. Ihr wichtigstes Anliegen war, dass die Juden „ein Land haben sollten, das sie ihr eigen nennen können". Harold Beeley vom britischen Außenministeriums beklagte sich, dass „die Zionisten betrüblicherweise sehr erfolgreich dabei waren, ihre Vorstellung zu verkaufen, dass eine Auswanderung nach Palästina auch nach dem Sieg der Alliierten für die viele Juden 'ihre einzige Chance zu überleben' darstellt". (beides zitiert in Ovendale, 1999:94)

9 Die Briten waren besorgt wegen des massiven Drucks, die Grenzen Palästinas für die jüdischen Flüchtlinge zu öffnen und befürchteten negative Auswirkungen auf die öffentliche Ordnung. Ovendale (1999) schreibt, laut Schätzungen des US War Departments hätte man nach der Öffnung des Landes für jüdische Immigranten eine 300.000 Mann starke Truppe nach Palästina entsenden müssen, um dort für Ruhe zu sorgen. Außerdem heißt es bei Ovendale, im US-Außenministerium sei man besorgt gewesen, dass ein Gegenschlag seitens der Araber den Einfluss der Sowjets in dieser geostrategisch so wichtigen Region stärken könnte, und so empfahl man, dafür zu sorgen, dass das britische Kolonialreich intakt blieb.

Das Ende des Mandats

Die paramilitärischen Gruppierungen in Palästina zermürbten die Briten nach und nach. Gegen Ende der arabischen Revolte hatten jüdische Gruppierungen Anschläge auf die Araber verübt. Im Juli 1938 kamen bei sechs Bombenanschlägen auf hauptsächlich von Arabern frequentierte öffentliche Orte mehr als einhundert Araber ums Leben. Die letzte dieser Bomben detonierte auf dem arabischen Melonenmarkt in Haifa und tötete 53 Araber und einen Juden. (*Palestine Post*, 26. Juli 1938) Nach der Veröffentlichung des Weißbuches von 1939 begannen die paramilitärischen Gruppierungen der Juden mit Operationen gegen die britischen Behörden. Angesichts des Ausbruchs des Zweiten Weltkrieges brach jedoch die *Irgun*, die wichtigste dieser paramilitärischen Gruppen der Zionisten, die Revolte ab, was eine Spaltung innerhalb der Organisation zur Folge hatte. Die militantere *Stern-Gruppe*, eine Splittergruppe der *Irgun*, setzte den Kampf gegen die Briten fort. Nach Ende des Zweiten Weltkrieges, im Oktober 1945, schlossen sich die paramilitärischen Kämpfer der Zionisten mit der wichtigsten Kampftruppe der Zionisten, der *Haganah*, zusammen und begannen, gemeinsam gegen die britischen Behörden zu kämpfen. In diesem als „Bewegung der hebräischen Revolte“ bekannt gewordenen Kampf zerstörten sie Straßen, Brücken, Züge und Patrouillenboote, griffen Baracken der britischen Armee an und plünderten Banken und Waffenarsenale. Im Jahr 1946 verübten die zionistischen Kräfte an nur einem Tag 16 voneinander unabhängige Anschläge auf die britische Armee, bei denen viele gepanzerte Fahrzeuge zerstört wurden und es 80 Tote und Verletzte gab. (Hirst 1977) Die *Stern-Gruppe* ermordete Lord Moyne (den britischen Militärgouverneur in Ägypten; Anm. d. Übers.), man kaperte britische Offiziere, peitschte sie aus und tötete sie. Der bekannteste Anschlag war das Sprengstoffattentat auf das King David Hotel, das Zentrum der britischen Mandatsmacht, das mit 500 Pfund Sprengstoff in die Luft gejagt wurde. Dabei starben 88 Menschen, unter ihnen 15 Juden. Das Geld für diese Anschläge kam von Sympathisanten aus den Vereinigten Staaten. Ben Hecht, Drehbuchautor in Hollywood, verfasste einen Artikel für die *New York Herald Tribune* mit dem Titel *Letter to the Terrorists of Pales-*

tine (etwa: Brief an die Terroristen in Palästina; Anm. d. Übers), in dem er unter anderen schrieb:

> Jedes Mal, wenn ihr ein britisches Waffenarsenal in die Luft sprengt oder ein britisches Gefängnis zerstört oder einen britischen Zug himmelwärts schickt oder eine britische Bank ausraubt oder mit euren Gewehren und Bomben auf die britischen Verräter eures Heimatlandes losgeht, dann feiern die amerikanischen Juden innerlich ein Fest. [...] Ihr mutigen Freunde, wir arbeiten daran, euch zu helfen. Wir beschaffen euch das Geld. (15. Mai 1947; zitiert in Hirst, 1977:119)

Die Gewalt nahm so stark zu, dass Anfang 1947 alle britischen Zivilisten, deren Anwesenheit vor Ort nicht zwingend notwendig war, sowie die Familien der Militärangehörigen aus Palästina evakuiert wurden. Die Briten – geschwächt durch den Zweiten Weltkrieg und demoralisiert durch die aufreibende Kriegsführung – verloren schnell den Enthusiasmus, in Palästina die Ordnung aufrechtzuerhalten. Gilbert deutet an, sie seien auch darauf bedacht gewesen, die arabische Seite nicht zu verprellen, da sie ihre Erdölinteressen in der Region wahren wollten. Vielleicht sagte ihr Außenminister Ernest Bevin mit dieser Tatsache im Hinterkopf, er sei für „einen unabhängigen, einheitlichen Staat in Palästina, mit besonderen Rechten für die jüdische Minderheit, wobei man sich jedoch soweit wie möglich an den Plänen der Araber orientieren sollte". (zitiert in Gilbert, 1999:142) Bevin war des Weiteren der Ansicht, eine zionistische Führung in Palästina würde kaum jemals eine Teilung als endgültig akzeptieren, sondern früher oder später versuchen, die Grenzen des eigenen Landes auszudehnen. Der Widerstand der arabischen Seite gegen die zionistischen Pläne, so prophezeite er, könnte zu einer lang andauernden Instabilität in der Region führen: „Während der jüdische Irredentismus sich vermutlich erst nach einer Weile entwickeln würde, kann man im Falle des arabischen Irredentismus sicher sein, dass er von Anfang an da wäre. Somit könnte sich die Existenz eines jüdischen Staates als steter Unruhefaktor für den Nahen Osten erweisen". (zitiert in Gilbert, 1999:142) Im Februar 1947 entschieden sich die Briten dafür, das Mandat zu beenden und das Palästina-Problem an die Vereinten Nationen weiterzureichen.

Die Vereinten Nationen beraten über die Zukunft Palästinas

Die UNO richtete für die Region eine Sonderkommission ein, die schließlich eine Teilung empfahl. Danach wandte man seine Aufmerksamkeit wieder dem diplomatischen Lavieren bei den Vereinten Nationen in New York zu. Die von der UN vorgeladenen arabischen Vertreter zogen in Zweifel, dass das Mandat jemals rechtmäßig war und dass die UN rechtlich befugt war, über die Souveränität Palästinas zu entscheiden. Sie forderten, die Sache an den Internationalen Gerichtshof zu verweisen und argumentierten dahingehend, dass nicht ein außen stehendes Gremium über das Schicksal Palästinas entscheiden sollte, sondern die Menschen, die dort leben.[10] Der irakische Vertreter, Dr. Fadhil Jamail, sagte, die Palästinenser sollten nicht „für die Verbrechen von Hitler büßen müssen". (zitiert in Gilbert, 1999:144) Die zionistischen Vertreter standen dem von den Mitgliedsstaaten diskutierten Teilungsplan wohlwollender gegenüber und setzten sich für eine Vergrößerung des für einen späteren jüdischen Staat vorgesehenen Gebietes ein. Nachdem sich mehrere Nationen noch in letzter Minute zu einer Änderung ihrer politischen Meinung entschlossen hatten[11], wurde der Teilungsplan am 29. November 1947 mit der erforderlichen Zwei-Drittel-Mehrheit an Stimmen verabschiedet, wobei sich einige Nationen beklagten, man habe wirtschaftlichen und politischen Druck auf sie ausgeübt.[12] Neben den arabischen Staaten gab es noch eine Reihe anderer Staaten, die sich nicht an die Resolution gebunden fühlten, da diese ihrer Ansicht nach gegen die UN-Charta verstieß. (UN, 1990-1992) Einige Delegierte wa-

10 Ein umfassender Überblick über die Argumentation der arabischen Delegierten findet sich in den offiziellen Dokumenten der Generalversammlung. (Official Records of the General Assembly, Second Session, Ad Hoc Committee on the Palestine Question; S. 276-79; zitiert in UN, 1990).

11 Die Philippinen, Haiti und Kolumbien hatten sich gegen den Teilungsplan ausgesprochen, änderten ihre Meinung jedoch in letzter Minute. Die Philippinen und Haiti stimmten der Resolution zu, Kolumbien enthielt sich der Stimme.

12 Eine ganze Reihe von Abgeordneten, darunter auch der libanesische, sagten, Vertreter der USA und der UdSSR hätten während der UN-Debatten versucht, die kleineren Staaten mithilfe von Bestechung und Drohungen über wirtschaftliche Sanktionen zu zwingen, für die Teilung Palästinas zu stimmen. (Official Records of the General Assembly, Second Session, Plenary Meetings, Band 2, 124. Meeting: 1310)

ren der Meinung, eine Teilung könnte weiteren Unfrieden stiften und zu einer stärkeren Instabilität führen. Der pakistanische Delegierte, Sir Mohammed Zafrullah Khan, sagte: „wir hegen die starke Befürchtung, dass die durch die Teilung entstehenden Vorteile, sollte es denn welche geben, in keiner Weise den Schaden ausgleichen können, der damit entstehen könnte". (UN, 1990-1992) In der UN-Resolution 181 wurde eine Teilung Palästinas empfohlen, wobei für den jüdischen Staat etwa 14.700 km^2, einschließlich der fruchtbaren Küstengebiete, vorgesehen waren, für die Araber aber nur etwa 11.200 km^2, die größtenteils aus bergigen Gebieten bestanden. Jerusalem und Bethlehem sollten nach dem Plan unter der Kontrolle der UN stehen. Nach diesem Vorschlag hätte jede der beiden Seiten zwar einen eigenen Staat gehabt, in dem sie die Mehrheit der Bevölkerung gestellt hätte, doch der Wohnort vieler Juden hätte plötzlich in arabischem Gebiet gelegen und umgekehrt. So hätten in dem geplanten jüdischen Staat beispielsweise 500.000 Juden und 400.000 Araber gelebt.

Für die Araber war der Teilungsplan ein herber Schlag. Sie empfanden es als ungerecht, dass die jüdischen Immigranten, von denen die meisten erst seit weniger als 30 Jahren in Palästina lebten und denen weniger als 10 Prozent des Landes gehörte, mehr als die Hälfte Palästinas erhalten sollten und dazu die besten kulturfähigen Gebiete.

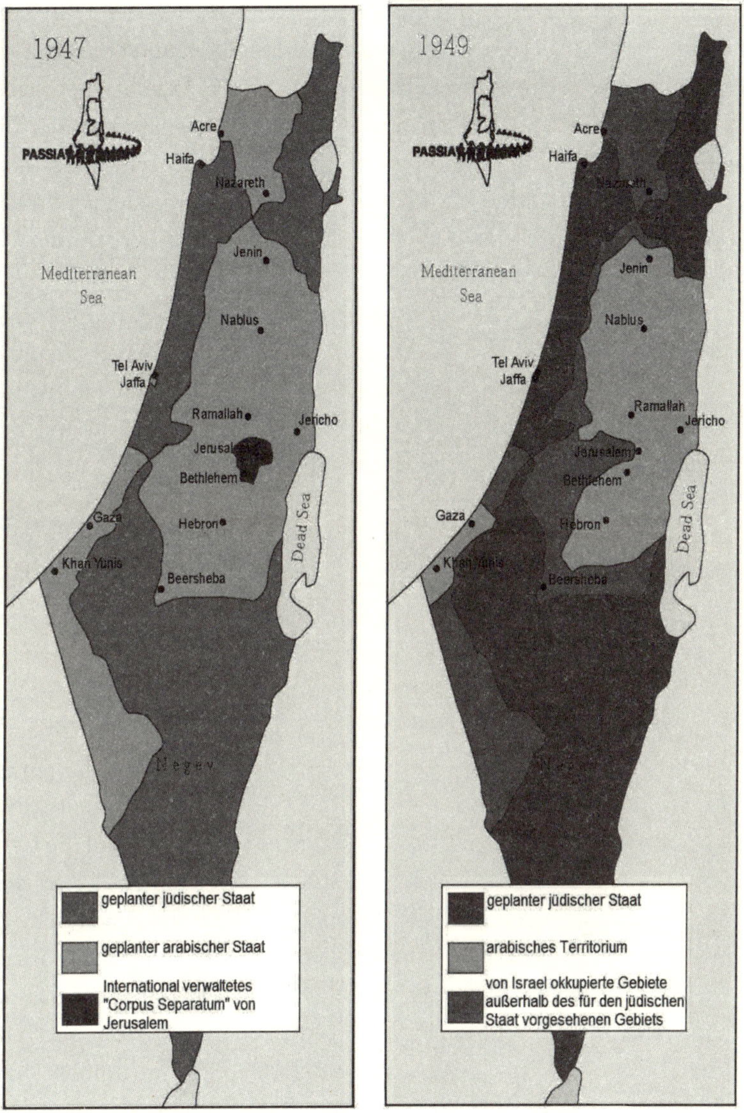

Karte 2: Teilungsplan der UN 1947/49

Viele einfache Juden in Palästina und in der Diaspora jubelten und feierten angesichts des Planes, doch in Bezug auf die Reaktion der zionistischen Führung gibt es unterschiedliche Meinungen. Einige Historiker, wie Bregman (2003:40), sagen, man sah die Resolution zur Teilung Palästinas als Triumph an, weil darin die Errichtung eines jüdischen Staates vorgesehen war, der drei Mal größer sein sollte als der, der zehn Jahre zuvor im *Peel-Plan* vorgeschlagen wurde. Shlaim behauptet dagegen, die Reaktionen seien sehr ambivalent gewesen. Seiner Ansicht nach haben viele Zionistenführer den Plan nur „schweren Herzens" akzeptiert, da ihnen „die Vorstellung eines unabhängigen Palästinenser-Staates nicht behagte. Sie waren enttäuscht über den Ausschluss Jerusalems und hegten ernsthafte Zweifel daran, dass der Staat innerhalb der von der UN geplanten Grenzen überlebensfähig wäre". (2000:25) Er merkt auch an, dass der Plan von den paramilitärischen jüdischen Gruppierungen pauschal abgelehnt wurde, da sie ganz Palästina als Gebiet für einen Judenstaat beanspruchten. Gilbert geht davon aus, dass die zionistische Führung erkannte, dass ein Krieg unvermeidbar war und schreibt, Ben-Gurion „dachte über die Möglichkeit nach, das den Juden zugedachte Gebiet gewaltsam zu erweitern". (1999:149) Gilbert zitiert Anweisungen Ben-Gurions, nach denen die jüdischen Truppen den gesamten *Jischuw* [die Gemeinschaft der Juden in Palästina vor der Gründung des Staates] und die Siedlungen (wo auch immer sich diese befinden mögen) schützen [sollten], um das ganze Land, oder zumindest den größten Teil davon, zu erobern und um seine Besetzung zu gewährleisten, bis eine verbindliche politische Lösung erzielt wurde". (Ben-Gurion,; zitiert in Gilbert, 1999:149) Hirst (1977) ist der Ansicht, die Zionisten hätten den Teilungsplan akzeptiert, weil sie annahmen, sie würden innerhalb kurzer Zeit militärisch in der Lage sein, die Araber zu bezwingen und die Grenzen des jüdischen Staates einseitig auszudehnen. Netanjahu greift diese Ansicht zum relativen Kräftegleichgewicht an und sagt, nach dem Beschluss zur Teilung Palästinas „bestand ein Konsens unter den Führungen der westlichen Länder, Freund und Feind gleichermaßen, dass der stecknadelkopfgroße [jüdische] Staat sofort von den Arabern überrannt werden würde, und die westlichen Militärstrategen stimmten ihnen zu". (2000:83-84) Doch Hirst weist auf Bemerkungen des damaligen Kommandierenden der britischen Streitkräfte in Palästina, General J. C. Darcy, hin, der gesagt hatte: „wenn man die britischen Truppen abzöge, so würde die Haganah [die jüdische Kampftruppe] am nächsten Tag das gesamte Land übernehmen" und „könnte es auch gegen die gesamte arabische Welt verteidigen". (Crum, 1947:220; zitiert in Hirst, 1977:134)

Der inoffizielle Krieg

Durch den Teilungsplan der UN wurden die Probleme in Palästina keineswegs gelöst. Das *Arab Higher Committee*, das *Arabische Hochkomitee*, lehnte ihn rundweg ab und rief zu einem dreitägigen Streik auf. Der Mufti von Jerusalem rief einen *Dschihad* zum Kampf um Jerusalem aus.

Anfang Dezember 1947 brach dann der Kampf zwischen den beiden Gemeinschaften aus und die Situation verwandelte sich schnell in einen Bürgerkrieg, in dem beide Seiten nicht nur militärische, sondern auch zivile Ziele angriffen. (Gilbert, 1999) Die Briten, die weder willens noch in der Lage waren, die Ordnung wiederherzustellen, ließen verlauten, dass sie das Mandat am 15. Mai 1948 beenden würden. In der ersten Phase des Konflikts, die mit der Unabhängigkeitserklärung Israels am 14. Mai 1948 endete, kämpften die jüdischen Truppen gegen verschiedene arabische Kräfte unter der Führung dreier Kommandeure. Fawzi al-Qawukji führte die von der *Arabischen Liga*, einer Organisation der arabischen Staaten unterstützte *Arabische Befreiungsarmee* an; Sir John Bagot Glubb und seine 45 britischen Offiziere die transjordanische *Arabische Legion* und Abdul Qader al-Husseini die arabischen Truppen des Muftis in Jerusalem. (Bregman, 2003:41)

Zu Beginn dieses „inoffiziellen Krieges“ konnten die arabischen Truppen einige kleiner Siege für sich verbuchen und eine Weile gelang es al-Husseini und seinen Truppen, die Straße zwischen Jerusalem und Tel Aviv zu blockieren. Anfang April starteten die Zionisten eine Großoffensive unter dem Codenamen *Plan Dalet*. Laut Avi Shlaim war der *Plan Dalet* darauf ausgerichtet, „alle Gebiete, die laut dem Teilungsplan der UN für den Staat Israel vorgesehen waren, sowie die jüdischen Siedlungen außerhalb dieser Gebiete und die Korridore zu diesen Siedlungen zu sichern“. (2000:31) Im Vorgriff auf einen Angriff der vereinten Truppen der arabischen Nachbarstaaten eroberte man kleine und große arabische Städte und vertrieb die dortige Bevölkerung, um so „das Landesinnere von feindlichen und potentiell feindlichen arabischen Elementen zu säubern“. (2000:31) Shlaim merkt an, dass die zionistische Offensive zu einer Zerrüttung der palästinensischen Gesellschaft führte:

> Das Neuartige und Kühne an diesem Plan bestand in der Anweisung zur Eroberung der arabischen Städte und Dörfer – das hatte man vorher noch nie versucht. [...] Die palästinensische Gesellschaft zerfiel infolge der im April gestarteten jüdischen Militäroffensive und es begann der Exodus der Palästinenser. [...] Durch die Anordnung, die arabischen Städte einzunehmen und zu zerstören, legte man den Grundstein für die gewaltsame Vertreibung der arabischen Zivilisten und rechtfertigte sie auch. (Shlaim, 2000:31)

Im Rahmen dieser Operation wurde sowohl militärischer als auch psychologischer Druck auf die arabische Bevölkerung ausgeübt, die nicht gewillt war, ihre Heimat freiwillig zu verlassen. Gemeinsam mit paramilitärischen Truppen führte die *Haganah* Überraschungsangriffe auf Städte und Dörfer aus, setzte Raketenwerfer, Mörser und auch die Davidka ein, ein Gerät, mit dessen Hilfe 60 Pfund TNT fast 300 Meter weit in dicht besiedelte Gebiete geschossen wurden. (Hirst, 1977:140) Und durch Gerüchte darüber, dass jüdische Truppen beabsichtigen, arabische Dörfer niederzubrennen und die Araber zu töten, übte man psychologischen Druck aus. Diese Gerüchte wurden übrigens von geheimen zionistischen Radiosendern mithilfe von Lautsprechern verbreitet, die man auf Armeefahrzeugen angebracht hatte. Ein israelischer Reserveoffizier berichtet rückblickend:

> In allen arabischen Vierteln breitete sich eine unkontrollierbare Panik aus, die Israelis kamen mit Jeeps, an denen Lautsprecher befestigt waren, aus denen vorher aufgezeichnete „Schreckenslaute" erklangen. Dazu gehörten Schreie, Wimmern, und das Stöhnen schmerzgeplagter arabischer Frauen, das Heulen von Sirenen und die Geräusche der Sirenen des Feueralarms. All das wurde unterbrochen von einer Grabesstimme, die auf Arabisch verkündete: „Rettet eure Seelen, ihr Gläubigen. Die Juden setzen Giftgas und Atomwaffen ein. Im Namen Allahs, lauft um euer Leben". (Childers, 1976; zitiert in Hirst, 1977:141)

Im April und zu Beginn des Mais 1948 fielen im Rahmen der zionistischen Offensive mehrere arabische Städte und infolgedessen waren viele Menschen auf der Flucht. Unter den Historikern ist man sich nach wie vor uneins über die Ziele, die mit dem *Plan Dalet* erreicht werden sollten. Einige Historiker, unter ihnen Ilan Pappe, Norman Finkelstein, Nur

Masalha, Walid Khalidi und David Hirst, sind der Ansicht, die Operation gehöre in den Kontext der langjährigen Pläne der Zionisten, die einheimische Bevölkerung aus Palästina hinaus zu „transferieren".[13] Sie argumentieren, die Idee eines solchen Transfers sei bereits etwa fünfzig Jahre zuvor in Theodor Herzls Plänen für Palästina inhärent gewesen und sei stets ein integraler Bestandteil der Strategien der Revisionisten und der Labour-Bewegung gewesen. Gegner dieser Art der Darstellung weisen auf Schriften von Joseph Weitz hin, der von der *Jewish Agency* zur Leitung der so genannten „Transferkommissionen" berufen worden war, die mithilfe verschiedener Formen von Einschüchterung den palästinensischen Exodus von 1948 unterstützten. In einem Tagebucheintrag von Weitz aus dem Jahr 1940 heißt es:

> Jedem von uns muss klar sein, dass in diesem Land nicht genug Platz für beide Völker ist. [...] Solange auch die Araber in diesem kleinen Land wohnen, werden wir unser Ziel, ein unabhängiges Volk zu sein, nicht erreichen. Die einzige Lösung besteht in einem araberfreien Palästina, zumindest der westliche Teil [westlich des Jordans], sollte frei von Arabern sein. [...] Und der einzige Weg dahin besteht darin, die Araber von hier in die benachbarten Länder zu verbringen – und zwar alle, nicht ein einziges Dorf oder ein einziger Stamm darf übrig bleiben. [...] Erst nach diesem Transfer wird das Land die Millionen unserer eigenen Brüder aufnehmen können. Einen anderen Ausweg gibt es nicht. (Davar, 29. September 1967; zitiert in Hirst, 1977:130)

Andere israelische Historiker, wie Benny Morris und Avi Shlaim, widersprechen dieser Darstellung und behaupten, die Vertreibungen vom April [1948] seien „nicht geplant gewesen, sondern aus dem Krieg heraus entstanden" und eher als militärische Zweckmäßigkeit zu betrachten, denn als Teil eines politischen Plans. Nach Ansicht dieser Historiker waren die Vertreibungen Teil einer Militärstrategie, die ihrem Wesen nach spontan war, und wurden auf Ad-hoc-Basis von den jeweiligen Kommandeuren vor Ort befohlen. Finkelstein (2001:51ff.) setzte sich im Detail mit den Schlussfolgerungen von Morris auseinander und schrieb, anhand der von Morris angeführten Beweise sei erkennbar, dass die Vertreibungen systematischer und mit mehr Vorbedacht durchgeführt worden waren,

13 Ein Überblick über das Konzept dieses Transfers innerhalb der zionistischen Ideenwelt findet sich bei Masalha (1992). Karsh (2000) widerspricht dieser Darstellung.

als es seine Schlussfolgerungen vermuten lassen. Nach dem Krieg 1948 verbreiteten einige israelische Historiker, die Palästinenser hätten infolge von Radioaufrufen ihrer eigenen Anführer das Land verlassen. Doch obwohl diese Darstellung der Ereignisse im gesamten politischen Spektrum Israels immer noch ihre Anhänger hat (Pappe, 1999), wird sie doch von vielen Historikern inzwischen abgelehnt.[14]

14 Im Jahr 1959 arbeitete sich der palästinensische Historiker Walid Khalidi durch die offiziellen Akten der arabischen Regierungen sowie durch die arabischen Zeitungen und Berichte der BBC und der CIA über die Überwachung arabischer Radioprogramme, doch er konnte keinen Hinweis auf Radiosendungen finden, in denen die Palästinenser zur Flucht aufgefordert worden wären. Im Jahr 1961 beschäftigte sich auch der irische Wissenschaftler Erskine Childers unabhängig von Khalidi mit dem Thema und bestätigte Khalidis Ergebnisse. Ein Überblick und eine Erörterung zu dieser umstrittenen Angelegenheit finden sich bei Hitchens und Said (1988). Einige Historiker, unter ihnen auch Gilbert (1999), erwähnten die Folgen der angeblich gesendeten Radioübertragungen nicht und behaupteten, viele Araber hätten das Land vor der Ankunft der arabischen Truppen im Mai 1948 freiwillig verlassen.

Der erste arabisch-israelische Krieg

Während man bei der UN noch über einen Waffenstillstand und eine Treuhandregelung für Palästina debattierte und die Briten ihre Truppen evakuierten, verkündete David Ben-Gurion am 14. Mai 1948 in Tel Aviv unter einem Porträt von Theodor Herzl stehend die Gründung des Staates Israel. In dieser Erklärung der Eigenstaatlichkeit hieß es, Israel würde „auf den Prinzipien der Freiheit, der Gerechtigkeit und des Friedens aufgebaut, die von den Propheten Israels verkündet wurden; es würde die vollständige soziale und politische Gleichheit all seiner Bürger gewährleisten, ungeachtet ihrer Religionszugehörigkeit, ihrer Rasse oder ihres Geschlechts; und es würde sich getreulich an die Prinzipien der UN-Charta halten". (Shlaim, 2000:33)

In der Erklärung wurde nicht näher auf die Grenzen des neuen Staates eingegangen, da Ben-Gurion sich die Möglichkeit zur Ausdehnung des Staatsgebietes über die von der UN vorgegebenen Grenzen hinaus offen halten wollte. Trotz der Einwände seitens des US-Außenministeriums und der amerikanischen Diplomatenriege war Amerika das erste Land, das – nur elf Minuten nach der Erklärung – den neuen Staat Israel offiziell anerkannte, wobei die Sowjetunion sehr bald nachzog. Am nächsten Tag marschierten die Armeen von fünf arabischen Ländern – Ägypten, Transjordanien, Syrien, dem Libanon und dem Irak – in Palästina ein und lieferten sich Gefechte mit den israelischen Truppen.

Noch immer sind die Motive der verschiedenen arabischen Länder für den Einsatz ihrer Armeen sowie die Frage nach dem militärischen Kräftegleichgewicht zwischen den jüdischen und den arabischen Truppen umstritten. Der ehemalige Chef des israelischen Militärgeheimdienstes, Yehoshafat Harkabi, behauptete, die Araber verfolgten mit ihrem gemeinsamen Angriff auf den neu gegründeten Staat Israel hauptsächlich zwei Ziele: sie wollten Israel als politisches Gebilde zerstören (Harkabi nennt dies „Politizid") und einen Völkermord an der jüdischen Bevölkerung begehen. Netanjahu (2000) deutet an, dass diese beiden mutmaßlichen Ziele mit hoher Wahrscheinlichkeit tatsächlich bestanden, da die israelischen Truppen den arabischen Armeen unterlegen waren, sowohl was die Truppenstärke als auch was die Bewaffnung anging:

> Die meisten waren der Ansicht, es wäre nur eine Frage der Zeit, bis der jüdische Staat, den Kinderschuhen noch nicht entwachsen, ausgelöscht würde. Dank der Briten ging Israel mit mehreren schweren Nachteilen in seinen Unabhängigkeitskampf. [...] Das Ergebnis war, dass die zusammen gewürfelte israelische Armee dem Gegner in Bezug auf Truppenstärke und Waffen praktisch mehr als deutlich unterlegen war, da sie keine Panzer, keine Artillerie und keine Flugzeuge besaß. Als die arabischen Armeen in Israel einmarschierten, hing das Schicksal des Landes am seidenen Faden. (2000:84)

Andere Historiker, unter ihnen auch Avi Shlaim, haben diese Annahmen in Zweifel gezogen. Shlaim beispielsweise schreibt, dass in Wahrheit die israelischen Truppen den arabischen in allen Phasen des Konflikts in Bezug auf die Truppenstärke sogar überlegen waren. Dies lag hauptsächlich daran, dass die fünf arabischen Nationen nur Expeditionskorps nach Israel schickten, während der Großteil ihrer Armeen im eigenen Land blieb:

> Mitte Mai 1948 betrug die Gesamttruppenstärke der in Palästina im Einsatz befindlichen arabischen Truppen, sowohl der regulären als auch der irregulären, weniger als 25.000 Mann. Die *Israel Defense Forces* (IDF) dagegen konnte mehr 35.000 Mann ins Feld schicken. Bis Mitte Juli hatte die IDF bereits 65.000 Mann mobilisiert und in Waffen stehen und im Dezember erreichte die Truppenstärke mit 96.441 Mann einen [vorläufigen] Höchststand. Auch die arabischen Staaten verstärkten ihre Armeen, doch mit dieser Wachstumsrate konnten sie nicht mithalten. Auf diese Weise war die IDF den gegen sie aufgebotenen arabischen Truppen in jeder Phase des Krieges zahlenmäßig überlegen und nach den ersten Kämpfen war sie es auch in Bezug auf die Waffen. So konnte der Ausgang des Krieges auch nicht überraschen, spiegelte er doch nur genau das Kräfteverhältnis in dem Krieg um Palästina wider. In diesem Krieg war es, wie in den meisten anderen Kriegen auch: die stärkere Seite gewann ihn. (Shlaim, 2001)

Auch im Hinblick auf das Bild von einer monolithischen arabischen Truppe, die entschlossen war, Israel zu zerstören, scheiden sich die Geister. Flapan (1987) schreibt, das wichtigste Ziel von König Abdullah von Transjordanien (dem nominellen Oberbefehlshaber der arabischen Truppen) habe nicht darin bestanden zu verhindern, dass ein jüdischer Staat entsteht, sondern vielmehr darin, im Rahmen eines Geheimpakts, den er mit der späteren Ministerpräsidentin Golda Meir im November 1947 geschlossen hatte, den arabischen Teil Palästinas einzunehmen. Am 10. Mai 1948, fünf Tage vor dem Einmarsch der arabischen Armeen, traf sich Meir zum zweiten Mal heimlich mit Abdullah in Amman. Sie wollte sich rückversichern, da sie besorgt war, Abdullah könne seine Zusage zurücknehmen, der Entstehung eines jüdischen Staates nicht im Weg zu stehen, wenn er im Gegenzug den arabischen Teil Palästinas annektieren dürfe. Doch angesichts der großen Zahl palästinensischer Flüchtlinge, die infolge des *Dalet-Planes* nach Transjordanien strömten, wuchs in den arabischen Ländern der öffentliche Druck. Die Menschen forderten von ihrer Regierung, zu intervenieren und die jüdische Offensive aufzuhalten, und so ließ Abdullah Meir wissen, dass sich die Situation geändert hat und dass er sich außerstande sieht, sich aus dem Konflikt herauszuhalten. Shlaim deutet an, Abdullah sei zwar durch Umstände außerhalb seiner Kontrolle unfreiwillig zu einer Teilnahme an dem Konflikt gezwungen gewesen, doch ungeachtet dessen habe sein übergeordnetes Ziel weiterhin darin bestanden, den arabischen Teil Palästinas einzunehmen – und nicht darin, den Staat Israel zu zerstören:

> Als er seine Armee ans andere Ufer des Jordans schickte, bestand sein Ziel nicht darin, die Errichtung eines jüdischen Staates zu verhindern. Er wollte sich vielmehr selbst zum Herrn über den arabischen Teil Palästinas machen. Abdullah hatte nie gewollt, dass die arabischen Armeen in Palästina intervenieren, denn sie wollten die Teilung verhindern – er wollte sie umsetzen. Auch wenn er es lieber gesehen hätte, wenn die Juden als autonomes Volk unter seiner Herrschaft gelebt hätten, sah sein Plan doch die Anwesenheit der Juden in Palästina vor, tatsächlich war dies für seinen Plan sogar notwendig. Indem er seine Truppen im Westjordanland konzentrierte, wollte Abdullah ein für alle Mal die Chancen zur Entstehung eines unabhängigen Palästinenserstaates beseitigen und seine arabischen Partner mit der Annexion vor vollendete Tatsachen stellen. (2001)

Darüber hinaus schreibt Ovendale (1999), im Gegensatz zu den jüdischen Kräften, die größtenteils als einheitliche Front kämpften, seien die arabischen Truppen aufgrund der konkurrierenden territorialen und politischen Ambitionen der beteiligten arabischen Staaten ganz zerrissen gewesen, und seiner Ansicht nach war das ein entscheidender Faktor bei ihrer Gesamtniederlage.[15]

In der ersten Phase der Kampfhandlungen konnten die Armeen Syriens, des Libanons und des Iraks noch territoriale Zugewinne verbuchen, obwohl die Kämpfe fast ausschließlich in dem Teil Palästinas stattfanden, der von der UN für den arabischen Staat vorgesehen war. Doch trotz der großen Nachteile bei der Bewaffnung gelang es den israelischen Truppen in kurzer Zeit, die arabischen Erfolge ins Gegenteil zu verkehren und ihre Kontrolle über eine Reihe gemischter arabisch-jüdischer Städte, den Osten und Westen Galiläas und Teile des Negeb zu verstärken. Trotzdem es in Jerusalem zu heftigen Gefechten zwischen israelischen und transjordanischen Truppen kam, die auch zahlreiche Opfer forderten, dachte Ben-Gurion schon sehr bald über eine Offensive nach, mit deren Hilfe man dem Großteil der arabischen Koalition den entscheidenden Schlag versetzen wollte:

> Das schwächste Glied in der arabischen Koalition ist der Libanon. Die Herrschaft der Muslime ist künstlich und leicht zu unterminieren. Stattdessen sollte ein christlicher Staat errichtet werden, dessen südliche Grenze der Litani bilden würde und mit dem wir einen Staatsvertrag

15 Shlaim unterstützt diese Ansicht und weist auf eine Reihe grundlegender politischer und geopolitischer Rivalitäten hin, die nur durch die Behauptung der arabischen Staaten verdeckt wurden, sie kämpften im Sinne der pan-arabischen Einheit für die Rechte der Palästinenser: „Dynastische Rivalitäten spielten eine wichtige Rolle bei der Entscheidung darüber, wie die arabischen Kräfte in Palästina vorgehen wollten. König Abdullah von Transjordanien wurde von seinem langjährigen Ziel getrieben, sich selbst zum Herrn über Groß-Syrien zu machen, wozu neben Transjordanien auch Syrien, der Libanon und Palästina gehören sollten. König Faruk sah in Abdullahs Plänen eine direkte Bedrohung für die Führungsrolle Ägyptens in der arabischen Welt. Die Herrscher von Syrien und dem Libanon betrachteten König Abdullah als Gefahr für die Unabhängigkeit ihrer Länder und hegten außerdem den Verdacht, er mache mit dem Feind gemeinsame Sache. Jeder der arabischen Staaten verfolgte seine ganz eigenen dynastischen oder nationalen Interessen. Die arabischen Herrscher waren genauso sehr damit beschäftigt, den gemeinsamen Feind zu bekämpfen, wie einander auszubremsen. Unter diesen Umständen war es praktisch unmöglich, irgendeinen echten Konsens zu Art und Ziel der arabischen Intervention in Palästina zu erreichen. Aus diesem Grund sah sich der *Jischuw* nicht mit einem einzelnen Feind konfrontiert, der klare Ziele und einen klaren Schlachtplan hatte, sondern vielmehr mit einer losen Koalition aus *Arabischer Liga*, unabhängigen arabischen Staaten, palästinensischen Freischärlern und einer Ansammlung von freiwilligen Kämpfern. Die arabische Koalition war eine der am stärksten zerrütteten, desorganisierten und wackligsten Koalitionen in der Geschichte des Krieges.“ (Shlaim, 2001)

> abschließen würden. Indem wir die Macht der Legion brechen und Amman bombardieren, werden wir auch Transjordanien erledigen und dann wird auch Syrien fallen. Sollte Ägypten dann immer noch wagen, gegen uns zu kämpfen – so werden wir Port Said, Alexandria und Kairo bombardieren. (zitiert in Shlaim, 2001)

Diese Pläne erwiesen sich jedoch letztlich als zu optimistisch und in der ersten Juniwoche [des Jahres 1948] hatte sich an allen Fronten eine militärische Pattsituation ergeben. Der erste Waffenstillstand, der am 11. Juni verkündet wurde, war eine große Erleichterung für die israelische Armee, da diese bereits stark beansprucht war. Durch den Waffenstillstand hatten die Israelis die Möglichkeit, neue Rekruten auszubilden und größere Waffenlieferungen aus der Tschechoslowakei zu organisieren, die übrigens einen direkten Verstoß gegen das UN-Waffenembargo darstellten. Die arabischen Armeen nutzen die Gelegenheit nicht, sich auf erneute Kämpfe vorzubereiten oder ihre Truppen zu reorganisieren. Während dieses ersten Waffenstillstandes berief die UN den schwedischen Grafen Bernadotte zum Vermittler. Dieser legte einen Vorschlag zur Beilegung des Konflikts vor, nach welchem zwei Staaten geschaffen werden sollten, ein jüdischer und ein arabischer. Der arabische Staat sollte politisch mit Transjordanien verbunden sein und Jerusalem mit einschließen. König Abdullah von Transjordanien hätte zwar die Feindseligkeiten nur zu gern beendet gesehen, doch die anderen Mitglieder der *Arabischen Liga* sowie die jüdische Seite lehnten den Vorschlag der UN ab. Danach schlug Bernadotte vor, den Waffenstillstand zu verlängern, doch auch dies wurde von den Mitgliedern der *Arabischen Liga*, Transjordanien ausgenommen, abgelehnt. König Abdullah bat Bernadotte zu einem Treffen nach Amman, bei dem er seiner Besorgnis Ausdruck verlieh, es könnte erneut zu Kampfhandlungen kommen, und darum ersuchte, dass die UN alles in ihrer Macht Stehende tun möge, um dies zu verhindern. Seine Bemühungen wurden jedoch von den Ägyptern unterlaufen, die am 8. Juli mit einem erneuten Angriff den Waffenstillstand brachen und damit die arabischen Truppen erneut in Kampfhandlungen verwickelten.

In den neun Tagen bis zur Verkündigung des zweiten Waffenstillstandes übernahmen die Israelis die Initiative und nahmen die arabischen Städte Nazareth, Lydda/Lod und Ramla ein. Während des folgenden Waffenstillstandes mobilisierte die israelische Seite weitere Kämpfer, die meisten von ihnen gerade angekommene Immigranten, und bildete sie aus. Außerdem arrangierte man weitere Waffenlieferungen und verstärkte seine Kontrolle über die eroberten Gebiete, wobei man nach Aussagen von Bregman „arabische Dörfer ausradierte, sodass die ehemaligen Bewohner, die – wie sie dachten zeitweilig – anderswo Unterschlupf gesucht hatten, keinen Ort mehr hatten, an den sie hätten zurückkehren können". (2003:56f.)

Am 6. September entschied sich die *Arabische Liga* unter der Führung Ägyptens dafür, eine arabische Regierung für Palästina mit Sitz in Gaza einzusetzen, die auch den Befehl über eine kleine Streitmacht haben sollte. Shlaim (2001) deutet an, für diese Entscheidung habe es mehrere Gründe gegeben: einerseits wollte man die arabische Öffentlichkeit besänftigen, da diese sehr verstimmt war über das Versagen der arabischen Truppen bei der Verteidigung der Rechte der Palästinenser, aber auch Abdullahs Möglichkeiten zur Annexion des arabischen Teils Palästinas schmälern sowie den Aufschrei der Öffentlichkeit beim Rückzug der Armeen der *Arabischen Liga* aus dem Konflikt minimieren.

Die Regierung in Gaza bestand im Grunde nur pro forma. Sie verfügte über keinerlei politische oder militärische Macht und wurde von keiner der an dem Konflikt beteiligten Seiten ernst genommen. Noch während des zweiten Waffenstillstandes legte Graf Bernadotte einen neuen Vorschlag zur Beilegung des Konflikts vor. Im Hinblick auf die territorialen Fragen war er dem ersten Vorschlag sehr ähnlich, doch diesmal sollte Jerusalem unter die Kontrolle der UN fallen und die Palästinenser sollten ihr politisches Schicksal in Absprache mit den anderen arabischen Staaten selbst bestimmen können. Der Vorschlag sollte am 21. September in der Generalversammlung beraten werden, doch am 17. September wurde Graf Bernadotte in Jerusalem ermordet. Der Anschlag wurde von Mitgliedern der *Stern-Gruppe*, einer paramilitärischen israelischen Gruppierung, verübt, die unter dem Befehl eines Triumvirats standen, zu dem auch der spätere israelische Ministerpräsident Jitzchak Schamir gehörte. (Bregman, 2003:57f.)

Während des zweiten Waffenstillstandes unterbreitete Ben-Gurion dem israelischen Kabinett den Vorschlag, eine Großoffensive zur Eroberung eines Großteils des Westjordanlandes einzuleiten. Nachdem er für diesen Vorschlag keine Mehrheit erhielt, wandte er sich neuen Plänen zu, die darauf abzielten, die ägyptischen Truppen wieder aus dem Negeb zurück nach Ägypten zu drängen. Shlaim (2000) schreibt, Israel habe zu jener

Zeit ein Friedensangebot seitens der ägyptischen Regierung erhalten, in dem diese anbot, Israel de facto anzuerkennen, wenn Ägypten dafür einen Teil des Negeb annektieren dürfe. Weiter sagt er, Ben-Gurion habe die ägyptischen Vorschläge ignoriert und das Kabinett dazu überredet, eine Reihe militärischer Offensiven zu autorisieren, durch die der Negeb erobert werden sollte. Im Verlauf der nächsten vier Monate nahmen sich die Israelis die arabischen Armeen eine nach der anderen vor und besiegten sie, wodurch man große territoriale Zugewinne verzeichnen konnte. Es begann am 15. Oktober mit dem Bruch des Waffenstillstandes seitens der Israelis durch die Einleitung der Operation Joav. Innerhalb von nur einer Woche nahm die israelische Armee Beerscheba und Beit Jibrin ein, wobei weder Transjordanien noch die *Arabische Liga* den Ägyptern zu Hilfe kamen. Am 29. Oktober startete Israel eine Großoffensive im Norden, die den Codenamen *Operation Hiram* trug und in deren Verlauf Zentralgaliläa erobert werden konnte. Shlaim (2001) schreibt, bei dieser Operation habe die IDF eine große Anzahl von Arabern aus Galiläa vertrieben und sie habe sich dabei an die Empfehlungen Ben-Gurions vom 26. September gehalten, der gesagt hatte, sollten die Kampfhandlungen im Norden weitergehen, so sollte Galiläa „gesäubert“ und „von Arabern befreit“ werden.

Am 31. Oktober trat ein dritter von der UN ausgehandelter Waffenstillstand in Kraft, der bis zum 22. Dezember hielt. Dann brachen die Israelis erneut den Waffenstillstand und starteten die Operation Horev. Diese war sehr erfolgreich: es gelang den israelischen Truppen, die Ägypter aus dem Negeb zu vertreiben und sie bis nach Ägypten zu verfolgen. Letztlich intervenierten die Briten gemäß dem britisch-ägyptischen Staatsvertrag von 1936 auf Seiten der Ägypter und nachdem Präsident Truman massiven Druck auf Israel ausgeübt hatte, erklärte sich Ben-Gurion schließlich bereit, seine Truppen aus dem Sinai abzuziehen und einen neuen Waffenstillstand zu akzeptieren.

Die Nachkriegsverhandlungen: Friedensverträge, Grenzziehungen und das Flüchtlingsproblem

Der Krieg endete am 7. Januar 1949 und alle beteiligten Parteien hatten einen hohen Preis gezahlt. Israel hatte mehr als 6.000 Mann verloren, 1 Prozent seiner Gesamtbevölkerung, dafür jedoch große territoriale Zugewinne verzeichnen können. In der UN-Resolution 181 waren 57 Prozent des Mandatsgebiets Palästina für den jüdischen Staat vorgesehen worden, nach dem Ende des Krieges von 1948 kontrollierte die israelische Seite bereits 78 Prozent.

Nach Kriegsende begannen die Israelis sofort mit der Nationsbildung. Im Januar 1949 wurden Wahlen nach dem Prinzip der Verhältniswahl abgehalten. Dabei erhielt die Mapai-Partei die meisten Stimmen, ihr Anführer Ben-Gurion wurde erster Premierminister Israels und Chaim Weizmann wurde als Präsident eingesetzt. Die Palästinenser empfinden die Ereignisse des Jahres 1948 als so traumatisch, dass sie sie nur als „Al Nakba" bezeichnen, was soviel heißt wie „die Katastrophe". Hatte es schon vor dem Beginn des „offiziellen Krieges" viele Flüchtlinge gegeben, so stieg ihre Zahl im Verlauf des Krieges noch massiv an. Der israelische Historiker Ilan Pappe schreibt unter Bezugnahme auf Beweise von Benny Morris, gegen Ende des Krieges hätten die israelischen Truppen in den Dörfern „Ilabun, Sa'sa'a, Dawamiyya, Sfsa und Zurief mehrere Massaker verübt" und in der letzten Phase des Konflikts seien „die Vertreibungen sogar noch systematischer gewesen" als vorher. (1999:51-52)

Zum Ende des Krieges gab es nach israelischen Angaben 520.000 palästinensische Flüchtlinge, nach Schätzungen der UN waren es dagegen 726.00 und die britische Regierung kam sogar auf 810.000. (Gilbert, 1999) Die 150.000 Palästinenser, die noch im neuen Staat Israel lebten, wurden von den Israelis als „gefährliche und nicht vertrauenswürdige potentielle fünfte Kolonne" betrachtet, so Bregman, und man stellte sie deshalb unter militärische Kontrolle:

> Die Militärregierung agierte in den Gebieten, in denen vorwiegend Araber lebten, und ihre Hauptaufgabe bestand darin, in diesen Gebieten die Politik der israelischen Regierung umzusetzen. Es handelte sich um eine sehr mächtige Institution und die Araber hassten sie, da sie im

> Grunde jeden Bereich ihres Lebens kontrollierte und ihnen massive Beschränkungen auferlegte. So war es den Arabern verboten, ihre Dörfer zu verlassen und in andere Teile des Landes zu reisen, es sei denn, sie hatten eine Sondererlaubnis dazu erhalten. Außerdem konnte die Militärregierung Verdächtige ohne Verfahren einsperren und häufig riegelte sie ganze Gebiete – angeblich aus Sicherheitsgründen – ab, sodass die arabischen Bauern nicht mehr auf ihre Felder und Plantagen konnten. Dies war für die Bauern verheerend, da sie auf die Erträge angewiesen waren, um ihren Lebensunterhalt bestreiten zu können. Die Militärregierung verhängte auch Ausgangssperren über ganze Dörfer. In einem Fall, dem des Dorfes Kfar Qassem, waren sich die Dorfbewohner dieser Tatsache nicht bewusst und als sie in ihre Häuser zurückkehren wollten, eröffneten die Israelis das Feuer und töteten 47 Menschen. (2003:74)

Im Jahr 1949 handelte Israel unter dem Patronat der UN mit den an dem Konflikt beteiligten arabischen Staaten separate Waffenstillstandsabkommen aus. Jordanien annektierte das Westjordanland und Ägypten besetzte den Gaza-Streifen. Doch im Gegensatz zu Jordanien unternahm Ägypten keinerlei Anstrengungen, das Gebiet zu annektieren. Der Name Palästina war von der Landkarte verschwunden und das ganze Territorium Palästinas war in die Staaten Jordanien und Israel eingegangen. Ende April 1949 traf sich die israelische Seite mit Delegationen aus Ägypten, Jordanien, Syrien, dem Libanon und einer Abordnung des *Arab Higher Committee* in Lausanne zu dem Versuch, einen Friedensvertrag auszuarbeiten. Die beiden wichtigsten Streitpunkte waren dabei die Grenzfrage und das Flüchtlingsproblem. Die arabische Delegation wollte, dass die Grenzen entsprechend dem von ihnen vorher abgelehnten Teilungsplan der UN von 1947 gezogen würden, die Israelis dagegen bestanden darauf, dass die ständigen Grenzen auf den Linien basieren sollten, die bei Ausrufung des Waffenstillstandes bestanden und dass diese nur geringfügig modifiziert werden dürften. Letztlich wurde keine Einigung erzielt.

Am 11. Dezember 1948 verabschiedete die UN-Generalversammlung die Resolution 194, in der festgelegt war, „dass es Flüchtlingen, die in ihre Häuser zurückkehren und im Frieden mit ihren Nachbarn leben wollen, erlaubt werden soll, dies zum frühestmöglichen Termin zu tun, und dass jenen, die sich dafür entscheiden, nicht zurückzukehren, eine Entschädigung für ihren Besitz gezahlt werden soll, ebenso wie für verlorenen oder zerstörten Besitz". Pappe (1999) merkt an, die UN, die europäischen Staaten und die USA seien sich in dieser Position zur Repatriierung der Flüchtlinge einig gewesen. Israel lehnte eine Rückkehr der Flüchtlinge ebenso ab wie die Zahlung von Entschädigungen. Man argumentierte, da die arabischen Staaten Israel angegriffen hätten, seien sie für die Entstehung des Flüchtlingsproblems verantwortlich und sollten sie daher in ihren eigenen Ländern unterbringen:

> Wir wollten diesen Krieg nicht. Nicht Tel Aviv hat Jaffa angegriffen, sondern Jaffa Tel Aviv. Und das wird nicht noch einmal passieren. Jaffa wird eine jüdische Stadt werden. Eine Repatriierung der Araber wäre keine Gerechtigkeit, sondern eine Dummheit. Jene, die uns den Krieg erklärt haben, werden nach ihrer Niederlage die Konsequenzen tragen müssen. (David Ben-Gurion; zitiert in Gabbay, 1959:109)

Pappe schreibt, von Juni 1949 an haben sich die israelischen Führer dafür eingesetzt, ein „Fait accompli zu schaffen, durch das eine Rückführung unmöglich würde". (1999:52) Im selben Monat schrieb Joseph Weitz in einem Memorandum, unter den israelischen Führung herrsche ein allgemeiner Konsens darüber, dass es am besten wäre, die verlassenen Dörfer der Palästinenser zu „zerstören, neu aufzubauen und sie mit Juden zu besiedeln". (Weitz; zitiert in Pappe, 1999:52) Um diesen Plan umzusetzen – was Israel, wie Pappe schreibt, „buchstabengetreu" tat – war es nötig, dass der Staat „alles zerstörte, was von den insgesamt fast 350 verlassenen Dörfern der Palästinenser noch übrig war, sodass die Bezeichnung Repatriierung unsinnig würde". (1999:52) Pappe schreibt weiter, das Thema der palästinensischen Flüchtlinge werfe für die Israelis schwierige Fragen nach dem Wesen des Staates Israel auf:

> Wenn man sie mit dem Problem der Flüchtlinge konfrontiert, haben die Israelis – Volk und Regierung gleichermaßen – ein echtes psychologisches Problem. Tatsächlich ist das für sie die „Erbsünde". Es stellt das israelische Selbstbild von der moralischen Überlegenheit und Menschlichkeit massiv in Frage. Dadurch werden die israelischen Oxymora, wie „Waffenreinheit" (ein Bestandteil des Ehrenkodex der israelischen Streitkräfte, nach dem die Soldaten ihre Waffen nur im Rahmen der Mission, nur im notwendigen Umfang und nicht gegen am Kampf Unbeteiligte einsetzen, und auch beim Einsatz der Waffe ihre Mensch-

lichkeit bewahren; Anm. d. Übers.), oder die Fehlbenennungen, wie „Israel Defense Forces“ (etwa: Israelische Verteidigungsstreitkräfte; Anm. d. Übers.), lächerlich. Auch entstehen Zweifel an der religiösen Vorstellung vom „auserwählten Volk“ und am politischen Anspruch, die einzige Demokratie im Nahen Osten zu sein, die deshalb die volle Unterstützung des Westens verdiene. In der Vergangenheit hat es nicht nur zu wiederholtem Verdrängen und Verleugnen geführt, sondern auch dazu, dass man unrealistische politische Lösungen unterstützt hat. [...] Gleichzeitig ging damit ein intellektueller Kampf gegen die Palästinenser einher, dessen Inbegriff die offiziell verbreiteten Lügenmärchen über die Geschichte des Landes und den Konflikt sind. (1999:58)

Durch die Waffenstillstandsabkommen war zwar der militärische Konflikt beendet worden, doch es gab keine formalen Friedensverträge zwischen Israel und seinen arabischen Nachbarn – gute Voraussetzungen für weitere sporadische Zusammenstöße. Bis heute ist dieses Thema der nicht ausgehandelten umfassenden Friedensverträge umstritten. Sachar beispielsweise gibt den Arabern und ihrer Unnachgiebigkeit die Schuld daran. Er behauptet, Israel habe wiederholt versucht, Frieden zu schließen, seine Bemühungen wären jedoch von den arabischen Staaten zurückgewiesen worden: „Die Araber hatten ein festes Ziel und waren nicht davon abzubringen und sie gingen völlig darin auf. Sie wollten den unabhängigen Staat Israel unbedingt zerstören“. (1977:430) Einige andere Historiker sind genau entgegen gesetzter Meinung. Shlaim beispielsweise merkt an, dass „die Aktenordner im israelischen Außenministerium [...] vor lauter Beweisen für Friedensangebote von arabischer Seite und dafür, dass die Araber von September 1948 an stets bereit waren, mit den Israelis zu verhandeln, aus allen Nähten platzen“. (2000:49)
In den Jahren nach 1948 verhängte die arabische Welt einen wirtschaftlichen Boykott gegen Israel, schloss ihre Grenzen für die Israelis und verweigerte den israelischen Flugzeugen die Erlaubnis, ihren Luftraum zu benutzen. In dieser Zeit gab es auch radikale demographische Veränderungen innerhalb der jüdischen Bevölkerung des gesamten Nahen Ostens. In den neun Jahren nach dem Krieg von 1948 verließen 567.000 Juden die muslimischen Länder, in denen sie bis dahin gelebt hatten, und die meisten von ihnen ließen sich in Israel nieder. Auf diese Weise stieg die Bevölkerungszahl Israels zwischen 1949 und 1956 von 1.174.000 auf 1.873.000 an. (Ovendale 1999) Sachar behauptet, in vielen dieser mus-

limischen Länder, besonders im Irak und in Ägypten, sei die jüdische Bevölkerung „sehr gut gediehen“, doch seiner Aussage nach waren sie seit den 40er Jahren zunehmend stärker schikaniert und verfolgt worden. Weiter schreibt er, in Libyen seien bei antijüdischen Ausschreitungen im Jahr 1945 mehrere Hundert Juden getötet oder verwundet worden und in Syrien habe man die Eigentumsrechte der jüdischen Bevölkerung und ihre Rechte als Arbeitnehmer beschnitten. (1977:400ff.) Gilbert (1999) schreibt, da es in Israel nach 1948 zu wenig Arbeitskräfte gab, hätten israelische Vertreter diese Transfers der jüdischen Bevölkerung aus den muslimischen Ländern nach Israel, die in Israel als „Heimholen der Verbannten“ bezeichnet wird, stark gefördert. Einige sagen, die dabei angewendeten Methoden seien sehr fragwürdig gewesen. Gilbert (1999) und Hirst (1977) schreiben, dass israelische Agenten im Irak Bomben in Synagogen und in jüdischen Geschäften legten, um die dortigen Juden zur Auswanderung nach Israel zu bewegen.

Obwohl sich die politische und militärische Situation nach dem Krieg von 1948 stabilisiert hatte, sorgten Zusammenstösse entlang der in den Waffenstillstandsabkommen festgelegten Linien dauerhaft für Spannungen zwischen Israel und seinen arabischen Nachbarn. Vertriebene Palästinenser begannen, Israel von den anderen arabischen Staaten aus zu „infiltrieren“. Shlaim merkt dazu an, dass „mindestens 90 Prozent dieser Infiltrierungsbemühungen durch soziale und wirtschaftliche Probleme motiviert waren“. Dazu gehörten unter anderem Personen, die die Waffenstillstandslinien überquerten, um sich ihren Besitz zurückzuholen, ihre Verwandten zu wieder zusehen oder sich um ihr Land zu kümmern. (2000:82) Viele Flüchtlinge waren aus ihren Häusern und von ihrem Land vertrieben worden, hatten deshalb keine Arbeit mehr und mussten hungern. Zu den restlichen zehn Prozent der Infiltrierungsbemühungen gehörten Sabotageakte und direkt gegen die Israelis gerichtete Gewaltakte. Shlaim schreibt, die Israelis verfolgten daraufhin eine „Freifeuer“-Politik gegenüber den Infiltrierern, woraufhin sich die Araber in Gruppen organisierten und es ihnen mit gleicher Münze heimzahlten. Der britische Major John Glubb sagte dazu: „ursprünglich waren diese Infiltrierer ganz harmlos und kamen unbewaffnet. Sie waren auf der Suche nach ihrem verlorenen Besitz oder nach ihren Verwandten. Doch der jüdische Terrorismus [d.h. Erschießungen und Vergeltungsangriffe] hat den Infiltrierer zum bewaffneten Gegner gemacht“. (zitiert in Morris, 1997:51)

Israelische Behörden schätzen, dass zwischen dem Ende des Krieges von 1948 und dem Suez-Krieg von 1956 294 Zivilisten durch Infiltrierer aus Jordanien, dem Libanon, und Ägypten getötet wurden. (Morris, 1997:97-98) Und Shlaim schreibt, in dieser Zeit seien 2.700 bis 5.000 Infiltrierer, „die allermeisten von ihnen unbewaffnet", von israelischen Soldaten, denen der Finger sehr locker am Abzug saß, getötet worden. (2000:82) Einige israelische Historiker behaupten, die arabischen Staaten hätten die Infiltrierer bei ihren Versuchen, den Staat Israel zu schwächen und zu zerstören, ermutigt. Shlaim dagegen behauptet, dass es im Gegenteil sogar „überzeugende Beweise aus arabischen, britischen, amerikanischen und israelischen Quellen sowie aus UN-Quellen gibt, dass die arabischen Regierungen in den ersten sechs Jahren nach Ende des Krieges gegen die Infiltrierung waren und versuchten, sie einzudämmen". (2000:84) Israel entschied sich für den Weg der Vergeltungsschläge gegen Dörfer im Gaza-Streifen und in Jordanien. Hierzu merkt Shlaim an, „all diese Angriffe richteten sich gegen zivile Ziele", sie „schürten den Hass der Araber auf Israel massiv und erregten zunehmend die Kritik der internationalen Gemeinschaft". (2000:83)

Man schuf eine spezielle Brigade für Vergeltungsangriffe, die Einheit 101, und unterstellte sie dem Kommando von Ariel Scharon. Im Rahmen der ersten größeren Operation der Einheit führte sie 1953 einen Angriff auf das Dorf Quibya durch. Daraufhin wurden in Yahuda eine israelische Mutter und zwei Kinder durch eine Handgranate getötet. Die Einheit 101 ließ von Quibya nur „einen Haufen Trümmer" übrig. „[M]an hatte 45 Häuser in die Luft gesprengt und 69 Zivilisten [getötet], zwei Drittel von ihnen Frauen und Kinder". (2000:91) In einem UN-Bericht hieß es, „die Bewohner waren durch starken Beschuss gezwungen worden, in ihren Häusern zu bleiben, bis diese um sie herum in die Luft gesprengt wurden". (2000:91) Shlaim schreibt außerdem, derartige Akte seien innerhalb des Staates Israel an arabischen Dörfern verübt worden:

> Auch in den arabischen Dörfern in Israel wurden regelmäßig Operationen zum Aufspüren von Infiltrierern durchgeführt. Es kam auch immer wieder einmal vor, dass an diesen Operationen beteiligte Soldaten Verbrechen wie Gruppenvergewaltigungen oder Mord begingen. In einem Fall setzten israelische Soldaten 120 Infiltrierer ohne Wasser in der Arava-Wüste aus. Derartige Gräueltaten wurden auch nicht in der Hitze des Gefechts begangen, sie richteten sich größtenteils gegen unschuldige

> Zivilisten, darunter auch Frauen und Kinder. Die Tatsache, dass man sich tagtäglich mit dem Problem der Sicherheit konfrontiert sah, ließ Soldaten der IDF verrohen. Die Soldaten einer Armee, die so stolz auf ihre Regel von der „Waffenreinheit" war, zeigten eine wachsende Geringschätzung für menschliches Leben und begingen barbarische Akte, die man nur als Kriegsverbrechen beschreiben kann. (2000:83)

Vor diesem Hintergrund der Spannungen an den Grenzen steht auch Israels Beteiligung an dem größeren Konflikt zwischen Großbritannien, Frankreich und Ägypten um die Kontrolle über den Suez-Kanal.

1956 – der Konflikt um den Suez-Kanal

1952 übernahmen Gamal Abd el-Nasser und seine „Freien Offiziere" nach einem unblutig verlaufenen Staatsstreich die Macht in Ägypten und machten das Land zur Republik. 1954 wurde Nasser Präsident und versuchte, sich selbst als Recken der pan-arabischen Wiedergeburt und Anführer der Dekolonialisierungsbewegung im Nahen Osten und Afrika zu etablieren. Ovendale (1999) merkt an, dass die europäischen Kolonialmächte besorgt waren, wie sich Nassers Nationalismus auf ihre Erdölinteressen und die geostrategische Kontrolle über den Nahen Osten und Afrika auswirken würde. Im Falle Frankreichs war die Ablehnung noch größer, da Nasser die Algerier in ihrem Unabhängigkeitskampf unterstützte. Nachdem die USA und Großbritannien sich geweigert hatten, das Projekt des Assuan-Staudamms finanziell zu unterstützen – das in Nassers Augen ein Mittel darstellte, Ägypten in die Moderne zu führen – verstaatlichte Nasser den Suez-Kanal im Juli 1956. Daraufhin entschieden Großbritannien und Frankreich, beide am Suez-Kanal beteiligt, dass Nasser entmachtet werde müsse. Auch Israel hatte ein Interesse am Sturz von Nasser und so trafen sich am 22. und 24. Oktober 1956 britische, französische und israelische Vertreter in Sèvres, am Stadtrand von Paris, um gemeinsam einen militärischen Plan zur Erreichung dieses Zieles auszuarbeiten. (Shlaim, 2000) Bei diesem Treffen sicherte sich die israelische Delegation außerdem die endgültige Zustimmung für die Lieferung eines Atomreaktors aus Frankreich. Dieser wurde im darauf folgenden Jahr geliefert und schon sehr bald zur Entwicklung von Atomwaffen eingesetzt.[16]

Am 29. Oktober 1956 startete die israelische Armee einen Angriff auf die ägyptischen Truppen auf der Sinai-Halbinsel. Am nächsten Tag stellten Großbritannien und Frankreich den Ägyptern sowie den Israelis ein Ultimatum, ihre Truppen um mindestens 10 Meilen vom Suez-Kanal abzuziehen. Doch während Israel dem nachkam, weigerte sich Ägypten und am darauf folgenden Tag begannen die Briten und Franzosen, die ägyptischen Flugplätze zu bombardieren. Anschließend gelang Israel innerhalb kurzer Zeit ein überragender militärischer Sieg, bei dem man am 2. November den Gaza-Streifen und drei Tage später die gesamte Sinai-Halbinsel einnahm. Am 7. November hielt Ben-Gurion eine Rede vor der *Knesset*, in welcher er „andeutete, dass Israel plant, die gesamte Sinai-Halbinsel sowie die Straße von Tiran zu annektieren". (Shlaim, 2000:179) Nachdem jedoch die USA und die UdSSR starken Druck auf Israel ausgeübt hatten und die UNO Israel mit Sanktionen gedroht hatte, waren die Israelis letztlich gezwungen, ihre Truppen nach sechs Monaten komplett von der Sinai-Halbinsel abzuziehen.

Über die Motivation Israels in dieser Auseinandersetzung wurde viel diskutiert. Die einen sind der Ansicht, es habe drei Hauptgründe dafür gegeben, dass Israel Ägypten angegriffen hat. Erstens, so wird behauptet, habe der ägyptische Führer Nasser geplant, die Truppen verschiedener arabischer Länder (Ägypten, Jordanien und Syrien) zu bündeln und sie gemeinsam gegen Israel zu führen. Auf diese Weise wollte man versuchen, Israel zu zerstören, und so war der Konflikt um den Suez-Kanal letztlich als militärischer Präventivschlag notwendig, um diesen Plan zu vereiteln. Sachar (1977) weist in diesem Zusammenhang auf hetzerische Reden verschiedener arabischer Führer in den Monaten vor dem Krieg hin und sagt, diese seien der Beweis dafür, dass die Araber tatsächlich

---

16 Shlaim schreibt, Ben-Gurion sei sehr daran interessiert gewesen, dass Israel seine eigenen Atomwaffen entwickeln kann, und die Lieferung der entsprechenden Technologie durch die Franzosen sei ein wesentlicher Faktor gewesen, als es darum ging, ob die Israelis sich an dem Angriff der Briten und Franzosen auf Ägypten beteiligen würden. Aus einigen kürzlich entdeckten Dokumenten der britischen Regierung geht außerdem klar hervor, dass Großbritannien die israelischen Bemühungen zur Entwicklung von Atomwaffen durch die Lieferung von „schwerem Wasser" stark gefördert hat. (*Guardian*, 4. August 2005)

vorhatten, Israel zu zerstören und dass diese Gefahr eine unmittelbare war. Weiter deutet er an, dass die Tatsache, dass die Ägypter im Jahr 1955 eine größere Waffenlieferung aus der Tschechoslowakei erhalten hatten, dazu geführt hatte, dass sich das Kräftegleichgewicht zum Nachteil Israels verschoben hat. (1977:473) Und drittens behauptet Sachar, Israel habe die ägyptische Blockade des Suez-Kanals durchbrechen und die Guerilla-Angriffe der Palästinenser auf Israel stoppen wollen. Bei dieser Sichtweise auf die Gründe für den Angriff Israels auf Ägypten wird dieser als defensiv ausgerichtete Maßnahme dargestellt, durch die lediglich die Sicherheit des Landes verbessert werden sollte.

Doch es gibt auch andere Meinungen über die Gründe für den Angriff. Shlaim (2000) schreibt, dass das militärische Establishments Israels, das von Ben-Gurion und Moshe Dajan angeführt wurde, fest entschlossen gewesen sei, Nasser durch provokatorische Angriffe auf ägyptische Truppen zu einem Krieg aufzustacheln, obwohl die Ägypter versucht hatten, den Infiltrierungsbemühungen der Palästinenser Einhalt zu gebieten. Zum wohl heftigsten dieser Angriffe kam es im Februar 1955, als eine israelische Einheit unter der Führung von Ariel Scharon das Hauptquartier der Ägypter am Stadtrand von Gaza angriff, wobei 37 ägyptische Soldaten getötet wurden. Hirst behauptet, Nasser habe stets versucht, die militärische Konfrontation mit Israel zu vermeiden und er habe „die *Fedajin* [die palästinensischen Guerillas] erst von der Leine gelassen, nachdem der Druck der eigenen Öffentlichkeit infolge weiterer Provokationen der Israelis zu groß wurde". (1977:200) Sowohl Hirst als auch Shlaim (2000) stehen auf dem Standpunkt, dass es keine schlüssigen Beweise dafür gibt, dass Nasser einen Krieg gegen Israel plante oder dass sich das Kräftegleichgewicht zugunsten Ägyptens verschoben hätte. Ihrer Meinung nach bestand das Ziel des Krieges in einer Ausdehnung der israelischen Grenzen und im Sturz von Nassers Regime. Shlaim ist der Ansicht, Israel habe gehofft, sich die gesamte Sinai-Halbinsel, das Westjordanland und einen Teil des Libanon einverleiben zu können. Er schreibt, Ben-Gurion „ließ ein massives Streben nach territorialer Ausdehnung zulasten der Araber erkennen und zwar einer Ausdehnung in jede nur mögliche Richtung – nach Norden, Süden und Osten", und zeigte sich in seiner „Einstellung zur Unabhängigkeit, Souveränität und territorialen Integrität der benachbarten arabischen Länder sehr hochmütig". (2000:178)

1967 – der Sechs-Tage-Krieg

Im Laufe der 60er Jahre wurde der Nahe Osten zum Schauplatz des Wettbewerbs im Kalten Krieg zwischen den USA und der Sowjetunion, da sie beide die Länder der Region mit Waffen belieferten. Im Frühjahr 1967 informierte die Sowjetunion die syrische Regierung darüber, dass Israel einen Angriff auf Syrien plant und dazu an der Nordgrenze Truppen zusammenzieht. Unter Historikern ist nach wie vor umstritten, ob es diese Truppenbewegungen tatsächlich gegeben hat (unterschiedliche Ansichten finden sich bei Shlaim, 2000 und Hirst, 1977). Doch im Jahr zuvor hatte es im Grenzgebiet mehrere Zusammenstösse zwischen den beiden Nationen gegeben, sodass die Lage sehr angespannt war. Israel hatte öffentlich gedroht, das syrische Regime zu stürzen, sollte dieses nicht die von syrischem Staatsgebiet aus geführten Guerilla-Angriffe der Palästinenser stoppen. Aufgeschreckt durch die sowjetischen Berichte wandte sich Syrien mit der Bitte um Hilfe an Ägypten, mit dem es einen gegenseitigen Verteidigungspakt geschlossen hatte. Daraufhin entsandte Ägypten Truppen auf die Sinai-Halbinsel an die israelische Grenze und forderte von den dort stationierten UN-Truppen, die einen Puffer zwischen den beiden Ländern bildeten, ihre Positionen zu räumen. Die ägyptischen Truppen rückten bis Scharm El-Scheich vor und verhängten eine Blockade über den israelischen Hafen Elat, der nur über ägyptische Gewässer zugänglich war.

Zwei Wochen später, am 5. Juni 1967 um 7.45 Uhr, begann Israel seine Luftangriffe auf ägyptische Flugfelder, bei denen an einem einzigen Tag 298 Kampfflugzeuge zerstört wurden – der Großteil der ägyptischen Luftwaffe. Die israelischen Bodentruppen drangen fast zeitgleich auf ägyptisches Territorium vor, bahnten sich ihren Weg bis zum Suez-Kanal und besetzten in nur zwei Tagen die gesamte Sinai-Halbinsel. Am 5. Juni um 12 Uhr mittags griffen syrische, jordanische und irakische Truppen im Rahmen eines Verteidigungspakts mit Ägypten Ziele innerhalb Israels an. Innerhalb von zwei Stunden gelang es der israelischen Luftwaffe, die Luftwaffen aller drei Länder sowie eine irakische Militärbasis in der Nähe der jordanischen Grenze zu zerstören. Jordanien kam den Ägyptern auch mit Bodentruppen zu Hilfe. Die jordanische Artillerie beschoss israelische Städte und jordanische Truppen marschierten in das arabische Ost-Jerusalem ein. Bis zum 7. Juni hatte Israel die jordanische Armee aus dem Westjordanland und Ost-Jerusalem vertrieben und beides besetzt. Am folgenden Tag griffen israelische Kampfflieger das amerikanische Spionageschiff USS *Liberty* an. Dabei kamen Kanonen, Raketen und Napalm zum Einsatz – 34 Mitglieder der amerikanischen Besatzung wurden getötet und 171 weitere verletzt.[17] Ungeachtet des massiven Drucks seitens der UN griff Israel am 9. Juni Syrien an und besetzte die Golan-Höhen. In der israelischen Presse gab es Anschuldigungen, die israelische Armee habe während dieses Krieges eintausend ägyptische Soldaten, die keinen Widerstand leisteten, sowie Dutzende unbewaffneter palästinensischer Flüchtlinge getötet. (*Ha'aretz*, 17. August 1995; zitiert in *Washington Report on Middle East Affairs*, Februar/ März 1996)

Der Krieg stellte einen überwältigenden militärischen Erfolg für Israel dar. In sechs Tagen hatte man die Armeen dreier arabischer Länder zerstört und konnte durch die Einnahme der Sinai-Halbinsel, der Golan-Höhen, des Westjordanlands, des Gaza-Streifens und des arabischen Ost-Jerusalems enorme territoriale Zugewinne verbuchen. Die Gründe Israels für diese Offensive sind noch umstritten. In offiziellen Dokumenten des israelischen Kabinetts heißt es, die „Regierung [Israels] hat festgestellt, dass die Armeen Ägyptens, Syriens und Jordaniens zu einem unmittelbaren Mehrfrontenangriff aufgestellt waren und die Existenz des Staates direkt bedrohten". (zitiert in Finkelstein, 2001:130) Drei Jahre zuvor hatten arabische Anführer in einem offiziellen Dokument ihre Absicht erklärt, „gemeinsame militärische Vorkehrungen" zur „endgültigen Liquidierung Israels" zu treffen. (Shlaim, 2000:230) Sachar macht in diesem Zusammenhang auf Nassers Entscheidung aufmerksam, die UN-Friedenstruppen im Sinai durch ägyptische Truppen zu ersetzen, sowie auf die militärischen Vorbereitungen anderer arabischer Nationen und führt diese als Beweis dafür an, dass sich „die Schlinge [...] um den

17 Dieser brisante Zwischenfall wurde heiß diskutiert. Die israelischen Behörden haben stets behauptet, es habe sich um einen „tragischen Fall einer falschen Identifizierung" gehandelt. Bei Bregman (2003:120-22) heißt es, andere seien der Ansicht, der Angriff sei absichtlich geschehen, um zu verhindern, dass die USS *Liberty* entdeckt, dass Israel in Vorbereitung des am nächsten Tag erfolgten Angriffs auf die Golan-Höhen in Galiläa Truppen zusammengezogen hatte. Er schreibt weiter, bisher streng unter Verschluss gehaltene Aufnahmen von Gesprächen zwischen Angehörigen der Luftwaffe würden die Schlussfolgerung stützen, dass der Angriff auf das amerikanische Schiff bewusst erfolgte.

Hals Israels sehr schnell zuzog". (1977:632) Weiter weist er nicht nur auf Israels Motivation hin, die Syrer dazu zu bringen, ihre Bombardements israelischer Siedlungen in der entmilitarisierten Zone zwischen Israel und Syrien einzustellen, sondern auch auf die Guerilla-Angriffe, bei denen die Angreifer bis auf israelischen Boden vordrangen. Eine weitere gern angeführte Rechtfertigung für den Angriff Israels auf Ägypten ist die Entscheidung der Ägypter, die Straße von Tiran und damit den Zugang zum israelischen Hafen Elat zu blockieren. Laut Aussage des israelischen Außenministers Abba Eban war dies „ein Versuch zur Strangulation", der einen „kriegerischen Akt" darstellte. (Eban, 1992:374; zitiert in Finkelstein, 2001:137)

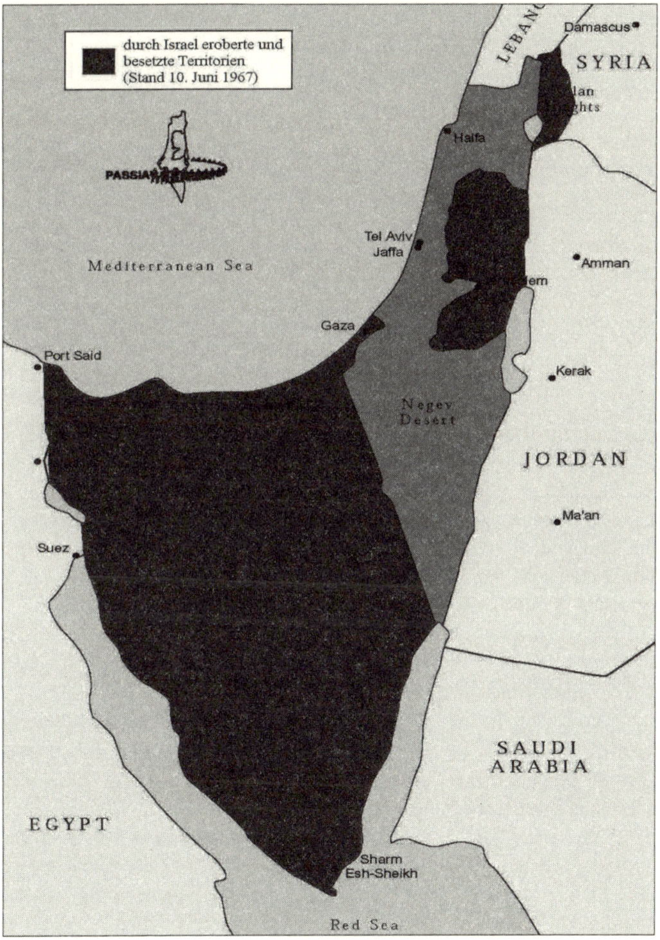

Karte 3: Der Nahe Osten nach dem Krieg vom Juni 1967

Einige andere Historiker haben diese Erklärungen in Zweifel gezogen und stattdessen andere mögliche Gründe und Rechtfertigungen angeführt. Die Behauptung, dass die arabischen Staaten einen unmittelbaren Angriff planten, ist ebenso umstritten wie die, dass sie die nötige militärische Stärke hatten, um eine Bedrohung für die Existenz Israels darzustellen. Finkelstein bemerkt dazu, eine „gründliche geheimdienstliche Untersuchung seitens der USA gegen Ende des Monats [Mai 1967] ergab keinerlei Beweise dafür, dass Ägypten einen Angriff plante". (2001:134) Menachem Begin und Jitzchak Rabin sagten später, die arabischen Staaten haben keinen Angriff geplant und die israelische Regierung sei sich dessen damals auch bewusst gewesen.[18] Die Behauptung, dass die Armeen mehrerer arabischer Länder eine tödliche Bedrohung für den Staat Israel darstellten, ist ebenfalls nicht unumstritten. Erstaunlicherweise wurde in einem Bericht der CIA vom Mai 1967 bereits vorhergesagt, dass Israel – unabhängig davon, welche Seite zuerst angreifen würde – innerhalb einer Woche einen Krieg gegen einen der arabischen Staaten oder gegen alle zusammen gewinnen würde. Der britische Geheimdienst kam zu derselben Schlussfolgerung (Finkelstein, 2001) und auch Menachem Begin und Ezer Weizmann sagten, dass die Existenz des Staates Israel zu keiner Zeit bedroht gewesen sei.[19]

Fünf Jahre nach Kriegsende äußerte sich General Mattityahu Peled, ein hochrangiger Militärplaner, in einem Artikel in einer israelischen Zeitung abschätzig über die Möglichkeit einer Bedrohung durch die Araber im Jahr 1967:

18 Jitzchak Rabin sagte nach dem Sieg Israels: „Ich glaube nicht, dass Nasser einen Krieg wollte. Die beiden Divisionen, die er am 14. Mai in den Sinai schickte, hätten keinesfalls ausgereicht, um eine Offensive gegen Israel einzuleiten. Er wusste das und wir wussten es auch". (*Le Monde*, 29. Februar 1968; zitiert in Hirst, 1977:211) In einer Rede im *National Defense College* 1982 sagte Menachem Begin: „Die Tatsache, dass Ägypten Truppen im Sinai zusammenzog, beweist nicht, dass Nasser wirklich kurz davor stand, uns anzugreifen. Hier müssen wir ehrlich zugeben, dass wir uns entschieden haben, ihn anzugreifen." (*New York Times*, 21. August 1982)

19 Menachem Begin behauptete, beim vorletzten Treffen des ministerialen Ausschusses für Verteidigungsangelegenheiten vor Beginn des Krieges habe die militärische Führung „keinen Zweifel an einem Sieg gehabt" und „nicht nur ihr Vertrauen in die Stärke der Armee zum Ausdruck gebracht, sondern auch in deren Fähigkeit, den Feind zu schlagen". (Begin; zitiert in Finkelstein, 2001:135) Der ehemalige Kommandeur der israelischen Luftwaffe, Ezer Weizmann, sagte in Bezug auf den Krieg von 1967, es habe „keine Gefahr einer Zerstörung Israels" bestanden. Trotzdem sei der Krieg gerechtfertigt gewesen, um sicherzustellen, dass Israel „in der jetzigen Größe, dem Geist und der Art weiter bestehen kann". (*Ha'aretz*, 29. März 1972; zitiert in Chomsky, 1999:100)

> Es gibt keinen Grund zu verhehlen, dass es seit 1949 niemand gewagt hatte, oder genauer gesagt dass niemand in der Lage war, die Existenz des Staates Israel zu bedrohen. Trotzdem haben wir weiterhin ein Gefühl der eigenen Unterlegenheit gepflegt und so getan, als seien wir ein schwaches und unbedeutendes Volk, dass inmitten seines verzweifelten Kampfes ums Überleben jeden Moment vernichtet werden könnte. [...] es ist allgemein bekannt, dass selbst die arabischen Führer, die sich ihrer eigenen Machtlosigkeit sehr wohl bewusst waren, nicht an die eigenen Drohungen glaubten [...]. Ich bin sicher, dass unser Generalstab zu keiner Zeit gegenüber der Regierung behauptet hat, das ägyptische Militär stelle eine Bedrohung für den Staat Israel dar oder wir seien nicht in der Lage, Nassers Armee zu vernichten, die sich in beispielloser Torheit der unglaublichen Macht unserer Armee ausgesetzt hatte. [...] Wenn jemand behauptet, die ägyptischen Truppen, die an unseren Grenzen zusammengezogen worden waren, hätten die Existenz Israels bedrohen können, so beleidigt er damit nicht nur die Intelligenz eines jeden Menschen, der diese Art von Situation zu analysieren in der Lage ist, sondern auch die *Tzahal* [die israelische Armee]. (*Ma'ariv*, 24. März 1972; zitiert in Hirst, 1977:210f.)

Eine weitere Erklärung für die Entscheidung Israels zum Angriff auf seine arabischen Nachbarn lautet, man wollte das abschreckende Bild der IDF aufrechterhalten. Shlaim (2000) meint, die ägyptische Blockade habe eine Bedrohung für Israels „eiserne Wand" der militärischen Stärke dargestellt. Andere schreiben, die Motivation Israels sei eine ganz andere gewesen. Neff beispielsweise schreibt, kurz vor dem Krieg von 1967 habe die CIA drei Hauptziele seitens der Israelis herausgearbeitet: „die Zerstörung des Machtzentrums der radikalen arabischen Sozialistenbewegungen" [also Nassers Regime], „die Zerstörung der Waffenarsenale der radikalen Araber" und die „Zerstörung sowohl Jordaniens als auch Syriens als moderne Staaten". (Neff, 1985:230; zitiert in Finkelstein, 2001:143) Hirst (1977:206) schreibt, israelische Militärplaner hätten den Angriff bereits seit dem erzwungenen Rückzug der israelischen Armee von der Sinai-Halbinsel im Jahr 1956 geplant. Dabei beruft er sich auf Aussagen von General Burns, dem Stabschef der *United Nations Truce Supervision Organization* (UNTSO). Dieser hatte Anfang der 60er Jahre gesagt, Israel würde wahrscheinlich schon bald erneut Krieg führen, um die ara-

bische Wirtschaftsblockade zu durchbrechen und die wirtschaftlichen Probleme Israels zu lösen.
Laut einer weiteren vorgebrachten Begründung für Israels Entscheidung zum Angriff, bestand die Motivation der Israelis darin, die eigenen Staatsgrenzen auszuweiten. Befürworter dieser These weisen dabei auf Aussagen des israelischen Kommandeurs Jigal Allon hin, die dieser kurz vor Beginn des Krieges 1967 gemacht hatte. Damals hatte er gesagt, „im Falle eines erneuten Krieges" müsse eines der zentralen Ziele Israels darin bestehen, „die territoriale Verwirklichung des Landes Israel" zu erreichen. (zitiert in Finkelstein, 2001:143) Seit den 50er Jahren finden sich auch in den Schriften David Ben-Gurions und anderer israelischer Führer Beweise dafür, dass man das Staatsgebiet Israels soweit ausdehnen wollte, dass auch ganz Jerusalem und das Westjordanland dazugehörten. Der israelische Historiker Benny Morris schreibt dazu:

> Es gab sowohl in der Ideologie der Zionisten als auch in der israelischen Gesellschaft eine stark auf Expansion ausgerichtete Strömung. Viele Menschen, unter ihnen auch prominente Persönlichkeiten wie Dajan und Ben-Gurion, waren der Ansicht, dass die territorialen Zugewinne aus dem Krieg von 1948 im Hinblick auf das erträumte „gelobte Land" zu wenig waren. Ben-Gurion beschrieb die Tatsache, dass es den Israelis nicht gelungen war, das arabische Ost-Jerusalem zu erobern, als „Bechiya Le Dorot" (wörtlich „Grund zur Klage für zukünftige Generationen") und führende Gruppen innerhalb der israelischen Gesellschaft empfanden ähnliches im Hinblick auf das von Jordanien kontrollierte Westjordanland. (Morris, 1989:410-11; zitiert in Finkelstein, 2001:221)

Der Konflikt löste einen weiteren Massen-Exodus der Palästinenser aus. Viele von ihnen, die nach dem Verlassen ihrer Heimat 1948/49 im Westjordanland und im Gaza-Streifen Zuflucht gesucht hatten, wurden jetzt bereits ein zweites Mal zu Flüchtlingen. Nur Masalha, ein alt gedienter Dozent des *Holy Land Research Project* an der University of Surrey, sagt: „Obwohl die Politik der selektiven Vertreibungen, der Zerstörung und der Förderung des so genannten ‚Transfers' noch mehrere Wochen nach der Besetzung des Gaza-Streifens und des Westjordanlandes durch die israelische Armee fortgesetzt wurde, gab es keinerlei Beweise, die darauf hindeuten würden, dass die israelische Armee im Juni 1967 irgendwelche allumfassenden Vertreibungsbefehle erlassen oder ausgeführt hätte".

(Masalha, 1999:100) Weiter heißt es bei Masalha, im Jahr 1967 habe es „erwiesenermaßen an vielen Orten im Westjordanland Fälle von Vertreibung und Zerstörung gegeben“ und „junge Menschen aus verschiedenen Städten und Flüchtlingslagern sollten deportiert werden“. (1999:101) Peter Dodd und Halim Barakat liefern in ihrer Untersuchung zum Exodus von 1967 mit dem Titel *River Without Bridges* eine ganz ähnliche Erklärung:

> Der Exodus stellte eine Reaktion auf den starken situationsbedingten Druck zu dieser Zeit dar. Dieser situationsbedingte Druck entstand durch die Luftangriffe auf ein Land, das über keinerlei Verteidigung verfügte. Dazu gehörten der massive Einsatz von Napalm, die Besetzung der Dörfer des Westjordanlandes durch die israelische Armee und die Vorgehensweise der Besatzungs-truppen. Das sicher schlimmste Beispiel für das Vorgehen der Besatzungstruppen war die Ausweisung der Zivilisten und die vorsätzliche Zerstörung einer ganzen Reihe von Dörfern [Imwas, Yalu, Beit Nuba, Beit Marsam, Beit Awa, Habla, al-Burj und Jiftlik]. Weitere Aktionen wie die Bedrohung und Massenverhaftung männlicher Zivilisten führten ebenfalls zu situations-bedingtem Druck. (Dodd und Barakat, 1969:54; zitiert in Masalha, 1999:96)

Laut Schätzungen von William Wilson Harris (1980:16ff), der in seiner Analyse des Exodus zu ähnlichen Schlussfolgerungen gelangte, waren im Jahr 1967 250.000 Bewohner des Westjordanlandes, 70.000 Bewohner des Gaza-Streifens und 90.000 Bewohner der Golan-Höhen gezwungen, aus ihrer Heimat zu fliehen. Die vertriebenen Bewohner des Westjordanlandes wurden durch harte Maßnahmen daran gehindert, wieder in das Gebiet zurückzukehren. Ein israelischer Soldat, der in der 5. Reserve-Division am Jordan diente und dessen Name nicht genannt wurde, legte in der israelischen Presse detailliert Zeugnis darüber ab, was mit den vertriebenen Palästinensern geschah, die versuchten, in ihre Häuser zurückzukehren:

> Jede Nacht schossen wir so auf Männer, Frauen und Kinder. Selbst in mondhellen Nächten, in denen wir die Leute identifizieren und also zwischen Männern, Frauen und Kindern unterscheiden konnten. Am Morgen suchten wir dann das Gebiet ab und erschossen auf ausdrücklichen Befehl des leitenden Offiziers vor Ort die Überlebenden, auch

> jene, die sich versteckt hatten oder bereits verwundet waren und auch hier einschließlich der Frauen und Kinder. (Haolam Haze, 10. Oktober 1967; zitiert in Masalha, 1999:99)

Es gab Berichte, dass Israel nach dem Krieg damit begann, die Häuser der Palästinenser in den neu besetzten Gebieten zu zerstören. Der amerikanische Historiker Alfred Lilienthal dazu:

> Laut Angaben der UN zerstörten die Israelis zwischen dem 11. Juni 1967 und dem 15. November 1969 etwa 7.554 Häuser von arabischen Palästinensern in den Gebieten, die man im Laufe des Krieges erobert hatte; die 35 Dörfer in den besetzten Golan-Höhen, die dem Erdboden gleichgemacht wurden, sind in dieser Zahl jedoch nicht enthalten. Schätzungen zufolge stieg die Zahl in den zwei Jahren zwischen September 1969 und 1971 auf 16.312 Häuser an. (1978:160)

Am 19. Juni 1967 bot die israelische Führung an, im Austausch für Entmilitarisierungsabkommen, Friedensverträge und gegen die Zusicherung von Navigationsrechten von Seiten Ägyptens, Syriens und Jordaniens die Golan-Höhen, die Sinai-Halbinsel und den Gaza-Streifen zurückzugeben. Bregman (2003:127) deutet an, dass die zwei Monate später von den arabischen Führern auf einem Treffen in Khartum getroffene Entscheidung der berühmten „drei Absagen" an Frieden mit, Anerkennung von und Verhandlungen mit Israel dazu geführt hat, dass Israel sich am 30. Oktober dafür entschied, sein Angebot offiziell zurückzuziehen und seine Haltung insgesamt verschärfte. Shlaim (2000) ist anderer Ansicht. Er sagt, es gibt keine Beweise dafür, dass man den arabischen Staaten je dieses an bestimmte Bedingungen geknüpfte Angebot vorgelegt hat. Weiter meint er, das Angebot sei sofort durch politische und militärische Führer innerhalb Israels gekippt worden, die einen Großteil der eroberten Gebiete behalten wollten und ab Mitte Juli Pläne für den Bau jüdischer Siedlungen in den besetzten Golan-Höhen genehmigten. Er behauptet außerdem, in den „drei Absagen" von Khartum ging es um ein „Nein zu einem formalen Friedens*vertrag*, nicht um eine Ablehnung eines Friedens als solchem; ein Nein zu *direkten* Verhandlungen, nicht aber um eine Absage an Gespräche über Dritte; sowie um ein Nein zu einer *De-jure*-Anerkennung Israels, nicht zu einer Akzeptanz seiner Existenz als Staat". (2000:258) Shlaims Ansicht nach war die Konferenz

„ein Sieg für die Gemäßigten auf arabischer Seite, die meinten, man solle versuchen, den Rückzug der israelischen Truppen auf politischen und nicht auf militärischem Wege zu erreichen". (2000:258) Außerdem wurde behauptet, Israel hätte auf der Konferenz einen Friedensvertrag mit Ägypten und Jordanien abgelehnt.[20]

Shlaim merkt an, dass es in Israel keinerlei Debatten über eine mögliche Rückgabe Ost-Jerusalems gab, sehr wohl aber darüber, wie viel des Westjordanlandes man behalten wollte. Er schreibt, dass nur wenige dafür waren, denn eine vollständige Annexion hätte die Aufnahme einer großen Anzahl von Arabern in den jüdischen Staat bedeutet. Die meisten israelischen Führer waren für eine der folgenden beiden Optionen. Der *Allon-Plan*, der vom stellvertretenden israelischen Ministerpräsidenten Jigal Allon vorgelegt wurde, sah eine eingeschränkte Autonomie für die Palästinenser in Teilen des Westjordanlandes vor (wobei das Land nach wie vor den Israelis gehören würde, die auch die Kontrolle über die Sicherheit in dem Gebiet hätten). Außerdem sollte Israel die Kontrolle über einen großen Teil des Jordan-Tals, große Teile des Landes um Jerusalem und über die Wüste von Judäa haben. In diesen Teilen des Westjordanlandes sollten dann jüdische Siedlungen und Armeebasen entstehen. Bei der zweiten Option sollte Jordanien einen Teil des Westjordanlandes zurückerhalten, wobei Israel jedoch etwa ein Drittel des Gebietes behalten hätte. Keiner der Vorschläge war für König Hussein oder die Palästinenser akzeptabel.

20 Norman Finkelstein (2001:154) behauptet, der jugoslawische Staatschef Marschall Tito hätte den Friedensplan vorgelegt. Darin war vorgesehen, dass Israel im Gegenzug für eine „vollständige Entmilitarisierung und andere Sicherheitsgarantien in den evakuierten Gebieten" sowie ein „Ende der Forderung nach einem arabischen Staat in Palästina" seine Truppen vollständig aus den besetzten Gebieten abzieht. Dieser Vorschlag sei, so Finkelstein, sowohl von Ägypten als auch von Jordanien angenommen worden, Israel habe ihn jedoch als „einseitig" zurückgewiesen.

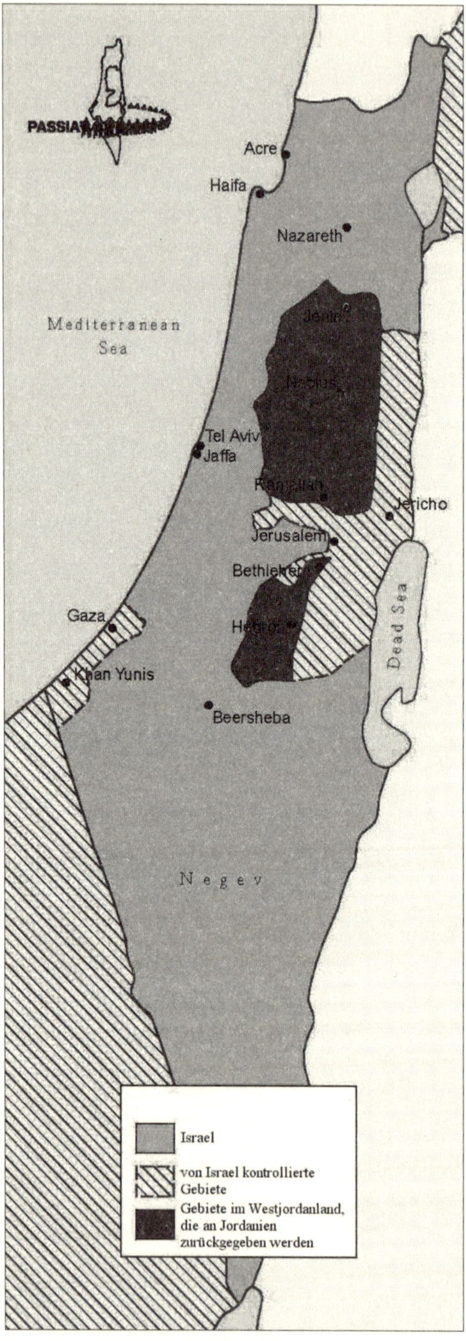

Karte 4: Der Allon-Plan, Juli 1967

Die Resolution 242 und der Zermürbungskrieg

Nach dem Krieg von 1967 verabschiedete der UN-Sicherheitsrat einstimmig die Resolution 242, die inzwischen zum Rahmendokument bei mehreren Versuchen zur Lösung des Konflikts geworden ist. In der Resolution wurde in Übereinstimmung mit dem Prinzip der „Unzulässigkeit des Gebietserwerbs durch Krieg", das im einleitenden Paragraph besonders hervorgehoben wurde, der „Rückzug der israelischen Streitkräfte aus (den) Gebieten, die während des jüngsten Konflikts besetzt wurden", gefordert. Ebenso wurde darin die „Notwendigkeit, auf einen gerechten und dauerhaften Frieden hinzuarbeiten, in dem jeder Staat der Region in Sicherheit leben kann" sowie einer „gerechten Regelung des Flüchtlingsproblems" und die Garantie der Navigationsrechte betont. Ägypten und Jordanien akzeptierten die Resolution, Syrien lehnte sie jedoch ab. Auch die Palästinenser wiesen sie mit der Begründung zurück, dass darin ihre Zwangslage nur als Flüchtlingsproblem betrachtet wird, während ihr Recht auf Selbstbestimmung und nationale Souveränität gänzlich unerwähnt bleibt. Israel akzeptierte die Resolution im Jahr 1970.

Bezüglich der Bedeutung der Truppenabzugsklausel gibt es sehr unterschiedliche Ansichten. Israel argumentierte, die Tatsache, dass in der englischen Version der bestimmte Artikel fehlte, („aus Gebieten" statt „aus den Gebieten"; in der deutschen Version steht der bestimmte Artikel in Klammern, Anm. d. Übers.), würde bedeuten, dass der Umfang des Truppenabzugs vage gehalten wurde und dass Israel sich nicht aus allen während des Konflikts besetzten Gebieten zurückziehen müsse. Weiter hieß es von israelischer Seite, viele der Nationen, die der Resolution zugestimmt hatten, unter anderem die USA, Großbritannien, die UdSSR und Brasilien, stimmten mit Israel dahingehend überein, dass man sich nicht aus allen besetzten Gebieten zurückziehen müsse. (Außenministerium Israels, 1999) Finkelstein bezweifelt dies und weist darauf hin, dass der Präsident der Generalversammlung der Vereinten Nationen gesagt hatte: „in Bezug auf die Gültigkeit des Grundsatzes, dass der Gebietserwerb durch Krieg in unserer Zeit laut der Charta unzulässig ist, herrscht praktisch Einvernehmen". (UN-Generalversammlung 1967; zitiert in Finkelstein, 2001:145) Diese Bejahung, so der Präsident weiter, findet sich „in praktisch allen Erklärungen" und „praktisch alle Redner haben als logische Folgerung dargelegt, dass man erwartet, dass sich die Truppen bis zu ihrer ursprünglichen Position zurückziehen". (UN-Generalversammlung 1967a; zitiert in Finkelstein, 2001:145) Finkelstein schreibt weiterhin, dass der Tenor der Debatten im UN-Sicherheitsrat ähnlich eindeutig gewesen sei, denn fast alle Vertreter dort hätten nicht nur die Bedeutung der Unzulässigkeitsklausel deutlich hervorgehoben, sondern auch die Notwendigkeit eines vollständigen Rückzugs der israelischen Truppen.[21] Außerdem sagt Finkelstein, auch die Amerikaner seien für einen vollständigen Abzug der israelischen Truppen gewesen.[22] Nachdem es den Ägyptern nicht gelungen war, einen solchen Rückzug aus allen besetzten Gebieten zu erreichen, führte Ägypten zwischen 1967 und 1970 einen „Zermürbungskrieg" gegen Israel. Shlaim schreibt dazu, Präsident Nassers unmittelbares Ziel habe darin bestanden „zu verhindern, dass der Suez-Kanal zu einer De-facto-Grenze wird. Sein endgül-

---

21 Der britische Vertreter Lord Caradon verneinte, dass es irgendeine Ambiguität in Bezug auf die Interpretationsmöglichkeiten von Resolution 242 gab und sagte: „in unserer Resolution haben wir den Grundsatz des ‚Rückzugs der israelischen Streitkräfte aus (den) Gebieten, die während des jüngsten Konflikts besetzt wurden' festgelegt und in der Präambel die ‚Unzulässigkeit des Gebietserwerbs durch Krieg' unterstrichen. Unserer Ansicht nach ist der Wortlaut der Klauseln eindeutig". Der französische Abgesandte hob hervor: „In dem Punkt, den die französische Delegation stets als besonders wichtig erachtet hat – die Frage des Abzugs der Besatzungstruppen – bietet die verabschiedete Resolution, wenn wir einmal den französischen Text nehmen, der ebenso authentisch ist wie der englische, keinen Platz für irgendwelche Fehlinterpretationen. Hier ist die Rede von einem Rückzug aus ‚des territoires occupes', was ohne Frage dem Ausdruck ‚occupied territories' entspricht". Der Vertreter Indiens bestätigte: „Der Grundsatz der Unzulässigkeit des Gebietserwerbs durch Krieg ist in absolut fundamentaler Bestandteil unserer Herangehensweise" und „wir sind der Ansicht, dass der Resolutionsentwurf, so er vom Rat bestätigt wird, die Verpflichtung begründen wird, das Prinzip eines vollständigen Rückzugs der israelischen Truppen aus allen – und ich wiederhole allen – Gebieten anzuwenden, die von Israel im Verlauf des Konflikts besetzt wurden, der am 5. Juni 1967 begann". (alle zitiert in Finkelstein, 2001:146)

22 Finkelstein weist in diesem Zusammenhang auf die Memoiren des amerikanischen Diplomaten Dean Rusk hin, der behauptet, die Vereinigten Staaten seien dafür gewesen, den bestimmten Artikel in der Abzugsklausel auszulassen, weil sie „dachten, die Grenze Israels entlang dem Westjordanland könnte ‚vernünftiger gestaltet' werden und gewisse Anomalien könnten durch einen territorialen Austausch leicht behoben werden, sodass für alle Parteien sinnvollere Grenzen entstünden". (Rusk, 1991:388-89; zitiert in Finkelstein, 2001:148) Er hob jedoch hervor: „Wir haben zu keiner Zeit in Erwägung gezogen, Israel infolge des Krieges vom Juni 1967 einen signifikanten territorialen Zugewinn zuzubilligen. In diesem Punkt bestehen nach wie vor deutliche Meinungsverschiedenheiten zwischen uns und den Israelis". (Rusk, 1991:388-89; zitiert in Finkelstein, 2001:148)

tiges Ziel war es jedoch, Israel dazu zwingen, seine Truppen hinter die Vorkriegsgrenze zurückzuziehen". (2000:289) Ägypten bombardierte die im besetzten Sinai zusammengezogenen israelischen Truppen und palästinensische Guerilla-Kämpfer starteten grenzübergreifende Angriffe gegen Israel, woraufhin Israel sowohl militärische als auch zivile Ziele in Ägypten und Jordanien angriff. Zahlreiche ägyptische Küstenstädte wurden durch die israelischen Luftangriffe stark beschädigt. Der israelische Kommandeur Ezer Weizmann erinnert sich an den Fall der ägyptischen Grenzstadt Ismailia, die von der israelischen Armee „unaufhörlich" unter Beschuss genommen wurde. Sie wurde „sowohl von der Luft aus als auch durch die Artillerie so zerstört", dass „die westlichen Teile" auf Luftaufnahmen „Ähnlichkeit mit Städten gegen Ende des Zweiten Weltkrieges hatten". (Weizmann; zitiert in Gilbert, 1999:410) Moshe Dajan behauptete später, die israelischen Angriffe während des Zermürbungskrieges hätten eineinhalb Millionen Ägypter zu Flüchtlingen gemacht und das Tal des Jordan vollständig entvölkert. (*Al Hamishar*, 10. Mai 1978) Im August 1970 fand der Krieg schließlich ein Ende, nachdem beide Seiten einem von den USA ausgehandelten Waffenstillstand zustimmten. Nach Schätzungen von Morris (1992) wurden in den drei Jahren, die der Konflikt andauerte, 367 israelische Soldaten und mehr als 10.000 ägyptische Soldaten und Zivilisten getötet.

Der Bau von Siedlungen, die wirtschaftliche Integration und die Besatzung

Nach dem Krieg von 1967 errichtete Israel Siedlungen in den neu besetzten Gebieten und stellte die dort lebenden Palästinenser unter eine Militärherrschaft. Für die Errichtung der Siedlungen wurden zwei Hauptgründe angeführt. Beim ersten davon wurde besonders ihr Wert für die Sicherheit des Landes hervorgehoben:

> Es gab auch eine strategische Begründung dafür, dass man das besetzte Westjordanland nicht aufgeben wollte. Diese bestand darin, dass

> dadurch die „schmale Taille“ Israels etwas verbreitert wurde. Vor der Eroberung des Westjordanlandes war Israel an einigen Stellen von der Auswölbung des Jordan bis zum Mittelmeer kaum 15 km breit. Indem Israel nun an den besetzten Gebieten westlich des Jordan festhielt, wurde es für eine mögliche von Osten anrückende arabische Invasionstruppe schwieriger, das Land zu zweiteilen. (Bregman, 2003:126-27)

Einige Israelis haben das Sicherheitsargument direkt von der Hand gewiesen und behauptet, es diene nur dazu, die Weltöffentlichkeit zu beschwichtigen. Ein offizieller Vertreter schrieb in der israelischen Presse: „Wir müssen auf den Vorwand der Sicherheitsbedürfnisse und die Autorität des Militärgouverneurs zurückgreifen, weil es keine Möglichkeit gibt, die Araber von ihrem Land zu vertreiben, solange sie sich weigern, unsere Kompensationen zu akzeptieren und zu gehen“. (*Ha'aretz*, 23. November 1969; zitiert in Hirst, 1977:241)

Eine weitere Begründung für den Bau der Siedlungen und die Einbehaltung der besetzten Gebiete basiert auf dem Argument des gottgegebenen Rechts. Viele religiöse Juden betrachteten den Sieg im Sechs-Tage-Krieg als Zeichen göttlicher Unterstützung und Beweis dafür, dass die Ankunft des Messias kurz bevorstand, was insgesamt zu einer stärkeren Unterstützung für den religiös motivierten Nationalismus führte. Es entstanden eine Reihe neuer Parteien und Organisationen, die sich für eine dauerhafte Kontrolle über das Westjordanland und den Gaza-Streifen sowie für eine jüdische Besiedlung derselben einsetzten, da diese Gebiete, so ihre Argumentation, ein zentraler Bestandteil des biblischen Landes Israel sind.

Harold Fisch, ehemaliger Rektor der Bar-Ilan-Universität in Israel, vertritt den Standpunkt, Gott habe Abraham das Land Israel als Besitz für die Ewigkeit versprochen und dies bilde die Rechtfertigung für eine jüdische Hoheitsgewalt über das Westjordanland und den Gaza-Streifen:

> Innerhalb des gesamten Konzepts der Schöpfung stellt der Bund zwischen dem Volk Israel und seinem Gott, in welchem das gelobte Land ein integraler Bestandteil ist, ein wichtiges Ziel dar. Die Verbindung zwischen dem Volk Israel und seinem Land erwächst aus eben dieser Tatsache – sie wurzelt im überirdischen Willen Gottes, der alles zu seiner Ehre geschaffen hat. (Fisch, 1982:189)

In neueren Kommentaren wird diese Argumentation wieder aufgegriffen. So sagte der damalige israelische Premierminister Ariel Scharon in einem Interview im *Observer*: „Israel ist das gelobte Land – es wurde den Juden versprochen und niemandem sonst". (13. Juli 2003) Durch die fundamentalistisch-christliche Bewegung, deren Mitglieder zu den stärksten Befürwortern von George W. Bush und der Republikaner insgesamt gehören, hat dieser Standpunkt auch in den USA zunehmend Verbreitung gefunden. Im Jahr 2002 interviewte die BBC den Pastor einer großen Kirche in Texas und dieser erklärte seinen Standpunkt folgendermaßen:

> Nun, sehen Sie, der jüdische Staat ist etwas, das im Geiste Gottes entstanden ist. Wir sind ein Volk, das an die Schrift glaubt und in der Schrift heißt es ganz klar, dass Gott Israel geschaffen hat und dass Gott der Beschützer und Verteidiger Israels ist. Da nun Gott Israel geschaffen hat, ist es da nicht einleuchtend, wenn man sagt, jene, die Israel bekämpfen, kämpfen gegen Gott? (*BBC Radio 4*, A Lobby to be Reckoned With, 7. Mai 2002)

Als weitere Argumente dafür, dass Israel das Recht hat, die 1967 eingenommenen Gebiete zu behalten und neu zu besiedeln, wurde unter anderem vorgebracht, dass die Juden, da das Land in den vergangenen 2.000 Jahren so oft unter wechselnder Oberhoheit stand, denselben Anspruch darauf hatten wie jedes andere Volk, das es seit ihrer Vertreibung von dort regiert hatte.[23] Einige Israelis argumentieren auch dahingehend, dass die Palästinenser mit ihrer Ablehnung des Teilungsplanes von 1947 jedes Anrecht auf einen Anteil am Mandatsgebiet Palästina aufgegeben hätten. Andere verweisen auf den rechtlichen Status der Balfour-Deklaration oder behaupten, Israel habe die Gebiete in einem „Selbstverteidigungskrieg" gewonnen und habe deshalb das Recht, sie zu behalten. Benjamin Netanjahu ist der Ansicht, es sei eine Form der Apartheid, die Juden daran zu hindern, Siedlungen in den besetzten Gebieten zu errichten:

> Die sorgfältige Manipulation der Medien durch die Araber hat dazu geführt, dass bei vielen Menschen im Westen der unauslöschliche Ein-

23 Siehe beispielsweise Efrain Karsh, „What Occupation?", *Commentary*, Juli 2002 oder Max Singer, „Right is Might", *Jerusalem Post*, 29. Juni 1997

druck entstand, dass arme Araber scharenweise aus ihren Hütten vertrieben werden, um im „dicht besiedelten Westjordanland" Platz für jüdische Siedlungen zu schaffen. [...] Denn was hier ganz eindeutig passiert, ist dass der Westen, der die gegen die Schwarzen gerichtete Apartheid in Südafrika so scharf verurteilte, von den Arabern dazu benutzt wird, die in den arabischen Ländern herrschende, gegen die Juden gerichtete Apartheid durchzusetzen. (2000:190f.)

Shahak und Norton Mezvinsky (1999) weisen in ihrer Untersuchung der israelischen Programme zur Errichtung von Siedlungen darauf hin, dass Moshe Dajan bis 1974 die Siedlungsaktivitäten kontrollierte. Seine Politik bestand darin, die Siedlungen hauptsächlich auf Hebron, den Norden des Sinai und das Jordantal zu beschränken. Das war Teil eines Handels, den er mit der palästinensischen Feudalprominenz geschlossen hatte, die die Kontrolle über die Dörfer hatte. Nach 1974, so Shahak und Mezvinsky, übernahmen Gruppen religiös motivierter Siedler, besonders die *Gusch Emunim*, zusammen mit ihren politischen Verbündeten in der *Knesset* zunehmend die Führung in der Siedlungspolitik, wobei sie nicht von der Arbeiterpartei, sondern auch und besonders von der Likud-Partei unterstützt wurden. 1973 verabschiedete Israel den *Galili-Plan*, von dem Shafir meint, er habe die *„militärische Grenze"* des *Allon-Plans* „in eine Kombination aus *messianischer Grenze* und *Vorortgrenze*" verwandelt. (1999:92) Zum Teil wurden auch die extremen ideologischen Ansichten der religiös motivierten Siedler als Rechtfertigung für die Angriffe auf die Palästinenser und die Versuche, diese aus ihren Häusern und von ihrem Land zu vertreiben, angeführt. Dies wurde als Prozess der „Reinigung" oder „Weihung" des Landes betrachtet.[24] Hirst vertritt

24 Chomsky verweist in diesem Zusammenhang auf einen Artikel von Yedidia Segal, der am 3. September 1982 in *Nekudah*, dem Journal der religiösen Siedler im Westjordanland, erschienen war. Darin heißt es: „Diejenigen unter uns, die eine humanistischere Haltung gegenüber unseren [arabischen] Nachbarn fordern, lesen die *Halacha* [das religiöse Gesetz] selektiv und übersehen bestimmte Vorschriften". Segal behauptet, die Nichtjuden seien „ein Volk von Eseln" und in der Schrift hieße es, die „eroberten" Völker müssten ihren jüdischen Herren „dienen", man müsse sie „schwach und klein" halten und sie „dürfen ihr Haupt in Israel nicht erheben, sondern [...] müssen vollkommen unterworfen werden". Segal besteht darauf, es gäbe „keine Verbindung zwischen dem Gesetz Israels und dem modernen atheistischen Humanismus". Er zitiert Maimonides, der schrieb, „in einem von Gott gewollten Krieg" [wie der Invasion im Libanon 1982] muss man „Männer, Frauen und Kinder zerstören, töten und beseitigen" und es gibt dort „keinen Raum für humanistisches Denken". (zitiert in Chomsky, 1999:123f.)

die Ansicht, auch vor 1974 sei die Errichtung der Siedlungen schon zu Lasten der Palästinenser gegangen:

> Manchmal war es notwendig, ein ganzes Dorf auszuradieren – wenn auch nicht notwendigerweise mit einem Mal. Jahrelang sahen die verarmten Einwohner von Beit Askarijah in hilfloser Betroffenheit zu, wie die großen Unterkünfte der Siedlung Kfar Etzion um sie herum aus dem Boden wuchsen, unerbittlich auf ihre landwirtschaftlichen Flächen und ihre Weidegründe übergriffen, bevor sie schließlich auch ihre Häuser verschlangen. Im Januar 1972 vertrieb die Armee 6.000 Beduinen aus Rafah im nordöstlichen Sinai. Sie zerstörte ihre Häuser, vergiftete ihre Brunnen und hielt sie mit Hilfe von Stacheldraht fern. Letztlich beschäftigte man die Beduinen als Nachtwächter oder als Arbeiter – sie mussten auf ihrem eigenen Besitz denen dienen, die ihn ihnen genommen hatten. (1977:242)

Im Jahr 1981 verabschiedete die Likud-Regierung den *Drobless-Plan*. Shafir meint, der Zweck des Plans habe darin bestanden, „jüdische Siedlungen über die arabischen Städte und Dörfer zu verstreuen, um sicherzustellen, dass kein homogenes, nur von Palästinensern bewohntes Gebiet und damit kein potentielles Kernstück für einen palästinensischen Staat übrig bliebe". (1999:92) In einer neueren Untersuchung von *Amnesty International* (1999b) geht es darum, dass die Errichtung der Siedlungen und die Zerstörung der Häuser der Palästinenser „untrennbar mit der israelischen Politik zur Kontrolle und Kolonisierung der Gebiete im Westjordanland verbunden ist", einer Politik, die „seit mehr als 30 Jahren von allen Regierungen entschlossen verfolgt wurde, von 1967 bis heute". Weiter heißt es in dem Bericht, entscheidend für den Kolonisierungsprozess sei „nicht nur, dass man physisch 'geeignetes' Land findet, sondern auch, es den Palästinensern zu entfremden, es gegen die Nutzung durch die Palästinenser zu verteidigen und durch Prozesse wie Registrierung und Verpachtung sicherzustellen, dass die Palästinenser auch in Zukunft keinerlei Nutzen von diesem Land haben". *Amnesty International* ist der Ansicht, das „eng gewebte Netz palästinensischer Dörfer" habe „tief greifende" Schäden erlitten. Laut dem Vierten Genfer Abkommen ist der Bau solcher Siedlungen verboten. In Artikel 49 heißt es dort: „Die Besetzungsmacht darf nicht Teile ihrer eigenen Zivilbevölkerung in das von ihr besetzte Gebiet deportieren oder umsiedeln."

Die israelische Regierung hat dieses Problem umgangen, indem sie sagte, man habe das Gebiet nicht „besetzt", es würde eher „verwaltet". Weiterhin wurde behauptet, das Abkommen sei dazu gedacht gewesen, die Zwangsumsiedlungen während des Zweiten Weltkrieges abzudecken, und da „die Menschen absolut freiwillig in diese Gebiete [die von Israel besetzten] zögen und die Siedlungen weder dazu gedacht seien, die arabischen Bewohner zu vertreiben, noch es in der Praxis so wäre", sei Artikel 49 auf die israelischen Siedlungen „nicht anwendbar". (Außenministerium Israels, 1996)
Trotzdem ist dieses Vorgehen wiederholt von der Europäischen Union und den Vereinten Nationen verurteilt worden. Sie haben die Siedlungen in mehreren Resolutionen für illegal erklärt und gefordert, dass sie abgerissen werden. Eine dieser Resolutionen war die UN-Resolution 55/132, die im Dezember 2000 mit 152 zu 4 Stimmen (Israel, die USA, Mikronesien und die Marshallinseln) verabschiedet wurde.
Im Falle Jerusalems begann Israel mit einer Politik der so genannten „Judaisierung" und versuchte so, den demographischen, physischen, kulturellen, rechtlichen und wirtschaftlichen Status der Stadt zu verändern. Man eignete sich die Grundstücke der Araber an und zerstörte ihre Häuser. Vor 1948 befanden sich etwa 20 Prozent des Grundbesitzes im jüdischen Teil der Stadt in jüdischer Hand. Nach 1967, so Hirst, haben die Israelis „die 5.500 Araber, die dort wohnten, schonungslos vertrieben". (1977:235) In der gesamten Stadt kam es zu solchen Zerstörungen und Vertreibungen und die Opfer wurden nur unzureichend, manche aber auch gar nicht entschädigt. Die internationale Gemeinschaft kritisierte die Vorgehensweise zur Änderung der demographischen Struktur und des rechtlichen Status von Jerusalem und 1999 verurteilte die UN derartige Handlungen mit 139 Stimmen zu 1 (Israel).[25] Außerdem merkt

25 Resolution der UN-Generalversammlung 54/37, verabschiedet am 1. Dezember 1999

Hirst an, dass die arabische Kultur, besonders in Schulen, unterdrückt oder verunglimpft wurde.[26]

Sehr schnell begann der Staat Israel damit, die in den besetzten Gebieten lebenden Araber in die israelische Wirtschaft einzugliedern. Einige Historiker, unter ihnen auch Sachar, vertreten die Ansicht, dies sei für die Palästinenser grundsätzlich von Vorteil gewesen, da so im Rahmen einer „vergleichsweise schmerzlosen" Okkupation ein „bisher unbekannter Wohlstand" entstand. (1977:688) Andere israelische Vertreter äußerten sich kritisch zu diesem Vorgehen und sagen, Israel habe hier eine Kolonialpolitik eingesetzt, im Rahmen derer die an der Macht befindliche israelische Minderheit, die von ihr unterworfene arabische Bevölkerung ausbeutete, indem sie sie als billige Arbeitskräfte und als Absatzmarkt für israelische Produkte benutzte:

> Weitaus größere Männer als ich haben sich mit dem großen Paradoxon auseinandergesetzt, das die Vision der Zionisten bedroht, mit dem sozialen und moralischen Versagen dieser Vision, das zu erwarten ist, wenn die Juden zu Arbeitgebern, Managern und Aufsehern über die arabischen Holzfäller und Wasserträger werden, und all das unter dem Schlagwort „Integration". [...] Wenn die Bevölkerung [eines Landes] aus zwei Völkern besteht, so kommt es unausweichlich dazu, dass eines das andere dominiert. Nein! Der Staat Israel wird keine derartige Monstrosität werden. (Jakob Talmon, zitiert in Sachar, 1977:713)

Außerdem gab es in der israelischen Presse Kommentare, in denen es hieß, die Bedingungen, unter denen die Palästinenser für die Israelis arbeiten mussten, seien ausbeuterisch und entwürdigend. Da es Palästi-

---

26 Hirst schreibt: „In den arabischen Schulen in Israel wurden die Schüler gezwungen, ihre eigene Kultur, Geschichte und Religion mit den Augen der Israelis zu betrachten und sie mussten zusehen, wie sie bewusst verspottet und verfälscht wurden. So wurde hier die arabische Geschichte als bloße Serie von Revolutionen, Morden, Fehden und Plünderungen dargestellt, während die gesamte jüdische Vergangenheit erhöht und glorifiziert wurde. Sie lernten nur etwas über die Araber, die im Untergang begriffen waren, aber nichts über die Zeiten der Größe, und auch die Helden der Geschichte, der Prophet sowie die Kalifen Harun al-Raschid und Saladin wurden nur am Rande erwähnt. In den vier Schuljahren nach der Grundschule hatten arabische Kinder 384 Stunden jüdische Geschichte, aber nur 32 Stunden arabische. Die Lehren des Alten Testaments gehörten zum Pflichtunterricht, während die muslimische und die christliche Religion überhaupt nicht vermittelt wurden". (1977:238)

nensern, die einen Arbeitsplatz in Israel hatten, rechtlich nicht erlaubt war, dort zu übernachten, mussten viele von ihnen über weite Strecken mit dem Bus aus den besetzten Gebieten zu ihrem Arbeitsplatz fahren, wodurch sich ihr Arbeitstag zum Teil bis auf 17 Stunden verlängerte. In dem israelischen Magazin *Haolam Haze* gab es einen Bericht über Palästinenser, die illegal auf israelischen Farmen übernachten durften. Darin hieß es: „In den Obstplantagen versteckt, mit bloßem Auge kaum zu sehen, stehen Schafpferche für die Bediensteten, ein Zustand, dessen sich selbst ein Staat wie Südafrika schämen würde". (22. Dezember 1982; zitiert in Chomsky, 1999:141) In einem Interview in der *Jerusalem Post* fragte der israelische Journalist Aryeh Rubinstein Amos Hadar, den Generalsekretär der *Moschav*-Bewegung (*Moschavim* sind eine Form genossenschaftlicher Kleinbauernsiedlung in Israel, sie beruht auf dem Zusammenschluss von privaten Landwirtschaftsbetrieben; Anm. d. Übers.), ob er im Grunde nur unter der Voraussetzung damit einverstanden sei, Araber als Arbeitskräfte einzusetzen, dass diese unter menschenunwürdigen Bedingungen leben müssten. „Richtig", sagte Hadar und unterstrich, dass es sich um „ein schwieriges Problem" handelt: „Wir haben keine andere Wahl, als die Araber als Arbeiter einzusetzen, doch sie müssen morgens mit Bussen aus dem Gaza-Streifen geholt und abends dorthin zurückgebracht werden. [...] Es ist schwierig, es ist kostspielig, es ist aus wirtschaftlicher Sicht bedenklich – doch eine andere Lösung gibt es nicht". (26. Dezember 1982; zitiert in 1999:141)
Auch die Tatsache, dass die Israelis die arabischen Kinder als Arbeitskräfte einsetzten, stieß auf heftige Kritik. In Israels arabischsprachiger, kommunistisch orientierter Zeitung *Al-Ittihad* wurde ein Markt in Jaffa beschrieben, auf dem Kinder als Arbeitskräfte verkauft wurden:

> Auf diesem Markt werden die Vorarbeiter dadurch reich, dass sie die Arbeitskraft von Kindern und Jugendlichen aus den besetzten Gebieten ausbeuten. Jeden Morgen ab 4 Uhr kommen dort Autos an, in denen Dutzende arabischer Arbeitskräfte aus Gaza und dem [Gaza-] Streifen sitzen, die sich dann in einer langen Reihe an der Strasse aufstellen. Etwas später, etwa ab 4.30 Uhr, kommen dann die arabischen Jungs, die in den Restaurants in der Stadt arbeiten. Diese Jungs arbeiten einen Monat lang in den Restaurants durch, auch an Samstagen. [...] Dutzende, nein, Hunderte Jungs, die eigentlich in der Schule sitzen sollten, kommen aus Gaza hierher, um in Israel zu arbeiten. Von Sonnenauf-

gang an kann man sehen, wie die Autos ankommen und wieder fahren. Ab etwa 6 Uhr kommen dann die israelischen Vermittler, um ihre „Arbeitsesel“, wie sie sie nennen, auszuwählen. Sie lassen bei der Auswahl große Sorgfalt walten und betasten sogar die Muskeln der „Esel“. (30. April 1973; zitiert in Hirst, 1977:246)

Besetzung durch das Militär

Israel entschied sich dafür, die besetzten Gebiete unter Militärverwaltung zu stellen, wodurch die sozialen und politischen Rechte der dortigen Bewohner stark eingeschränkt wurden, und laut Aussagen der Vereinten Nationen und verschiedener Menschenrechtsorganisationen kam es dabei auch zu massiven Menschenrechtsverletzungen. Israel behauptete, diese Maßnahmen seien notwendig, um den Staat vor Angriffen durch Infiltrierer oder durch Palästinenser aus den besetzten Gebieten zu schützen, die, so sagte man, sehr empfänglich für die Hetze der PLO seien. Morris deutet an, die massive Unterdrückung in Kombination mit der „verstärkten Arbeit“ des *Schin Beit* (israelischer Inlandsgeheimdienst, eigentliche Bezeichnung *Schabak*; Anm. d. Übers.) mit Informanten und Kollaborateuren habe dazu geführt, dass die bewaffneten Aktivitäten der PLO in den besetzten Gebieten bis 1971 „praktisch ausgerottet“ waren. (1992:279) Einige andere, unter ihnen auch Chomsky, sind der Ansicht, man habe mit der Anwendung derartiger Methoden einen ganz anderen Zweck verfolgt. Sie sollten dazu führen, dass das Leben der Palästinenser in den besetzten Gebieten derart unerträglich wird, dass sie auswandern und Israel damit die Möglichkeit geben würden, sich die gewünschten Teile der besetzten Gebiete einzuverleiben, ohne sich Sorgen wegen des großen arabischen Bevölkerungsteils machen zu müssen, der das jüdische Wesen des Staates Israels „verfälschen“ würde.

Chomsky weist in diesem Zusammenhang auf offizielle Berichte der Regierung über ein Treffen zu Beginn der israelischen Besatzung im September 1967 hin, bei dem Moshe Dajan gegenüber den Regierungsministern darauf drängte, man müsse den palästinensischen Bewohnern der besetzten Gebiete mitteilen: „Wir haben keine Lösung. Ihr müsst weiter wie die Hunde leben, und wer will, kann gehen – mal sehen, wohin dieser Prozess führt [...] in fünf Jahren haben wir vielleicht 200.000 Leute weniger – und das ist von enormer Bedeutung". (Beilin, 1985; zitiert in Chomsky, 1992:434)

Professor Ian Lustick meint, Israel habe auch die territoriale Verbundenheit der arabischen Dörfer in Galiläa zerstören wollen und verweist dazu auf das Koenig-Memorandum, in welchem der israelische Innenminister neben einer „koordinierten Schmutzkampagne gegen Rakah-Aktivisten" auch die Schikanierung „aller negativ eingestellten Personen auf allen Ebenen und in allen Institutionen" empfahl sowie die Anwendung von Techniken, durch die arabische Intellektuelle zur Emigration bewegt werden könnten und der Erfolg arabischer Studentenorganisationen gemindert werden könnte. (1980:56) Die Ansicht, dass die von Israel eingesetzten Methoden Verletzungen des internationalen Rechts darstellen, ist weit verbreitet, was auch dazu führte, dass sie wiederholt in fast einstimmigen Abstimmungen von der UN-Generalversammlung und dem UN-Sicherheitsrat verurteilt wurden. Zu diesen Methoden gehörten auch die systematische Folterung von Gefangenen, Freiheitsentzug ohne Gerichtsverfahren, Kollektivbestrafung, die Annexion natürlicher Ressourcen, Ausgangssperren und Haussuchungen, die Zerstörung der Häuser und Vertreibungen. Dieses Vorgehen hat auch die Kritik mehrerer Menschenrechtsgruppen erregt:

> *Amnesty International* dokumentiert und kritisiert seit vielen Jahren die gegen die palästinensische Bevölkerung in den besetzten Gebieten gerichteten Verletzungen der Menschenrechte und des internationalen humanitären Rechts durch Israel. Dazu gehören illegale Tötungen, Folter und Misshandlung, willkürliche Festnahmen, unfaire Prozesse, Kollektivbestrafungen wie die Abriegelung von Gebieten und die Zerstörung von Häusern als Strafe, die massive und mutwillige Zerstörung von Eigentum, Vertreibungen und die diskriminierende Behandlung [von Palästinensern] im Vergleich zu israelischen Siedlern. Viele dieser Vergehen stellen schwerwiegende Verletzungen des Vierten Genfer Abkommens dar und sind damit Kriegsverbrechen. Ein Großteil der Rechtsbrüche war weit verbreitet, wurde systematisch begangen und entsprach außerdem der Politik der Regierung. Derartige Rechtsbrüche erfüllen laut internationalem Recht die Definition von Verbrechen gegen die Menschlichkeit. (*Amnesty International*, 2002a)

Der Nationalismus und der Aufstieg der Widerstandsbewegung

Nach 1948 entwickelten die vertriebenen Flüchtlinge eine Vision „der Rückkehr“. Zunächst hofften sie noch, dass die Vereinten Nationen oder die arabischen Staaten selbst den Flüchtlingen bei der Erreichung dieses Zieles helfen würden. Doch mit den Jahren wurden die Flüchtlinge zunehmend frustrierter, weil es keine konkreten Fortschritte in diesem Bereich gab und die Enttäuschung über die Führer der arabischen Staaten nahm immer mehr zu. Bis zum Jahr 1964 hatte Jassir Arafat eine kleine Guerilla-Organisation namens *Fatah* gegründet, die durch das radikale Ba'ath-Regime in Syrien eine sichere Basis erhielt. Von Anfang an bestand die Philosophie der *Fatah* darin, die arabische Bevölkerung zu mobilisieren, die zunehmend weiter reichenden und brutaleren Guerilla-Operationen gegen Israel zu unterstützen. Vor dem Krieg von 1967, so Hirst (1977), hatten sowohl Ägypten als auch Jordanien und der Libanon versucht, die Übergriffe der Guerillas auf israelisches Territorium zu unterbinden. Dies wurde nach dem Krieg jedoch immer schwieriger, da die Bevölkerung diese Operationen zunehmend unterstützte. Bis zum Februar 1968 war es den Mitgliedern der *Fatah* bereits gelungen, die Kontrolle über den Nationalrat der *PLO* zu übernehmen, dessen Vorsitzender Arafat wurde. Nach dem Krieg gründete Dr. George Habash auch die *Volksfront zur Befreiung Palästinas* (PFLP – *Popular Front for the Liberation of Palestine*), die breite Unterstützung in den Flüchtlingslagern im Gaza-Streifen fand.

Im März 1968 starteten israelische Truppen einen Angriff auf das Flüchtlingslager Karameh in Jordanien. Israel behauptete damals, es habe sich um einen Vergeltungsschlag für Angriffe der PLO gehandelt, bei denen sechs Menschen ums Leben gekommen und 44 weitere verwundet worden waren. Fünfzehntausend Mann griffen mit Panzerdeckung das Lager an und statt sich in die Hügel zurückzuziehen, blieben die Guerilla-Truppen dort und kämpften, wobei sie schwere Verluste erlitten. Die Hälfte der palästinensischen Guerillas, insgesamt 150 Personen, wurde getötet, ebenso wie 128 Mitglieder der jordanischen Armee und 29 israelische Soldaten. (Hirst, 1977) Ungeachtet der hohen eigenen Verluste sahen die palästinensischen Guerillas dies als einen bedeutenden Sieg

an, da die Israelis ungewöhnlich hohe Verluste erlitten hatten und man ihnen gegenüber heftigen Widerstand geleistet hatte. Nach der Schlacht von Karameh meldeten sich viele neue Freiwillige aus der gesamten arabischen Welt, die Mitglieder der Guerilla-Bewegung werden wollten. In den Jahren nach 1967 setzten die Palästinenser nicht nur ihren Guerilla-Krieg fort, sie begannen auch, eine Vision für einen zukünftigen palästinensischen Staat zu entwickeln. Das Ergebnis war die im Jahr 1969 von PLO-Planer und Verhandlungsführer Nabil Schaath vorgestellte Vision vom „Demokratischen Staat Palästina". Man hoffte, der neue Staat würde dazu führen, dass der Staat Israel aufgelöst und durch einen nicht konfessionsgebundenen Staat Palästina ersetzt würde, in dem Muslime, Christen und Juden gleichberechtigt zusammenleben könnten. (Hirst, 1977) Die bereits dort lebenden Juden würden der Bevölkerung ebenso angehören wie die 1948 und 1967 vertriebenen Palästinenser.
Diese Vorschläge wurden nicht sofort und nicht von allen Palästinensern akzeptiert. Hirst (1977) schreibt, einige hätten sie als Kapitulation vor dem Feind oder bestenfalls als unausgereift betrachtet, wenn man bedenkt, dass Israel nach wie vor die militärische Vormachtstellung innehatte. Andere befürchteten, die in technologischer Hinsicht überlegenen Israelis würden sie letztlich beherrschen, während wieder andere die Vorschläge als taktische Propagandamaßnahme für die Weltöffentlichkeit betrachteten. Aus der Sicht des Großteils der jüdischen Bevölkerung Israels war das Konzept von Anfang an ein Rohrkrepierer, schließlich hatte man den Staat Israel mit großem diplomatischem und militärischem Aufwand aus dem Gebiet Palästinas geschaffen und man verspürte keinerlei Ambitionen, das jüdische Wesen dieses Staates zu „verwässern". Außerdem fürchteten sich die Israelis angesichts der anti-jüdischen Rhetorik seiner arabischen Nachbarn und waren besorgt, wenn die Flüchtlinge zurückkehrten, könnten sie sich für ihre Vertreibung rächen wollen. Der ehemalige Chef des israelischen Militärgeheimdienstes, Yehoshafat Harkabi, war der Ansicht, das Konzept sei ein Propagandamittel, hinter dem sich ein Kampf versteckt, dessen Absicht nach wie vor ein „Völkermord" ist. Nachdem sich die PLO dafür entschieden hatte, nach einer Zwei-Staaten-Lösung zu suchen, ließ man die Idee 1974 schließlich fallen.
In den zwei Jahren nach dem Krieg von 1967 stieg die Zahl der Mitglieder der *Fatah* und anderer Guerilla-Gruppen von 300 Mann auf mehr als 30.000 Mann und sie erhielten massive finanzielle Unterstützung aus

der arabischen Welt. Auch die Zahl der von diesen Gruppen durchgeführten Aktionen stieg drastisch an. Laut eigenen Angaben der *Fatah* wurden 98 Prozent der Operationen außerhalb Israels durchgeführt, zwei Drittel davon im Westjordanland. Die *Fatah* hat wiederholt darauf bestanden, ihr eigentliches Ziel seien die Armee und die „zionistischen Institutionen", nicht die Zivilisten (vor allem Frauen und Kinder). Wenn man diese dennoch angriffe, so geschähe dies gezielt als Vergeltung für Angriffe auf palästinensische Zivilisten. Hirst (1977) weist jedoch darauf hin, der „übergroße Teil" der Anschläge sei zwar auf militärische Ziele gerichtet, doch zweifellos seien auch Zivilisten immer wieder Ziele von Angriffen, so würden Bomben in Supermärkten in Jerusalem und an Bushaltestellen in Tel Aviv platziert und man beschösse die Siedlungen in Kiryat Shmona und Eilat mit Raketen. Während die *Fatah* ihre Aktionen auf das historische Palästina beschränkte, tat die PFLP dies nicht, sie griff Ziele in der ganzen Welt an. Man entführte ausländische Flugzeuge und platzierte Bomben in Filialen von Marks & Spencer, weil die Firma Gelder für Israel sammelte. Außerdem sprengte man eine arabische Ölpipeline, da das Öl durch eine amerikanische Firma gefördert wurde, die im Auftrag einer „feudalen" arabischen Monarchie handelte. Der Hauptzweck dieser Aktionen, so George Habash, war Publicity:

> Wenn wir ein Flugzeug entführen, so hat das mehr Effekt, als wenn wir hundert Israelis im Kampf töten. Die Weltmeinung ist jahrzehntelang weder für noch gegen die Palästinenser gewesen. Sie hat uns einfach ignoriert. Jetzt spricht die Welt immerhin über uns. (*Stern*, 20. September 1970, S. 26)

Im Jahr 1970 jedoch mussten die Widerstandsbewegungen einen herben Rückschlag hinnehmen. Nachdem viele der in den Kriegen von 1948 und 1967 vertriebenen Palästinenser nach Jordanien geflohen waren, hatte die PLO dort ihr Hauptquartier errichtet und bildete einen „Staat im Staate", der ganz offen die Herrschaft der haschemitischen Monarchie bedrohte. Nach einem Mordanschlag auf König Hussein und einer Reihe von Entführungen durch die PFLP setzte der König seine Armee auf die Guerillas an. Im Verlauf eines zehntägigen blutigen Kampfes wurden Tausende Guerilla-Kämpfer getötet und innerhalb eines Jahres hatte man die meisten der Kämpfer und politischen Persönlichkeiten der Palästinenser ausgewiesen, woraufhin sie sich im Libanon niederließen.

Durch den *Schwarzen September*, wie es die Palästinenser selbst nennen, entstand eine politische Bewegung, die denselben Namen trug. Die berühmteste Aktion der Gruppe war die Geiselnahme israelischer Athleten bei den Olympischen Sommerspielen 1972 in München. Acht Mitglieder des „Schwarzen Septembers“ nahmen im Olympischen Dorf in München elf israelische Sportler als Geiseln und forderten die Freilassung von 200 in Israel inhaftierten Palästinensern. Bei der Rettungsaktion durch die Deutschen kamen vier der Palästinenser und alle israelischen Geiseln ums Leben. Drei Tage später startete Israel einen Angriff auf Syrien und den Libanon. Es gab damals Berichte, nach denen zufolge im Verlauf von neun getrennt von einander, aber zeitgleich erfolgten Luftangriffen der Israelis bis zu 500 Menschen – viele von ihnen Frauen und Kinder – getötet wurden. (*Al-Nahar Arab Report*, 18. September 1972):

> Die Phantoms und Skyhawks fegten über al-Hama, einen Vorort von Damaskus, hinweg; wahllos regnete es Bomben auf die Palästinenser in ihren Behausungen in den Bergen und auf die Syrer in ihren Autos oder beim Wochenendspaziergang am Barada-Fluss. Überlebende berichteten, man habe mit Maschinengewehren auf sie geschossen, als sie versuchten, sich in Sicherheit zu bringen. (Hirst, 1977:251)

1973 kam es zu weiteren Entführungen durch militante arabische Gruppierungen. In jenem Jahr schoss Israel außerdem ein libanesisches Flugzeug ab, das sich in den Luftraum über der besetzten Sinai-Halbinsel verirrt hatte. Dabei kamen alle der 106 Insassen ums Leben. Später nahmen Mitglieder des *Schwarzen September* die saudi-arabische Botschaft in der Hauptstadt des Sudan ein und forderten die Freilassung palästinensischer Insassen jordanischer Gefängnisse. Die Behörden weigerten sich, die Forderung zu erfüllen, woraufhin ein jordanischer, ein amerikanischer und ein belgischer Diplomat getötet wurden. Anschließend wurden kurz hintereinander ein japanisches, ein amerikanisches und ein holländisches Flugzeug entführt. Die meisten Todesopfer gab es im Dezember 1973, als militante Palästinenser auf dem Flughafen von Rom 34 Zivilisten töteten, die meisten von ihnen Amerikaner. Elf Monate später entführte die Märtyrer-Gruppe *Abu Mahmud* eine VC 10 von British Airways und forderte die britische Regierung auf, „sich zu ihrer Verantwortung für das größte Verbrechen in der Geschichte – die Gründung des zionistischen Staates – zu bekennen und sich von der der

verfluchten Balfour-Deklaration zu distanzieren, die so viel Leid und Unheil über unsere Region gebracht hat". (zitiert in Hirst, 1977:321-22)
Nach dieser Entführung versuchte Jassir Arafat ganz offen, die Kämpfer zu zügeln, indem er eine ganze Reihe von ihnen festnehmen ließ und das Strafgesetz der PLO so erweiterte, dass Entführung mit Todesfolge ein Kapitalverbrechen wurde.

In den frühen 70er Jahren begann die PLO, im Hinblick auf ihr Streben nach institutioneller Anerkennung und Unterstützung für die nationalen Bestrebungen der Palästinenser, auch diplomatische Fortschritte bei der UN zu machen. So erhielt die PLO Unterstützung seitens der arabischen Staaten, der blockfreien Staaten und der gerade in die Unabhängigkeit entlassenen ehemaligen Kolonien, die in der Regel im Block zugunsten der Rechte der Palästinenser stimmten. Im Jahr 1970 verabschiedete die UN-Generalversammlung eine Resolution, in der anerkannt wurde, dass die Palästinenser ein Anrecht auf nationale Selbstbestimmung haben und dass diese Selbstbestimmung auch notwendig ist. In der Resolution 2649 der UN-Generalversammlung werden „jene Regierungen verurteilt, die Völkern das Recht auf Selbstbestimmung verwehren, deren Recht darauf anerkannt wurde, insbesondere im Falle der Völker Südafrikas und Palästinas". 1974 wurde die UN-Resolution 3246 verabschiedet, in der das Recht auf Selbstbestimmung für die Palästinenser nochmals unterstrichen wurde und in der es zusätzlich hieß, es sei legitim, „mit allen Mitteln, einschließlich eines bewaffneten Kampfes, für eine Befreiung von kolonialer und ausländischer Herrschaft und gegen eine Unterjochung durch Fremde zu kämpfen". Im November 1974 wurde dann die Resolution 3236 angenommen, in der die Unterstützung der UN für die Schaffung eines palästinensischen Staates zugesichert wurde: „Die Generalversammlung [...] bestätigt nochmals die unveräußerlichen Rechte des palästinensischen Volkes in Palästina, darunter a) das Recht auf Selbstbestimmung ohne äußere Beeinflussung [und] b) das Recht auf nationale Unabhängigkeit und Souveränität".

Viele Israelis, besonders die Vertreter der politischen Rechten, stellten das gesamte Konzept des palästinensischen Nationalismus in Frage. Sie behaupteten, es handele sich um eine Erfindung aus der Zeit nach 1967, mit deren Hilfe die arabischen Staaten einen Ersatzkrieg gegen Israel führen wollten. 1969 erklärte die damalige israelische Ministerpräsidentin Golda Meir: „Es ist ja nicht so, als habe es ein palästinensisches Volk in Palästina gegeben, das sich als palästinensisches Volk betrachtete, und wir wären gekommen, hätten sie hinausgeworfen und ihnen ihr Land weggenommen. Sie existierten gar nicht [als Volk; Anm. d. Übers.]." (*Sunday Times*, 15. Juni 1969; zitiert in Shlaim, 2000:311) Netanjahu argumentierte ganz ähnlich als er sagte, sowohl der palästinensische Nationalismus als auch die palästinensischen Flüchtlinge seien Erfindungen aus der Zeit nach 1967:

> Tatsächlich haben die meisten palästinensischen Araber ein Zuhause. Viele von ihnen leben nämlich als Vollbürger in Ost-Palästina – das heute Haschemitisches Königreich Jordanien heißt. Ganz ähnlich ist es mit den Arabern aus Judäa-Samaria: sie sind keine heimatlosen Flüchtlinge, sie leben in denselben Häusern wie vor der Errichtung des Staates Israel. Die Zahl der tatsächlichen Flüchtlinge geht gegen Null. (2000:156)

Multilaterale Organisationen wie die Vereinten Nationen, die in zahlreichen Resolutionen die Existenz eines eigenständigen palästinensischen Volkes, sein Recht auf nationale Selbstbestimmung und die Existenz von mehr als dreieinhalb Millionen Flüchtlingen anerkannt haben, bestreiten die Richtigkeit dieser Auffassung.

1973 – der Oktoberkrieg/Jom-Kippur-Krieg

Es gelang den Ägyptern nicht, die Israelis durch den Zermürbungskrieg dazu zu bringen, den besetzten Sinai zurückzugeben – stattdessen wurden auch noch viele der Küstenstädte am Suez-Kanal durch israelische Angriffe verwüstet. Shlaim schreibt, in den frühen 70er Jahren habe Ägypten mehrfach versucht, den besetzten Sinai auf diplomatischem Wege zurückzuerhalten, doch die Friedensangebote seien von den Israelis zurückgewiesen worden. Shlaim deutet an, die israelische „Politik der Zermürbung", gepaart mit Äußerungen, man wolle den Sinai annektieren, habe dazu geführt, dass Sadat (der damalige ägyptische Staatschef; Anm. d. Übers.) keine diplomatischen Optionen mehr blieben und ein Krieg unvermeidlich wurde.

Am 6. Oktober 1973 griffen ägyptische und syrische Truppen israelische Truppenkonzentrationen auf der besetzten Sinai-Halbinsel und in den Golan-Höhen an. Zunächst konnten die arabischen Armeen gute Erfolge erzielen, die ägyptische Armee überquerte den Suez-Kanal und rückte in den Sinai vor, während die syrische Armee die Israelis in den Golan-Höhen zurückdrängte. Doch schließlich gelang es der israelischen Armee, das Blatt zu wenden und die zunächst erlittenen territorialen Verluste wieder umzukehren. Dieser Krieg kostete 2.832 Juden und 8.528 Araber das Leben (Shlaim, 2000) und es gab Gerüchte, dass der Konflikt fast zu einer atomaren Auseinandersetzung zwischen den beiden Supermächten sowie zu einem Atomschlag Israels gegen Ägypten geführt hätte.

Die Art des Angriffs und die Motivation Syriens und Ägyptens sind umstritten. Netanjahu vertritt die Ansicht, die arabischen Truppen hätten einen „enormen Vorteil" gegenüber den Israelis gehabt und die israelische Armee hätte einen „aufreibenden Kampf" geführt, „um zu verhindern, dass die Front angesichts der überwältigenden Zahl [der Gegner]zusammenbricht". (2000:282) Er behauptet: „Es gelang der israelischen Armee, trotz des Überraschungsangriffs eine Niederlage zu verhindern – wenn auch nur um Haaresbreite". Weiter sagt er, die Tatsache, dass man „obwohl der Angriff so deutlich zu ihren Gunsten verlief, so wenig vorzuweisen hatte", führte letztlich dazu, dass Sadat sich 1979 in Camp David mit an den Verhandlungstisch setzte, um einen Friedensvertrag mit Israel zu unterzeichnen. (2000:282) Im Gegensatz dazu vertritt Shlaim die Ansicht, der ägyptisch-syrische Angriff sei ein beschränkter Vorstoß gewesen, mit dem man Israel wieder an den Verhandlungstisch zurückbringen und eine politische Lösung erzwingen wollte, in der die im Krieg 1967 eroberten Gebiete zurückgegeben würden. In absoluter Gegenthese zu Netanjahu behauptet Finkelstein (1999), dass es letztlich die Israelis waren, die zustimmten, sich mit den Ägyptern und den Syrern in Camp David an den Verhandlungstisch zu setzen, nachdem diese gezeigt hatten, dass sie über eine „militärische Option" verfügten.

Nach dem Jom-Kippur-Krieg verhängte die arabische Welt unter der Führung Saudi-Arabiens ein Ölembargo gegen den Westen. Dies führte zu einem massiven Anstieg des Erdölpreises, was eine große weltweite Rezession auslöste. Dies führte wiederum dazu, dass die Aufmerksamkeit der internationalen Gemeinschaft darauf gelenkt wurde, dass es dringend notwendig war, diesen Konflikt zu lösen oder zumindest einige der gefährlicheren Elemente zu neutralisieren.

Der Konflikt im Libanon

Nachdem sie 1970 aus Jordanien vertrieben worden war, siedelte die PLO in den Libanon um und führte von dort aus einen Guerilla-Krieg gegen den Staat Israel, in dem man sowohl militärische als auch zivile Ziele angriff. Sachar listet mehrere tödliche Angriffe palästinensischer Infiltrierer auf Israelis auf und schreibt, dass Mitte der 70er Jahre die „Gewalt praktisch ohne Unterbrechung weiterging". (1977:810) Netanjahu merkt an, die PLO habe den Libanon als Basis benutzt, von der aus sie Katjuscha-Raketen über die Grenze nach Israel abgefeuert hätte, was, so schreibt er, schreckliche Auswirkungen auf das Leben jener hatte, die in den Städten und Dörfern im Norden Israels lebten:

> Die PLO benutzte das Territorium ihres De-facto-Staates, um israelische Städte und Dörfer zu beschießen. Jahrelang musste sich die gesamte Bevölkerung der nördlichen Grenzstädte wegen der von der PLO abgeschossenen Katjuscha-Raketen, jener kleinen Brüder der Scud-Raketen, die der Irak 1991 auf Israel abschoss, immer wieder in die unterirdischen Luftschutzräume begeben. Bis 1982 waren die Bevölkerungszahlen von Kirjat Schemona und Naharija drastisch zurückgegangen; Fabriken, Schulen und Strände wurden wiederholt geschlossen, um zu verhindern, dass größere Menschenmengen bei den Angriffen ums Leben kamen; und die Angst vor dem wirtschaftlichen Ruin und der Entvölkerung hatte sich ausgebreitet. (2000:218-19)

Israel bombardierte daraufhin verstärkt Stellungen der PLO, Dörfer im Libanon und palästinensische Flüchtlingslager. Der israelische Militäranalyst Ze'ev Schiff rechtfertigte die Angriffe auf Zivilisten damit, dass die Guerillas die Dörfer und Flüchtlingslager als Deckung benutzten:

> Im Südlibanon haben wir bewusst die Zivilbevölkerung angegriffen, weil sie es verdient hatte [...] die Bedeutung der Bemerkungen von [Mordechai] Gur [damaliger israelischer Stabschef] liegt darin, dass er zugegeben hat, dass die israelische Armee immer schon bewusst und zielgerichtet die Zivilbevölkerung angegriffen hat [...] die Armee, so sagte er, hat zu keiner Zeit die zivilen Ziele getrennt [von den militä-

> rischen] betrachtet [...] sondern gezielt zivile Ziele angegriffen, selbst wenn es vorher keine Angriffe auf israelische Siedlungen gegeben hatte. (*Ha'aretz*, 15. Mai 1978; zitiert in Chomsky, 1999:181)

Der damalige israelische Außenminister Abba Eban sagte dazu: „Es bestand die logische Erwartung – die letztlich auch erfüllt wurde – dass die so getroffene Bevölkerung Druck ausüben würde, damit die Feindseligkeiten eingestellt würden". (*Jerusalem Post*, 16. August 1981; zitiert in Chomsky, 1999:182) Die Einwohner der libanesischen Dörfer waren jedoch unbewaffnet und konnten faktisch kaum etwas gegen die bewaffneten Guerilla-Kämpfer ausrichten. Die libanesische Armee war ebenfalls zu schwach, um die Palästinenser zu vertreiben, die praktisch einen Staat im Staate bildeten. Aus den offiziellen Statistiken der Regierung über die Opferzahlen lässt sich erkennen, dass das Ausmaß der israelischen Angriffe in keinerlei Verhältnis zu den Angriffen der Palästinenser stand. Laut Schätzungen der israelischen Behörden kamen zwischen 1967 und 1982 an der Nordgrenze Israels 106 israelische Zivilisten durch Angriffe palästinensischer Guerillas ums Leben, das sind etwa 7 pro Jahr. (*Ha'aretz*, 22. Juni 1982; zitiert in Chomsky, 1999:74) Die amerikanische Journalistin Judith Coburn berichtete, Diplomaten in Beirut sowie UN-Vertreter schätzten, dass zwischen 1967 und 1975 etwa 3.500 Libanesen und mindestens doppelt so viele palästinensische Zivilisten getötet wurden – das sind mehr als eintausend pro Jahr. Als sie Mitte der 70er Jahre den Südlibanon bereiste, entdeckte Coburn, dass viele Dörfer „in den letzten Monaten [...] fast täglich mit Flugzeugen, Artillerie, Panzern und Kanonenbooten angegriffen worden waren". Die Israelis hatten im Rahmen eines von ihr als Politik der „verbrannten Erde" bezeichneten Vorgehens „Granaten, Bomben, Phosphor- und Brandbomben, CBUs [Streubomben] und Napalm" gegen die Bewohner der libanesischen Dörfer und der Flüchtlingslager eingesetzt, um die Bevölkerung zu vertreiben und eine entmilitarisierte Zone zu schaffen. (*New York Times*, 7. März 1975; zitiert in Chomsky, 1999:191) Bis 1977 waren laut Schätzungen etwa 300.000 libanesische Muslime durch die Angriffe der Israelis zu Flüchtlingen geworden. (*New York Times*, 2. Oktober 1977; zitiert in Chomsky, 1999:191)

Inzwischen setzte die PLO ihre diplomatische Offensive bei den Vereinten Nationen fort. Im November 1974 verlieh die UNO der PLO offiziell den Beobachter-Status und etwas später im selben Monat trat Arafat

erstmals vor die UN-Generalversammlung und hielt seine berühmte „Ölzweig und Pistole"-Rede. Der Führer der PLO bot an, im Gegenzug für die Schaffung eines palästinensischen Kleinstaates im Westjordanland und im Gaza-Streifen einerseits und die Lösung des Flüchtlingsproblems andererseits den bewaffneten Kampf zu beenden. Doch nicht alle Fraktionen innerhalb der Organisation begrüßten dies, wobei der Flügel derjenigen, die gegen das Konzept vom Kleinstaat und gegen eine Anerkennung Israels waren, von der PFLP angeführt wurde. Die Israelis zeigten sich von all dem vollkommen unbeeindruckt. Der israelische Außenminister behauptete sogar: „Arafat hat stets die Sprache des willkürlichen Terrors, die Sprache der Waffen, gesprochen, von einem Ölzweig des Friedens war da nichts zu spüren". (zitiert in Hirst, 1977:335) Auch die Forderung nach der Schaffung eines zwischen Israel und Jordanien gelegenen palästinensischen Kleinstaates wurde zurückgewiesen – man behauptete, ein solcher Staat wäre letztlich nur eine Plattform, von der aus die PLO versuchen würde, Israel zu zerstören. In der israelischen Tageszeitung *Yediot Aharonot* hieß es: „kein vernünftiger Mensch [...] kann von uns verlangen, dass wir der PLO diese Regionen überlassen, es sei, er erwartet, dass Israel Selbstmord begeht". (14. November 1974; zitiert in Hirst, 1977:336)
Mitte der 70er Jahre waren dann beide Seiten sowie Syrien in den Bürgerkrieg im Libanon verwickelt. Der Nationale Pakt zur Teilung der Macht aus dem Jahr 1943 zerbrach Mitte der 70er Jahre und das Ganze gipfelte im Bürgerkrieg von 1975/76, der das gesamte Land erfasste. Im Grunde standen sich in diesem Konflikt zwei große Gruppen gegenüber: einerseits die konservative, von Israel unterstützte christlich-maronistisch-phalangistische Allianz, die das Land wirtschaftlich dominierte, und andererseits die überwiegend aus den Ärmsten des Landes bestehende Mehrheit aus links gerichteten libanesisch-muslimischen und palästinensischen Gruppierungen. Mitte 1976 gewann die links gerichtete muslimische Koalition die Oberhand in dem Konflikt, woraufhin die Syrer auf Seiten der Christen intervenierten und den größten Teil des Libanons mit Ausnahme eines Streifens an der Südgrenze zu Israel besetzten. Nachdem die syrische Armee auf Bitten der Christen (und mit stillschweigender Unterstützung Israels) in den Konflikt eingegriffen hatte, gab es einen Waffenstillstand und mit Ausnahme des Südlibanon kehrte überall relative Ruhe ein. Im Verlauf des 18 Monate dauernden Bürgerkrieges wurde Beirut stark verwüstet und sogar geteilt und Zeh-

tausende Palästinenser und Libanesen kamen ums Leben. Im April 1976 kamen Israel und Syrien nach Vermittlung durch die Amerikaner zu einer geheimen Vereinbarung, nach welcher das Gebiet in unterschiedliche "Einflusssphären" aufgeteilt werden sollte. Syrien verpflichtete sich, seine Truppen nördlich des Litani zu halten und dort keine Boden-Luft-Raketen zu installieren, wodurch man den Südlibanon als Sicherheitspuffer für Israel anerkannte.

Mitte der 70er Jahre hatte Israel damit begonnen, die beiden großen christlich-maronitischen Milizen, die Phalangisten und die Chamouns, mit Waffen zu beliefern. Der ehemalige Auslandskorrespondent der *Washington Post*, Jonathan Randal (1983), deutet an, der Konflikt sei für Israel strategisch nützlich gewesen, da so gleich zwei Feinde – die Syrer und die Palästinenser – gebunden waren, die 1977 beide bereits im Konflikt mit den Christen standen. Außerdem unterstützte Israel die Südlibanesische Armee (SLA) von General Haddad, die dann als Stellvertreterarmee Israels im Südlibanon agierte. Randal (1983) schreibt, dies sei insofern brisant, als Haddads Truppen an einigen ernsten Vergehen beteiligt waren, unter anderem mehrere Fälle von Massentötungen von Zivilisten, und außerdem beschuldigt wurden, an der illegalen Tötung von UN-Mitarbeitern beteiligt gewesen zu sein. 1978 startete Israel eine groß angelegte Invasion im Südlibanon und behauptete, es handele sich um eine Vergeltungsmaßnahme für einen Angriff der Palästinenser innerhalb Israels, bei dem 37 Israelis und 9 Palästinenser ums Leben gekommen waren.

Das Ausmaß und die Auswirkungen der Invasion sind umstritten. Gilbert schreibt: „mehrere Dutzend PLO-Soldaten wurden getötet oder gefangen genommen" und „alle Einrichtungen der PLO wurden systematisch zerstört". (1999:490) Randal dagegen schreibt, nicht die Guerillas, sondern die Zivilisten hätten die Hauptlast des Angriffs tragen müssen:

> Die Zerstörung erreichte Ausmaße, die man nur zu gut aus Vietnam kannte. In Nachahmung des verschwenderischen Einsatzes von Feuerkraft durch die Amerikaner in Indochina versuchten die Israelis, die Zahl der Opfer in den eigenen Reihen möglichst gering zu halten – was ihnen auch gelang. Doch es gelang ihnen nicht, die palästinensischen Kommandos auszulöschen, denn diese hatten viel Zeit, um sich nördlich des Litani in Sicherheit zu bringen. Auch mehr als zweihunderttausend Libanesen packten Matratzen, Kleider und ihre Familien in Taxis und

überfüllte Pick-ups und flohen gen Norden. Sie wurden zu Flüchtlingen im eigenen Land, sie besetzten unbewohnte Wohnungen, wodurch die Spannungen in West-Beirut noch verstärkt wurden. Innerhalb kurzer Zeit töteten die Israelis eine große Anzahl von Menschen, die meisten von ihnen – laut Angaben des Roten Kreuzes etwa 1.000 – libanesische Zivilisten. Mehr als 6.000 Häuser wurden stark beschädigt oder ganz zerstört und in einem Gewaltrausch, in dem die israelische Armee viele Gräueltaten beging, wurden ein halbes Dutzend Dörfer praktisch dem Erdboden gleich gemacht. (1983:209)

Nachdem die Vereinten Nationen, welche den Angriff verurteilten, drei Monate lang massiven Druck auf Israel ausgeübt hatten, zog sich die israelische Armee aus dem Südlibanon zurück und es wurden dort UN-Truppen stationiert. Die meisten der Positionen, die die israelische Armee aufgegeben hatte, wurden hinterher von der SLA besetzt. Im Januar 1979 verkündete der israelische Verteidigungsminister Ezer Weizmann die umstrittene Präventivpolitik Israels gegenüber den palästinensischen Guerillakämpfern im Südlibanon. Er erklärte, Israel würde nicht nur Vergeltungsschläge durchführen, sondern „zu jeder Zeit und an jedem Ort, die Israel wünschenswert erscheinen“ zuschlagen. (zitiert in Randal, 1983:220) 1981 eskalierten dann die Feindseligkeiten im Libanon. Am 17. Juli startete Israel einen großen Bombenangriff auf den Südlibanon und beschoss dabei Flüchtlingslager, Häfen, die wichtigste Ölraffinerie des Libanon und bis auf eine alle Brücken über den Litani und den Zahrani. (Randal, 1983:236f.) Die Israelis behaupteten, die Angriffe seien eine notwendige Reaktion auf die Aufrüstung der PLO im Südlibanon. Die Palästinenser hielten sich drei Tage lang zurück und begannen dann, den Norden Israels mit Raketen und Granaten zu beschießen. Am 17. Juli bombardierten die Israelis Fakhani, einen Stadtteil von Beirut, in dem die PLO ihre Büros hatte. Dabei kamen mehr als 120 palästinensische und libanesische Zivilisten ums Leben, was dazu führte, dass der Angriff weltweit scharf verurteilt wurde. Danach starteten die Palästinenser Artillerieangriffe auf 28 israelische Städte und Siedlungen, bei denen sie nicht nur an den Häusern, sondern auch an Ernteflächen und in Obstplantagen erheblichen Schaden anrichteten und Zehntausende Israelis zwangen, zeitweise aus ihren Häusern im Norden Israels zu flüchten. (Randal, 1983) Nach diesem Schlagabtausch einigten sich beide Seiten nach Vermittlung durch die Amerikaner auf einen Waffenstillstand.

Diplomatische Bemühungen und das Abkommen von Camp David

In dieser Zeit hatten die Palästinenser eine ganze Reihe von Versuchen unternommen, ein Friedensabkommen zu erreichen. Im Januar 1976 legten palästinensische Vertreter dem UN-Sicherheitsrat einen Resolutionsentwurf vor, in dem eine Zwei-Staaten-Lösung auf der Grundlage der Grenzen von 1967 „mit angemessenen Vorkehrungen [...] zur Gewährleistung [...] der Souveränität, territorialen Integrität und politischen Unabhängigkeit aller Staaten in dem Gebiet und ihres Rechts, in sicheren und anerkannten Grenzen in Frieden zu leben" gefordert wurde. (Resolution S/11940 des UN-Sicherheitsrates) Neun Länder, darunter Frankreich und die Sowjetunion, stimmten für den Entwurf, doch letztlich wurde die Resolution durch eine einzige Gegenstimme, die der Vereinigten Staaten, blockiert. Chomsky (1999) weist darauf hin, dass die PLO bereit war, den von den Sowjets und den Amerikanern vorgeschlagenen Friedensplan vom Oktober 1977, den sowjetischen Friedensplan von 1981 und den saudischen Friedensplan von 1982 zu akzeptieren. Außerdem zitiert er eine Reihe von Aussagen von PLO-Vertretern aus den späten 70er Jahren, aus denen hervorgeht, dass die Palästinenser den bewaffneten Kampf einstellen wollten, wenn sie ihren palästinensischen Kleinstaat in Gaza und im Westjordanland erhielten. Er schreibt, all diese Angebote seien von Israel zurückgewiesen worden. Doch einige Israelis, wie Benjamin Netanjahu, haben alle derartigen Friedensvorschläge von palästinensischer Seite als Versuch abgelehnt, Israel zu zwingen, ein „trojanisches Pferd" aus den Händen der PLO anzunehmen, dessen Zweck darin bestünde, den Staat Israel zu zerstören. Netanjahu behauptet, nach dem Krieg von 1973 hätten die Palästinenser festgestellt, dass sie Israel nicht durch einen „militärischen Frontalangriff" zerstören können und dass sie stattdessen eine „Interimsphase" planten, „in deren Verlauf Israel auf ein Ausmaß reduziert werden sollte, das einen Gnadenstoß leichter macht". Dies sollte in zwei Phasen ablaufen: „Zunächst würde ein palästinensischer Staat auf jedwedem Territorium, das Israel verlassen hat, geschaffen" und „anschließend würde aus diesem Staat heraus ein allgemeiner militärischer Angriff der Araber organisiert, durch den das zusammengeschrumpfte und nicht mehr zu verteidigende

Israel vernichtet werden soll". (2000:239) Außerdem vertritt Netanjahu die Ansicht, die Araber hätten den Westen mit einer gemäßigten Fassade getäuscht:

> Denn die PLO ist ein pan-arabisches trojanisches Pferd. Die Araber versuchen seit mehr als 20 Jahren, den Westen dazu zu bringen, dieses Geschenk anzunehmen, damit der Westen seinerseits Israel zwingen kann, es zu den Toren hereinzulassen. Die Araber malen ihr Geschenk schön an, mit Rechtmäßigkeit, mit dem Pathos ihrer Not, mit Bekundungen zu den in Ehren gehaltenen Ideen von Freiheit, Gerechtigkeit und Frieden. Doch ganz egal wie sehr man versucht, diesen Fakt zu verschleiern, am letztendlichen Ziel dieses Geschenks ändert sich nichts: es soll in die Verteidigungsmauern Israels eindringen und auf den Hügeln über Tel-Aviv aufgestellt werden, wo es seine grausige Aufgabe erfüllen kann. Jedes Stück westlicher Akzeptanz – die Titelstorys, die Bankette, der Beobachterstatus, die Botschaften und jedes Stück Land, das die PLO in die Hände bekommen hat – wird von ihr dazu benutzt, ihrem Ziel näher zu kommen. (2000:256)

Im März 1978 schrieben 350 israelische Reservisten einen Brief an Premierminister Begin, in dem sie die Regierung beschuldigten, sie würde mehr Energie darauf verwenden, Siedlungen zu bauen und ein „Großisrael" zu schaffen als Frieden mit der arabischen Welt zu schließen. Dies war zumindest teilweise eine Reaktion auf Begins Entscheidung, die Errichtung einiger neuer Siedlungen der *Gusch Emunim* tief in den besetzten Gebieten zu unterstützen. Der Brief markierte auch die Entstehung der Bewegung „Peace Now", die im September 1978 eine Massenkundgebung in Tel-Aviv organisierte, an der 100.000 Israelis teilnahmen und die damit die größte politisch motivierte Demonstration in der Geschichte des Staates Israel war. Auch die Europäische Wirtschaftsgemeinschaft (EWG) drängte im Jahr 1979 auf eine Lösung des Konflikts. Die Staatsoberhäupter der Mitgliedsländer der EWG gaben auf einem Treffen in Venedig mehrere Erklärungen ab, in denen sie ihre Unterstützung für einen Palästinenser-Staat zum Ausdruck brachten, und der designierte Präsident der Europäischen Kommission, Gaston Thorn, reiste in den Nahen Osten und traf sich dort mit Jassir Arafat. Irland und Österreich erkannten die PLO an und der französische Präsident Giscard d'Estaing empfahl, die PLO als Partner bei Friedensverhandlungen zu akzeptieren.

Außerdem versuchten die Europäer, die Resolution 242 dahingehend zu erweitern, dass auch das Recht der Palästinenser auf Selbstbestimmung mit eingeschlossen wäre. Ovendale (1999) behauptet, die Vereinigten Staaten hätten deutlich gemacht, dass sie gegen jede von den Europäern im UN-Sicherheitsrat eingebrachte Resolution Veto einlegen würden, in der die Rechte der Palästinenser gestärkt würden.

Im März 1979 unterzeichnete Israel endlich nach jahrelangen Kämpfen und großen diplomatischen Bemühungen der internationalen Gemeinschaft in Washington ein Friedensabkommen mit Ägypten, dessen Bedingungen im Wesentlichen denen entsprachen, die Israel 1972 abgelehnt hatte. Darin erklärte sich Israel bereit, im Austausch für ein umfassendes Friedensabkommen und die Entmilitarisierung eines Großteils des Sinai die Sinai-Halbinsel zurückzugeben. Doch beide Seiten mussten Kompromisse eingehen. Israel willigte ein, die Siedlungen und Flugplätze zu beseitigen und Ägypten ließ die Jerusalem-Frage fallen. Außerdem einigten sich die beiden Parteien auf einen recht vagen Autonomieplan für die Palästinenser, der stufenweise über mehrere Jahre umgesetzt werden sollte. Nach der Unterzeichnung des Friedensabkommens wurden die beiden Unterzeichnenden heftig kritisiert. Begin wurde von den konservativen und den religiös orientierten Parteien angegriffen, weil er den Sinai zurückgegeben hatte, und Sadat wurde kritisiert, weil er die arabische Einheit zerstört hatte, indem er ein Friedensabkommen mit Israel schloss, ohne Lösungen in Bezug auf die Jerusalem-Frage, die Frage nach einem eigenen Palästinenser-Staat oder einen vollständigen Rückzug der Israelis aus den arabischen Gebieten erzielt zu haben. Finkelstein (2001) deutet an, die israelische Regierung habe dem Friedensabkommen mit Ägypten deshalb zugestimmt, weil dadurch die mächtigste arabische Armee, die Israel bedrohte, neutralisiert wurde und weil das Abkommen es den Israelis danach ermöglichen würde, den Kern der palästinensischen Nationalbewegung im Libanon zu zerschlagen.

Am 30. Juli 1980 annektierte die israelische Regierung formal ganz Jerusalem und im Jahr darauf die Golan-Höhen, wobei dies nicht nur eine Verletzung des Friedensabkommens mit Ägypten, sondern auch der Resolution 242 darstellte. Beide Annexionen wurden sofort scharf vom UN-Sicherheitsrat verurteilt und in den Resolutionen 478 und 497 wurden sie für illegal erklärt und ihre Aufhebung gefordert. Die israelische Regierung arbeitete auch nicht weiter an den Plänen für einen Autonomie der Palästinenser und Shlaim ist der Ansicht, die Begin-Regierung habe die Verhandlungen dazu bewusst sabotiert und die Enteignung palästinensischer Grundstücke sowie den Bau von Siedlungen ausgeweitet, weil sie die Kontrolle über das Westjordanland und den Gaza-Streifen behalten wollte:

> Begin handhabte die Autonomieverhandlungen so, dass nichts dabei herauskommen konnte. Das erste Anzeichen dafür war die Ernennung von Dr. Josef Burg, dem israelischen Innenminister, zum Leiter des sechsköpfigen Verhandlungsteams Israels. Burg war der Führer der National-Religiösen Partei, die die Ansicht vertrat, das Anrecht Israels auf Judäa und Samaria sei in der Schrift verankert und die die Siedlungsaktivitäten der *Gusch Emunim* unterstützte. (2000:381-82)

1982 – die Invasion im Libanon

Am 6. Juni 1982 marschierte Israel im Libanon ein und griff die dortigen Truppen der PLO an. Auf ihrem Weg nach Beirut lieferte sich die israelische Armee auch Gefechte mit der syrischen Armee. In den ersten Tagen des Konflikts berichtete G. H. Jansen, Korrespondent beim *Economist*, die israelische Taktik bestünde darin, Städte und Dörfer zu umzingeln und das „so schnell, dass die darin wohnenden Zivilisten darin festsitzen, und sie anschließend vom Land, vom Wasser und von der Luft aus beschossen werden können. Nach einigen Tagen gibt es dann einen vorsichtigen Probeangriff – wenn daraufhin Widerstand geleistet wird, wird der Beschuss wieder aufgenommen". (*Middle East International*, 2. Juli 1982; zitiert in Chomsky, 1999:219) Als der von den Amerikanern ausgehandelte Waffenstillstand am 11. Juni in Kraft trat, hatte die israelische Armee bereits die südlichen Außenbezirke von Beirut erreicht. Shlaim (2000) schreibt, Israel habe erwartet, dass seine christlichen Verbündeten unter der Führung von Bachir Gemayel die PLO-Truppen angreifen würden, die zu diesem Zeitpunkt in West-Beirut festsaßen. Doch Gemayel sträubte sich dagegen, die Palästinenser anzugreifen und die Israelis wollten nicht in Straßenkämpfe verwickelt werden, die möglicherweise einen hohen Zoll gefordert hätten. Bis zum 13. Juni war es den Israelis gelungen, Beirut einzukreisen und in den nächsten zwei Monaten belagerten sie die Stadt und beschossen sie mit schwerem Geschütz.

Der israelische Befehlshaber Ariel Scharon, der den israelischen Angriff leitete, behauptete: „in der Geschichte der modernen Kriegsführung hat sich noch keine Armee so sehr bemüht, Opfer unter der Zivilbevölkerung zu vermeiden wie die israelische Armee es getan hat". Weiter sagte er, man habe sich „peinlichst genau" an die „jüdische Doktrin" von der *Tohar HaNeschek* (Waffenreinheit) gehalten, die israelische Armee habe „ausschließlich vorher festgelegte Stellungen der PLO angegriffen und nur dann Häuser beschossen, wenn diese als Stützpunkt der PLO dienten". (*New York Times*, 29. August 1982; zitiert in Chomsky, 1999:243-44) Gilbert (1999) betont außerdem, dass die Israelis sich bei ihren Angriffen auf Hochburgen der PLO konzentrierten, auch wenn er einräumt, dass in einem Fall ein Krankenhaus stark beschädigt wurde. In anderen Berichten von Journalisten in Beirut heißt es, die Israelis bombardierten wahllos zivile Gebiete. Robert Fisk vom *Independent* schrieb, die Israelis arbeiteten mit „Feuerschlägen", bei denen „50 Granaten gleichzeitig" auf Wohngebiete abgeschossen wurden, „sodass jeder im Umkreis von etwa 500 Metern vom Einschlagsort getötet wurde". (2001:284) Weiter berichtet er, die Israelis hätten neben Splitterbomben auch Phosphorbomben benutzt, durch die Feuer ausbrachen und die nicht heilbare Verbrennungen verursachten. In der israelischen Tageszeitung *Ha'aretz* wurde angemerkt, dass auch Vakuumbomben zum Einsatz kamen, durch die Flugzeugtreibstoff auf eine Weise entzündet wird, bei der ein immenser Druck entsteht, der letztlich auch große Gebäude einstürzen lässt. Laut den Berichten wurden diese Bomben gezielt über Wohngebieten abgeworfen. (11. August 1982) Chris Giannou, ein kanadischer Chirurg, der in einem palästinensischen Hospital gearbeitet hatte, sagte vor dem US-Kongress aus, er habe die „absolute, vollständige Verwüstung von Wohngebieten und die blinde, grausame und wahllose Zerstörung von Flüchtlingslagern durch gleichzeitigen Beschuss mit Granaten und durch flächendeckende Bombardements von Flugzeugen, Kanonenbooten und Panzern aus und durch Artilleriebeschuss" selbst gesehen. Weiter bezeugte er den großflächigen Einsatz von Splitterbomben und Phosphorbomben in Wohngebieten und sagte, er habe gesehen, wie Gefangene „grausam und wahllos geschlagen wurden“, wobei sie manchmal sogar tot geprügelt wurden, und dass die Folter von Gefangenen keine Seltenheit war.

Im Juli und August wurden die Bombardements noch intensiviert und Hirsh Goodman berichtete, sie seien auch dann noch fortgesetzt worden, als bereits eine generelle Übereinkunft darüber erzielt worden war, dass die PLO das Land verlassen sollte. (*Jerusalem Post*, 1. Oktober 1982; zitiert in Chomsky, 1999:241) Im Juli befahl Jitzchak Rabin, alle Lebensmittel-, Wasser-, Medikamenten- und Treibstofflieferungen in die Stadt zu unterbinden. Elaine Carey berichtete, bis zum 4. August waren acht der neun Waisenhäuser in Beirut durch Splitter- und Phosphorbomben zerstört worden, obwohl sie klar gekennzeichnet waren und die Israelis zugesichert hatten, dass man sie verschonen würde. (*Christian Science Monitor*, 4. August 1982; zitiert in Chomsky, 1999:225) Am 12. August erreichten die Bombardements ihren Höhepunkt. Der amerikanische Journalist Charles Powers schrieb dazu:

> Viele empfanden die Belagerung Beiruts als unnötige Brutalität. [...] Das Arsenal der Waffen, die dabei in einer Weise eingesetzt wurden, wie man sie seit dem Vietnam-Krieg nicht mehr gesehen hatte, hat jene, die die Folgen direkt erlebt oder in Filmberichten und Nachrichtensendungen gesehen haben, absolut entsetzt. Der Einsatz von Splitterbomben und Phosphorbomben, letzteres eine ganz teuflische Waffe, war weit verbreitet [...]. In den letzten Stunden des letzten Luftangriffs auf Beirut wurde von den israelischen Flugzeugen aus ein Bombenteppich über Burj el-Barajneh [einem Flüchtlingslager] abgeworfen. Es gab dort keine Kämpfer mehr, sondern nur noch die zerstörten Häuser der palästinensischen Familien, die wieder einmal würden fortgehen müssen und sich einen anderen Ort zum Leben suchen. (*Los Angeles Times*, 29. August 1982; zitiert in Chomsky, 1999:242)

Ende August wurden die PLO-Truppen schließlich aus Beirut nach Tunis gebracht. Außerhalb Beiruts gab es Berichte darüber, dass viele Flüchtlingslager und libanesische Dörfer zerstört worden waren. Fisk schreibt, dass in Sidon 2.000 libanesische Zivilisten bei Luftangriffen ums Leben kamen, die er als „die grausamsten je auf eine libanesische Stadt verübten“ beschrieb. (2001:204) Olof Rydbeck, der Chef der UN-Flüchtlingsbehörde, die die Lager verwaltete, sagte, 32 Jahren harter

Arbeit seien „ausgelöscht“ worden und „praktisch alle Schulen, Krankenhäuser und Einrichtungen der Behörde lägen in Trümmern“ (*New York Times*, 19. August 1982, zitiert in Chomsky, 1999:223) Hinsichtlich der Zahl der Toten unter der Zivilbevölkerung und den Mitgliedern der PLO herrscht Uneinigkeit. Gilbert (1999) behauptet, es seien 460 libanesische Zivilisten und 6.000 PLO-Kämpfer getötet worden, während die libanesische Polizei schätzt, dass bis Ende August 19.085 Menschen ums Leben kamen, davon allein in Beirut 6.775, und dass etwa 84 Prozent von ihnen Zivilisten waren. (*Christian Science Monitor*, 21. Dezember 1982; zitiert in Chomsky, 1999:221) Laut Schätzungen der Vereinten Nationen wurden in West-Beirut 13.500 Häuser stark beschädigt und Tausende weitere in anderen Landesteilen, wobei die Schäden in den Flüchtlingslagern, die eigene Städte bildeten, noch nicht mit eingerechnet sind. (*Christian Science Monitor*, 18. November 1982; zitiert in Chomsky, 1999:223) Außerdem gab es Berichte darüber, dass eine große Zahl männlicher libanesischer und palästinensischer Jugendlicher und Erwachsener in Lager verschleppt wurden, wo man sie erniedrigte und sogar folterte.

Chomsky zitiert die Zeugenaussage von Dov Yirmiah, einem Oberstleutnant der israelischen Streitkräfte, die in der israelischen Tageszeitung *Yediot Ahronot* veröffentlicht wurde und in der er sich zum Schicksal der palästinensischen und libanesischen Gefangenen äußert:

> Er erzählt eine Geschichte nach der anderen von Gefangenen, die während ihrer Gefangenschaft grausam und schier endlos lange geprügelt wurden, von Folterungen und Erniedrigungen der Gefangenen und von den vielen von ihnen, die in israelischen Gefängnissen oder in Konzentrationslagern im Libanon infolge der Prügel starben oder verdursteten. [...] Die langen und immer wiederkehrenden Verhöre wurden begleitet durch ständige Schläge oder durch Angriffe von Hunden an Leinen oder durch den Einsatz von Luftgewehren, die zwar nicht tödlich waren, aber massive Schmerzen verursachten. [...] Immer wieder mussten neue Schlagstöcke in die Lager geliefert werden, damit man diejenigen ersetzen konnte, die während der Verhöre kaputt gegangen waren. Die Folterknechte waren „Experten auf ihrem Gebiet“, so die Gefangenen, und sie wussten genau, wie sie die Schläge, darunter auch Schläge in den Genitalbereich, ausführen mussten, damit sie möglichst schmerz-

voll waren und sie taten das so lange, bis die Gefangenen zugaben, „Terroristen“ zu sein. (8. November 1982; zitiert in Chomsky, 1999:240)

In anderen Berichten in der israelischen Presse wurde behauptet, Mitglieder der Südlibanesischen Armee, der Stellvertreterarmee Israels, hätten die Erlaubnis erhalten, in den Lagern Gefangene zu foltern und das einige von ihnen auch zu mehreren Frauen vergewaltigt hatten und versucht hatten, sie zu zwingen, mit Hunden zu koitieren. (*Koteret Rashit*, 16. März 1983; zitiert in Chomsky, 1999:236) Nachdem die PLO zugestimmt hatte, den Libanon zu verlassen, kam es in den Flüchtlingslagern Schatilla und Sabra zu einem der berüchtigtsten Zwischenfälle des Krieges. Nach dem Abzug der PLO aus dem Libanon riegelte die israelische Armee die Lager am 16. September ab und gewährten zwischen 100 und 130 Phalangisten und Truppen von Haddad Zutritt. Ariel Scharon behauptete, in den Lagern haben sich 2.000 gut bewaffnete palästinensische Kämpfer befunden und man habe die christlichen Truppen in die Lager geschickt, um diese zu säubern. Edward Walsh jedoch schreibt: „Bislang hat allerdings noch niemand öffentlich erklärt, wie 100 bis 130 Phalangisten eine solche Übermacht besiegen sollten“. (*Washington Post*, 26. Dezember 1982; zitiert in Chomsky, 1999:369) Und Journalisten, die wenige Tage zuvor dort gewesen waren, hatten berichtet, dass es dort keinerlei Anzeichen für die Anwesenheit bewaffneter Kräfte gegeben hatte. (*Time*, 4. Oktober 1982)

Nachdem sie einmal in den Lagern waren, vergewaltigten und töteten die Phalangisten viele der Lagerinsassen – die meisten von ihnen waren Frauen, Kinder und alte Menschen. Bezüglich der Opferzahlen gehen die Meinungen auseinander. Laut Schätzungen der offiziellen von israelischer Seite eingesetzten Untersuchungskommission, der so genannten Kahan-Kommission, wurden 700 bis 800 Menschen getötet, die libanesischen Behörden schätzen, es seien ungefähr 2.000 Menschen gewesen und der israelische Journalist Amnon Kapeliouk (1984) gibt die Zahl unter Berufung auf das Internationale Komitee des Roten Kreuzes sogar mit 3.000 bis 3.500 an. Auch den Vereinigten Staaten wurde eine Mitschuld an dem Massaker zugewiesen, weil sie im Rahmen der Einigung mit der PLO zum Abzug aus Beirut ganz explizit zugesichert hatten, dass die muslimische Zivilbevölkerung von West-Beirut geschützt werden würde. (Ovendale, 1999) Die Vereinten Nationen verurteilten das Massaker mit 147 zu zwei Stimmen (Israel und die Vereinigten Staaten)

und seither versuchen internationale Anwälte in Belgien, die israelischen Befehlshaber Ariel Scharon und Amos Jaron wegen Kriegsverbrechen anzuklagen.
Es schien, als sollte der Krieg gegen den Libanon die israelische Gesellschaft spalten. Einige Israelis bezweifelten, dass das Maß an Tod und Zerstörung, das Israel über den Libanon brachte, in irgendeinem Verhältnis zu der Bedrohung stand, die die militanten Palästinenser darstellten. 1982 fand in der Universität von Tel-Aviv eine Debatte zum Thema Zionismus statt, in deren Verlauf Aluf Hareven vom Van Leer Institute sagte:

> Laut den Zahlen, die Innenminister Josef Burg vorgelegt hat, wurden im Jahr 1980 10 Juden von Terroristen getötet und im Jahr 1981 8. Im Gegensatz dazu haben wir 1982 etwa 1.000 Terroristen getötet und den Tod Tausender Einwohner eines feindlichen Landes verursacht. Wenn das so ist, dann folgt daraus, dass wir für 6-8 getötete Juden im Gegenzug Tausende von Nicht-Juden töten. Das ist zweifellos eine spektakuläre Situation, ein ganz außergewöhnlicher Erfolg für den Zionismus. Ich möchte sogar sagen ein übertriebener. (*Migvan*, Oktober/November 1982; zitiert in Chomsky, 1999:74)

Die Massaker in Sabra und Schatilla lösten auch die größten Proteste in der Geschichte Israels aus. Am 25. September 1982 nahmen mehr als 400.000 Israelis an einer von „Peace Now" organisierten Demonstration teil. Andere Stimmen jedoch deuten an, einem Großteil der israelischen Bevölkerung habe den Vorfällen in den Flüchtlingslagern völlig gleichgültig gegenübergestanden, wenn sie sie nicht sogar billigten:

> Was Sabra und Schatila angeht, so zeigt sich ein großer Teil der Bevölkerung, vielleicht gar die Mehrheit, vom Massaker selbst völlig unbeeindruckt. Araber im Allgemeinen und Palästinenser im Besonderen zu töten findet breite Zustimmung oder zumindest stört sich niemand daran. Ich war sehr überrascht, mehr als einmal von gebildeten, aufgeklärten Menschen, die „das Gewissen der Nation" verkörpern, zu hören, sie seien der Ansicht, das Massaker an sich, als Schritt zur endgültigen Vertreibung der Palästinenser aus dem Libanon, sei nichts wirklich Schlimmes. Es sei nur ärgerlich, dass wir gerade in der Nähe waren. (*Ha'aretz*, 19. November 1982; zitiert in Chomsky, 1999:395)

Im Hinblick auf Israels Motive für diesen Angriff gehen die Meinungen auseinander. Mitchell Bard (2003), Direktor des *American-Israeli Cooperative Enterprise*, führt drei Gründe für die Entscheidung Israels für diesen Angriff an. Zunächst einmal, so behauptet er, habe die PLO wiederholt die von den Amerikanern im Juli 1981 ausgehandelte Waffenruhe gebrochen und die Israelis von der libanesischen Seite aus angegriffen. Zweitens unterstellt er, es seien 15.000 bis 18.000 PLO-Mitglieder im Südlibanon stationiert gewesen und diese seien mit einem großen Arsenal an Waffen ausgestattet gewesen, darunter auch Raketen, Boden-Luft-Geschosse, Mörser, Panzer und ausreichend Waffen, um fünf Brigaden auszustatten. Auch die Anschläge und Luftangriffe der Israelis konnten seiner Ansicht nach die Entstehung dieser „PLO-Armee" nicht verhindern. Als dritten Grund führt Bard den Mordanschlag der *Abu-Nidal-Gruppe* auf Schlomo Argov, den israelischen Botschafter in London, an, doch all diese Begründungen sind umstritten. Shlaims Ansicht nach verfolgte Israel zwei wesentliche Ziele. Erstens wollte man eine neue politische Ordnung im Libanon errichten und zweitens „die militärische Infrastruktur im Libanon" zerstören „und sie als politische Organisation schwächen". (2000:396) Nach Aussagen von Mordechai Bar-On, einem ehemaligen Ausbildungsoffizier bei den israelischen Streitkräften, „gibt es keinen Zweifel daran, dass das zentrale Ziel [des Krieges] darin bestand, den nationalen Bestrebungen der Palästinenser einen vernichtenden Schlag zu versetzen, ebenso wie ihrer Existenz als Nation, die bestrebt ist, sich selbst zu definieren und sich ein Recht auf Selbstbestimmung zu erarbeiten". (*New Outlook*, Oktober 1982; zitiert in Chomsky, 1999:203) Nachdem die Infrastruktur der PLO zerstört und die Flüchtlinge vertrieben wären, so die Argumentation einiger Kommentatoren, würde die Organisation möglicherweise auf Entführungen zurückgreifen und damit ihren sich zunehmend verbessernden politischen Status gefährden:

> Wenn man die PLO jetzt aus dem Libanon vertriebe – oder sie noch besser auf eine Art tollwütigen Terrorismus reduzieren würde, die ihre wachsende politische und diplomatische Legitimierung schwächt – so hätte Israel bessere Chancen, das Westjordanland und den Gaza-Streifen zu annektieren, deren Bevölkerung trotz der vielen Fehler, die Arafat

gemacht hat, nach wie vor fest hinter seiner Führung steht. (Randal, 1983:250)

Shlaim (2000) deutet an, ein anderer Aspekt von Scharons „großem Plan“ habe darin bestanden, den christlichen Verbündeten Israels, Bachir Gemayel, im Libanon an die Macht zu bringen und die palästinensischen Flüchtlinge aus dem Libanon nach Jordanien zu vertreiben, wo sie die haschemitische Monarchie stürzen und Jordanien in einen Palästinenser-Staat verwandeln sollten. Dadurch würde der Druck der internationalen Gemeinschaft auf Israel, das Westjordanland zu verlassen, verringert und Israel könnte das Gebiet annektieren. Doch letztlich konnte keines der genannten geostrategischen Ziele umgesetzt werden. Bachir Gemayel wurde kurz nach dem Krieg ermordet und die haschemitische Monarchie in Jordanien blieb erhalten.

Nach den Massakern von Sabra und Schatilla kehrten im Rahmen einer multinationalen Truppe auch amerikanische Marines in den Libanon zurück, gerieten jedoch schon bald in Konflikt mit Kräften der Schiiten und der Drusen, die Widerstand gegen die israelische Besetzung des Südlibanons leisteten. Als amerikanische Kriegsschiffe begannen, Stellungen der Drusen zu beschießen, sah es so aus, als hätten die Amerikaner auf Seiten der christlich-israelischen Allianz in den libanesischen Bürgerkrieg eingegriffen. Am 23. Oktober tötete ein Selbstmordattentäter 256 amerikanische und 58 französische Soldaten, woraufhin die amerikanischen und die europäischen Truppen abgezogen wurden. Später übernahm eine schiitische Gruppierung mit Verbindungen zum Iran die Verantwortung für den Anschlag. Ovendale (1999) behauptet, nach dem Krieg von 1982 hätten Israel und die Vereinigten Staaten ihre politischen und militärischen Verbindungen durch gemeinsame Waffenprojekte ausgebaut. 1986 enthüllte der israelische Atomtechniker Mordechai Vanunu in der *Sunday Times*, dass Israel über ein erhebliches Potential an Atomwaffen verfügt, woraufhin er von Mitarbeitern des israelischen Geheimdienstes in Rom betäubt und entführt wurde. Zurück in Israel wurde er dann zu 18 Jahren Gefängnis verurteilt. Neuere Zeitungsberichte legen die Vermutung nahe, das das Atomwaffenarsenal Israels inzwischen um etwa 200 Sprengköpfe angewachsen ist, von denen viele so konzipiert sind, dass sie genau auf die von den Amerikanern gelieferten Harpoon-Marschflugkörper passen, mit denen man problemlos jedes der arabischen Nachbarländer Israels beschießen könnte. (*Observer*, 12. Oktober 2003)

Mitte der 80er Jahre wurden weitere Versuche unternommen, eine Verhandlungslösung für den Konflikt zu finden. Im Februar 1985 legten Jassir Arafat und König Hussein von Jordanien die so genannte Amman-Deklaration vor, in der vorgeschlagen wurde, den Palästinensern innerhalb einer palästinensisch-jordanischen Konföderation ein Recht auf Selbstbestimmung einzuräumen. Die Zusammensetzung des Verhandlungsteams stellte jedoch ein Problem dar, da Israel sich weigerte, mit Mitgliedern der PLO zu verhandeln. Margaret Thatcher versuchte, den Plan dennoch voranzutreiben, und schlug eine Friedenskonferenz vor, an der auch Mitglieder der PLO teilnehmen sollten, doch der Plan wurde durch eine Reihe von Ereignissen zum Scheitern gebracht. Zuerst drohte Abu Nidal – unterstützt von Syrien – damit, jeden Palästinenser zu ermorden, der Margaret Thatchers Einladung Folge leisten sollte, und am 25. September 1985 wurden dann drei Israelis in einem Boot in Larnaka getötet. Die israelische Regierung machte die PLO dafür verantwortlich, während die PLO behauptete, die drei seien Mossad-Agenten gewesen. Anschließend schickte Israel eine Reihe von in Amerika hergestellten F-16-Kampffliegern los, um das Hauptquartier der PLO in Tunis zu bombardieren, wobei 58 Palästinenser und 15 Tunesier getötet wurden. Der Angriff wurde zwar von den USA befürwortet, doch die Europäische Gemeinschaft und die Vereinten Nationen verurteilten ihn scharf. Kurze Zeit später entführten Mitglieder einer kleinen palästinensischen Gruppierung namens *Palästinensische Befreiungsfront* das Kreuzfahrtschiff *Achille Lauro* und töteten einen älteren, behinderten jüdischen Passagier, bevor sie sich schließlich ergaben. Nach dieser Entführung übten die USA Druck auf Großbritannien aus, ein geplantes Treffen zwischen dem britischen Außenminister und Mitgliedern der PLO abzusagen. Daraufhin bestanden die Briten darauf, dass die Mitglieder der PLO eine Erklärung unterzeichnen, in der sie jede Form politisch motivierter Gewalt verurteilen. Die PLO weigerte sich und argumentierte, dass dies auch den bewaffneten Widerstand gegen die israelische Besetzung des Westjordanlandes und des Gaza-Streifens mit einschließen würde, woraufhin das Treffen letztlich abgesagt wurde. Nur wenig später erklärte König Hussein von Jordanien, er wolle die Zusammenarbeit mit der PLO-Führung beenden und schob dies auf Arafats Weigerung, die Resolutionen 242 und 338 zu akzeptieren. Nach diesem Bruch zwischen der PLO und der jordanischen Regierung bauten König Hussein von Jordanien und Schimon Peres enge diplomatische Kontakte auf und dachten über Möglichkeiten nach, die Friedensgespräche neu in Gang zu bringen und gleichzeitig die PLO von den Verhandlungen auszuschließen. (Shlaim, 2000) Nach Ansicht von Shlaim hat der israelische Premierminister Jitzchak Schamir verhindert, dass Israel die „jordanische Option" weiterverfolgte, da er gegen jedwede internationale Konferenz war, bei der ausländische Vermittler eventuell Druck auf Israel ausüben könnten.

1987 – die erste Intifada

Am 9. Dezember 1987, nachdem vier Bewohner des Gaza-Streifens bei einem Verkehrsunfall ums Leben gekommen waren, begannen Palästinenser aus dem Flüchtlingslager Jabalya, ein Gelände der israelischen Armee mit Steinen zu bewerfen. Innerhalb weniger Tage griffen die Unruhen auch auf das Westjordanland über. Unbewaffnete Palästinenser – Männer, Frauen und Kinder – griffen israelische Soldaten und Schützenpanzerwagen an. Benny Morris merkt an, die Intifada sei „keine bewaffnete Rebellion gewesen, sondern eine massive, beharrliche Aktion zivilen Widerstandes mit Streiks und Schließungen von Geschäften, die von gewalttätigen (aber unbewaffneten) Demonstrationen gegen die Besatzungstruppen begleitet wurden". (1992:561) Die Intifada dauerte sechs Jahre an, bis die palästinensische Führung sie schließlich im Rahmen der Abkommen von Oslo für beendet erklärte. Die Faktoren, die dazu geführt haben, sind nach wie vor umstritten. Netanjahu behauptete, die israelische Verwaltung in den besetzten Gebieten habe eine „liberale Politik" geführt, „die darauf ausgerichtet war, das Leben der Palästinenser grundlegend zu verbessern" und der materielle Wohlstand und die verbesserte Ausbildung seien Hand in Hand gegangen mit der Gewährung politischer Rechte, einschließlich einer eigenen „Presse mit Zeitungen, die die verschiedenen Fraktionen repräsentierten (einige von ihnen offene Sympathisanten der PLO) und dem Recht, alle Entscheidungen direkt vor das demokratische israelische Gerichtssystem zu bringen". (2000:176) Seiner Ansicht nach ist die „bösartige Agitation seitens der PLO“ der Auslöser für die Intifada gewesen und dies hat dazu geführt, dass die Bevölkerung in den besetzten Gebieten „immer extremere Positionen einnahm und immer unerbittlicher wurde“. (2000:177) Außerdem behauptet er, die PLO hätte Kinder dazu gezwungen, ihre Schulen zu verlassen, um an den Auseinandersetzungen mit den israelischen Polizeikräften teilzunehmen. (2000:179) Gilbert macht es den Jordaniern zum Vorwurf, dass sie die im Westjordanland lebenden Palästinenser nicht bereits vor 1967 in die jordanische Gesellschaft integriert haben und behauptet, der Anstoß für die Intifada sei von einem „verbitterten harten Kern von Extremisten“ gekommen, „die bereit waren, sich den Kugeln der Israelis entgegenzustellen, um so den Besatzern zu trotzen und ihre nationale Identität zu behaupten“. (1999:525) Einige Israelis machten auch die Propaganda von außen für die Intifada verantwortlich. So beschuldigte Jitzchak Rabin den Iran und Syrien, Unruhen zu schüren. Andere warfen die Frage auf, ob die Politik der Israelis in den besetzten Gebieten wirklich so liberal war und deuteten an, dass die Intifada wohl das Ergebnis massiver und anhaltender Menschenrechtsverletzungen war. Diese Ansicht wird auch in einem Bericht des israelischen *Committee for Solidarity with Bir Zeit* (der Universität im Westjordanland, die von der israelischen Verwaltung für die besetzten Gebiete regelmäßig geschlossen wurde) ganz deutlich vertreten. In dem Bericht wird die israelische Verwaltung für die besetzten Gebiete als „Versuch“ beschrieben, „eine alte, wohl bekannte Methode der Kolonisierung in neuer ‘typisch’ israelischer Form wieder zu beleben“ und so „ein israelisches Bantustan“ zu erschaffen, in dem die Palästinenser zu Holzfällern und Wasserträgern für die israelische Gesellschaft degradiert werden“. Um dies zu erreichen, so heißt es weiter, wurden politische Aktivitäten jedweder Form allerorts gewaltsam unterdrückt und „Verräter aus den Dorfligen“ brachten in Zusammenarbeit mit den Siedlergruppen „Demütigungen, Schikane und Terror“ über die örtliche Bevölkerung. Auch die Vereinten Nationen legten Mitte der 80er Jahre eine ganze Reihe von Berichten vor, in denen man Israel wegen seiner Menschenrechtsverletzungen in den besetzten Gebieten scharf kritisierte und in denen auf die weit verbreiteten Akte der Gewalt der örtlichen Siedler gegen die Palästinenser hingewiesen wurde. Israel Schahak schreibt, derartige Menschenrechtsverletzungen seien der wichtigste Auslöser für die Intifada gewesen und führt verschiedene Beispiele aus der israelischen Presse an:

Tatsächlich hatten die alltägliche Unterdrückung, die Erniedrigungen, die Enteignungen und die Willkür des israelischen Regimes vor Beginn der Intifada stetig zugenommen. Diese Zunahme, die von der hebräischsprachigen Presse angemessen protokolliert wurde, bildete den Hauptgrund für den Ausbruch der Intifada. Leser der hebräischsprachigen Presse sind sich sehr wohl bewusst, wie unerhört sich die israelischen Streitkräfte vor Beginn der Intifada benahmen. Am 19. Juni 1987 berichtete Eyal Ehrlich in einem Artikel in der *Ha'aretz* mit dem Titel *Ein Besatzer wider Willen* über die Aussage eines jungen israelischen Soldaten, der zum Dienst bei der Grenzpolizei abkommandiert worden war. Immer, wenn ein Palästinenser seine Papiere vorweisen musste, so der junge Soldat, ging die Überprüfung der Dokumente mit „einem Schlag ins Gesicht, einem Fausthieb oder einem Tritt" einher. „In der Regel haben die Grenzposten Spaß daran, die Araber zu schlagen", heißt es weiter. „Sie empfinden ein gewisses Vergnügen dabei [...]. Manchmal fühle ich mich wie ein Nazi, wenn ich meine Freunde in Aktion sehe. Bei einem meiner Vorgesetzten bemühe ich mich immer sehr, mich von ihm fernzuhalten [...]. Er behandelt die örtliche Bevölkerung immer sehr schlecht: er ist brutal, er schlägt sie und ähnliches mehr. [...] Die Soldaten spucken den Arabern ins Gesicht oder treten sie in die Hoden. Und stets ist da der Schlag ins Gesicht." Ein Artikel von Menahem Shizaf in der Ausgabe von *Hadashot* vom 7. Juli 1987 trug den Titel Grenzposten zwingen Araber zu masturbieren und den Boden zu lecken. In dem Artikel wurde beschrieben, wie die Israelis palästinensische Arbeiter aus den besetzten Gebieten behandelten, die sie dabei erwischten, dass sie nicht nach Hause zurückkehrten, sondern in Hütten in Israel übernachteten. (*Washington Report on Middle East Affairs*, März 1991)

Der israelische Verteidigungsminister Jitzchak Rabin erklärte, die Antwort der Israelis auf die Intifada würde „wuchtig, machtvoll und schlagkräftig" sein. (*New York Times*, 23. Januar 1988; zitiert in *The New York Review of Books*, 17. März 1988) In der israelischen *Hadashot* hieß es, Ministerpräsident Schamir habe jene, die gegen die Besatzung protestierten, gewarnt, man würde sie „wie Heuschrecken" zerquetschen und ihre Köpfe würden „an Mauern und Wänden zerschlagen". Weiter wurde er mit den Worten zitiert: „Vom Gipfel dieses Berges und aus der Perspektive einer Jahrtausendealten Geschichte sagen wir ihnen, dass sie im Vergleich zu uns wie Heuschrecken sind." (6. Januar 1988; zitiert in Chomsky, 1999:482) Im Februar 1988 war die Intifada durch die Einsetzung der Vereinigten Nationalen Führung des Aufstandes bereits formalisiert. Die Organisation ermutigte die Palästinenser, die in Israel arbeiteten, zu Streiks und rief zu Angriffen auf die Verwaltungsstrukturen der Israelis auf. Es wurden keine Steuern gezahlt, diejenigen, die als Verwalter oder Steuereintreiber arbeiteten, kündigten und man boykottierte israelische Waren. (Ovendale, 1999) Außerdem errichteten die Palästinenser Straßensperren, um die israelische Armee fernzuhalten, und sie versuchten, ein alternatives System zur Selbstverwaltung aufzubauen, das unabhängig von den Militärbehörden funktionierte.

Im Februar 1988 legten die Vereinigten Staaten einen Friedensplan vor, dessen Grundlage eine Autonomie der Palästinenser in den besetzten Gebieten bildete, dieser wurde jedoch sowohl von den Israelis als auch von der PLO zurückgewiesen, wobei letztere kritisierten, dass darin keine Rede von einem eigenen Staat für die Palästinenser war. Im April wurde dann Abu *Dschihad*, der Stellvertretende Chef der PLO, in Tunesien von den Israelis ermordet, woraufhin die tunesische Regierung Beschwerde beim UN-Sicherheitsrat einlegte. In der israelischen Tageszeitung *Ma'ariv* wurde später berichtet, dass der spätere Ministerpräsident Ehud Barak den Mordanschlag von einem Marineschiff vor der Küste Tunesiens aus geleitet hatte. (4. Juli 1988) Im Juli 1988 erklärte König Hussein von Jordanien, sein Land wolle die Verbindungen zum Westjordanland abbrechen, womit letztlich die „jordanische Option“, die lange Zeit das Lieblingskind der USA und einiger führender israelischer Politiker gewesen war, gestorben war. Im September sagte Jassir Arafat vor dem Europäischen Parlament in Straßburg, die PLO würde Israels Recht auf Sicherheit anerkennen, wenn Israel einen palästinensischen Kleinstaat anerkennen würde. Auf einem Treffen im November in Algier einigte sich der Palästinensische Nationalrat darauf, Israel sowie sämtliche UN-Resolutionen seit 1947 anzuerkennen und den Anspruch auf das gesamte Mandatsgebiet Palästina aufzugeben. Außerdem verkündete der Rat die Errichtung des Staates Palästina, dessen Hauptstadt Ost-Jerusalem sein sollte. Der israelische Ministerpräsident Schamir tat die Beschlüsse des Rates als „betrügerische Propagandaversuche“ ab, „die den Eindruck der Mäßigung erwecken sollten und bei jenen, die Gewaltakte in Judäa und Samaria verübten, den Eindruck, man habe etwas erreicht“. (zitiert in Shlaim, 2000:466) Jassir Arafat wollte sich an die Generalversammlung der Vereinten Nationen in New York wenden, doch obwohl mehr als sechzig Länder die PLO anerkannten, verwehrten ihm die Vereinigten Staaten ein Einreisevisum für die USA. (Ovendale, 1999) Daraufhin beschloss die UN-Generalversammlung, ihre Plenarsitzung in Genf abzuhalten. Nachdem der amerikanische Außenminister George Shultz massiven Druck auf ihn ausgeübt hatte, erklärte Arafat, die PLO würde die Resolutionen 242 und 338 sowie Israels Existenzrecht anerkennen und distanzierte sich von jedwedem „Terrorismus".

In der Zwischenzeit erzeugte die Reaktion Israels auf die Intifada massive Kritik seitens der internationalen Gemeinschaft. Im Januar 1989 berichtete das amerikanische Außenministerium, im Laufe der Unruhen seien bereits elf Israelis und 366 Palästinenser ums Leben gekommen. Einige Vertreter der Konservativen in Israel sagten, die Kritik an Israel und die Medien seien in ihrer Berichterstattung über die Intifada voreingenommen und unfair und die Reaktion der Israelis auf die Intifada sei maßvoll und angemessen. So äußerte sich beispielsweise Netanjahu folgendermaßen:

> Die Medien ignorierten einfach den Terror, den die Araber auf den Straßen verbreiteten und schufen sich selbst nächtliche Folgen eines populären romantischen Dramas: heroischer, hoffnungslos Unterlegener strebt nach Selbstbestimmung und kämpft dabei gegen einen schrecklichen israelischen Tyrannen. [...] Da den Zuschauern gesagt wird, es handele sich um eine „Besatzungsarmee" – die also sowieso kein Recht hat, dort zu sein – können die Medien selbst die notwendigsten Maßnahmen zur Aufrechterhaltung der Ordnung in unverzeihliche Verbrechen verwandeln. Auf den Bildschirmen erscheint kein einziges Bild, auf dem zu sehen wäre, wie organisiert die Ausschreitungen sind, welch vernichtendes Ausmaß die Gewalt hat und wie sehr das Leben unschuldiger Araber (und Juden), die letztlich unter den Rädern der Intifada zermahlen werden, unter dem Terror leidet. Ebenso wenig wie über die eingeschränkten Feuerbefehle berichtet wird, durch die die Hand jedes israelischen Soldaten gebremst wird oder über die Schnellverfahren gegen 280 Israelis, die in irgendeiner Weise gegen diese Befehle verstoßen haben – im Gegensatz zu den Zehntausenden israelischer Soldaten und Reservisten, die den Anweisungen in tadelloser Weise Folge leisteten. (2000:181-82)

Die Vereinten Nationen, verschiedene NGOs, Menschenrechtsgruppen und auch einige israelische Soldaten bezweifeln diese Darstellung jedoch. Im Dezember 1988 verabschiedete die UN-Generalversammlung mit 106 zu 2 Stimmen (die USA und Israel) eine Resolution, in der das Verhalten der israelischen Streikräfte und der jüdischen Siedler während der Intifada verurteilt wurde. In dieser Resolution wurde „einmal mehr erklärt, dass die Verstöße Israels gegen diese Konvention Kriegsverbrechen sind und ein Angriff auf die Menschlichkeit". Neben vielen anderen Kritikpunkten wurde in der Resolution auch die „Umsetzung einer Politik der 'eisernen Faust' gegen das palästinensische Volk, [...] die Eskalation der Brutalität seitens der Israelis seit Beginn der Aufstände, [...] die Misshandlung und Folterung von Kindern und Minderjährigen unter Arrest und/oder in Gefangenschaft, [...] das Töten und Verwunden wehrloser Demonstranten, [...] das Brechen von Knochen und Gliedmaßen bei Tausenden Zivilisten [...] [und] der Einsatz von Giftgas, der unter anderem den Tod vieler Palästinenser verursachte [...] scharf verurteilt". (United Nations, 1988) Besonders wurde Israel für den Umgang mit Kindern während der Intifada kritisiert. In einer 1.000-seitigen Studie von *Save the Children* werden unter anderem „wahlloses Prügeln, der Einsatz von Tränengas und die Erschießung von Kindern" dokumentiert. In dem Bericht hieß es, die Opfer seien im Durchschnitt erst zehn Jahre alt gewesen und die Mehrheit der erschossenen Kinder habe überhaupt keine Steine geworfen. Weiter wird behauptet, in achtzig Prozent der Fälle, in denen auf Kinder geschossen wurden, habe die israelische Armee verhindert, dass die Opfer medizinisch versorgt werden. Die Autoren des Berichts kommen zu dem Schluss, dass mehr als 50.000 Kinder hätten medizinisch versorgt werden müssen, unter anderem wegen Schussverletzungen, Tränengasintoxikation und multiplen Frakturen. (Bericht zitiert in Finkelstein, 1996:47) Im Bulletin der *Israeli League for Human and Civil Rights* vom August 1989 mit dem Titel *Bewusster Mord* wurde berichtet, dass die Israelis ganz bewusst palästinensische Kinder in Führungsrollen angriffen. In dem Bericht hieß es, die israelische Armee und die Scharfschützen der „Spezialeinheiten" hätten die Kinder, die man mit Schüssen in Kopf oder Herz sofort tötete, „sorgfältig ausgewählt". (Bericht zitiert in Finkelstein, 1996:48) In anderen berichten israelischer Menschenrechtsorganisationen und in Artikeln in der israelischen Presse ist die Rede davon, dass Folterungen Gefangener, darunter auch Kinder, keine Seltenheit waren und dass dazu auch massive Schläge und der Einsatz von Elektroschocks gehörten.

Auch die Gründung der islamischen Oppositionsbewegung *Hamas* durch Scheich Jassin im Februar 1988 fiel in die Zeit der Intifada. Die Organisation, die aus der *Muslimischen Bruderschaft* hervorgegangen war, hob immer wieder die Bedeutung der Rückkehr zu konservativen islamischen Werten hervor und schuf ein Netzwerk medizinischer und sozialer Dienste für die Palästinenser in den besetzten Gebieten. Viele Jahre lang erhielt die Organisation massive finanzielle Unterstützung von den Israelis. (Shlaim, 2000; Chomsky, 1999; Mishal und Sela, 2000) Shlaim ist der Meinung, dies sei deshalb geschehen, weil die Israelis „hofften, so den säkularen Nationalismus der PLO zu schwächen". (2000:459) Chomsky (1999) meint, eine solche Schwächung wäre für die Israelis insofern von Vorteil gewesen, als sie damit eine politische Lösung des Konflikts hätten umgehen können, zu der möglicherweise auch die Rückgabe der besetzten Gebiete gehört hätte. In der *Hamas*-Charta vom August 1988 beansprucht die Organisation ganz Palästina als religiöse Stiftung für die Muslime und sagt, es sei die Pflicht jedes Muslimen, sich am *Dschihad* („Kampf") zur „Befreiung" Palästinas zu beteiligen. Umstritten ist nach wie vor, inwieweit die tatsächlichen Absichten der *Hamas* mit dieser Rhetorik überstimmen. In den Augen der meisten Israelis handelt es sich bei der *Hamas* um eine fundamentalistische und nicht kompromissbereite Organisation, deren erklärte Ziele das Töten von Juden und die Zerstörung des Staates Israel sind. Zwei israelische Wissenschaftler, Schaul Mischal und Avraham Sela, vertreten jedoch die Ansicht, dass die Organisation weitaus komplexer ist und auch weitaus pragmatischer orientiert. Sie schreiben, „kontrollierte Gewalt" sei bei der *Hamas* „eher Mittel als Zweck", um sich politische Unterstützung zu sichern und sie sei „sich der Machtverhältnisse und der politischen Machbarkeit vollkommen bewusst".(2000:VIII) Weiter sagen sie, das Hauptanliegen der *Hamas* sei es gewesen, sich als wichtigste Kraft in der politischen Arena Palästinas zu etablieren und es sei durchaus möglich, dass die *Hamas* in der Zukunft „feststellt, dass sie eine praktikable Form der Koexistenz mit Israel anstelle des bewaffneten Kampfes durchaus akzeptieren kann". (2000:IX) Im Jahr 1989 wurde der Gründer der Organisation, Scheich Jassin, von den Israelis verhaftet, und in den besetzten Gebieten versuchten die Israelis, durch eine Ausweitung der Deportationen und der Ausgangssperren die Intifada zu unterdrücken. Außerdem verboten sie die

Komitees, die den Aufstand organisierten, was für die Palästinenser ein ernsthaftes Problem darstellte, da sie in den Komitees den Nukleus der zukünftigen Selbstverwaltungsbehörden sahen, die sie nach Beendigung der Besatzung aufbauen wollten.

1989 brachte Jitzchak Schamir eine Initiative ein, in der er vorschlug, den Palästinensern im Gegenzug für einen Beendigung der Intifada Wahlen und eine erweiterte Autonomie anzubieten und legte bestimmte Vorbedingungen dafür fest. So sollte es keinen palästinensischen Staat und keine Beteiligung der PLO geben (selbst wenn deren Kandidaten bei den Wahlen siegen sollten) und die Einwohner Ost-Jerusalems sollten nicht an den Wahlen teilnehmen dürfen. Letztlich wurden diese Pläne von Mitgliedern von Schamirs eigenem Kabinett zu Fall gebracht, vor allem von Ariel Scharon, David Levy und Jitzchak Moda'i, die der Ansicht waren, Israel gäbe damit zuviel auf und entwickle eine zu liberale Einstellung gegenüber der Intifada. (Shlaim, 2000) Anschließend legten die Vereinigten Staaten und Ägypten eigene Friedensinitiativen vor, die zu einer Spaltung der damaligen „Regierung der nationalen Einheit“ in Israel und letztlich zu ihrem Untergang führten. Ein Teil der Regierung, der Labour-Block, versuchte erfolglos, Schamir dazu zu bringen, den amerikanischen Vorschlag zu akzeptieren, während einige Vertreter der konservativen Likud-Partei der Ansicht waren, Israel mache zu viele Konzessionen und ginge nicht hart genug gegen die Intifada vor. Sechs Wochen lang versuchte Schimon Peres' Arbeitspartei erfolglos, eine neue Koalition zu bilden und letzten Endes bildete die Likud-Partei unter Jitzchak Schamir eine Koalition mit den ultra-nationalistischen und religiösen Parteien. Diese neue Koalition, von der Shlaim meint, sie sei die konservativste und (in ihrer Einstellung zu den Arabern) am wenigsten kompromissbereite Koalition in der Geschichte des Staates Israel gewesen, erklärte sofort, sie würde die Intifada beenden, neue Siedlungen bauen und die bereits bestehenden ausbauen. (2000) Außerdem stellte sie sofort klar, dass es keinen palästinensischen Staat, keine Verhandlungen mit der PLO und keine Teilung Jerusalems mit den Palästinensern geben würde.

Die Intifada, die in dieser Zeit immer weiter schwelte, brach erneut aus, als im Oktober 1990 auf dem Tempelberg in Jerusalem 21 Palästinenser von israelischen Soldaten getötet wurden. Die Israelis behaupteten, sie haben nur reagiert, nachdem zuvor betende Israelis mit Steinen beworfen worden waren. Die Palästinenser dagegen behaupteten, die Steine seien

erst geflogen, nachdem die Israelis das Feuer eröffnet hatten. Der UN-Sicherheitsrat verurteilte die Tötungen zwar, doch es gelang den Israelis zu verhindern, dass die UN auf Bitten der Palästinenser hin eingriff und die israelische Militärregierung in den besetzten Gebieten durch UN-Truppen ersetzte. (Ovendale, 1999)
Im August 1990 begann dann mit dem Einmarsch Saddam Husseins in Kuwait und der darauf folgenden Besetzung des Landes der Irak-Krieg. Fünf Monate später griff eine Koalition unter Führung der Amerikaner den Irak an und erzwang den Rückzug der Iraker aus Kuwait. Sowohl die PLO-Führung als auch die Palästinenser in den besetzten Gebieten stellten sich auf die Seite Saddam Husseins, da der irakische Diktator versucht hatte, den Rückzug der irakischen Truppen aus Kuwait an die Bedingung eines Rückzugs der Israelis aus den besetzten Gebieten zu knüpfen und weil er Scud-Raketen auf Israel abgeschossen hatte. Dadurch, dass sie sich mit Saddam Hussein solidarisierte, büßte die PLO einen Großteil des politischen Kapitals ein, welches sie sich über viele Jahre hinweg erworben hatte, während Israel weltweit davon profitierte, dass man auf die Angriffe der Iraker nicht reagiert hatte. Nach Ende des Krieges bemühten sich die USA, Israel und seine arabischen Gegenspieler bei einer internationalen Friedenskonferenz an einen Tisch zu bringen.

Der Beginn des Osloer Friedensprozesses

Ende Oktober 1991 traf sich in Madrid eine israelische Delegation mit palästinensischen Vertretern und Vertretern anderer Staaten, die in Konfrontation mit Israel standen (Syrien, Jordanien, Libanon). Obwohl die Vertreter der palästinensischen Seite der PLO nahe standen, wurden sie offiziell nicht als Mitglieder der Organisation geführt, da man sie in diesem Falle nach israelischem Recht hätte verhaften und einsperren können. Die Amerikaner, die die Konferenz organisierten, bestanden darauf, dass diese auf den UN-Resolutionen 242 und 338 basieren müsse sowie auf dem Prinzip „Land für Frieden". Die Palästinenser erkannten diese Bedingungen an, die Israelis wiesen sie zurück. (Shlaim, 2000) Im

Vorfeld der Konferenz erklärte die Likud-Regierung, es werde eine neue Welle von Siedlungsbauten geben, mit deren Hilfe die Zahl der Siedler in den besetzten Gebieten in nur vier Jahren verdoppelt werden sollte. Sowohl in Madrid als auch in den fünf folgenden bilateralen Gesprächsrunden in Washington wurden kaum Fortschritte erzielt. Shlaim sagt, es habe einen „riesigen Trenngraben" zwischen den Parteien gegeben:

> Die Palästinenser gingen davon aus, dass sie ein eigenständiges Volk mit eigenen Rechten sind und dass die Interimslösungen, die hier diskutiert wurden, die Vorstufe zur Unabhängigkeit wären und entsprechend gestaltet werden müssten. Die israelische Delegation ging von der These aus, dass die Palästinenser zwar die Bewohner der Gebiete sind, aber keinerlei nationale Rechte haben und ganz sicher nicht das Recht auf Unabhängigkeit, auch nicht nach Beendigung der Übergangszeit. (2000:493)

Im Juni 1992 trat das israelische Volk an die Wahlurnen, um eine neue Regierung zu wählen. Die Likud-Partei versprach, den Friedensprozess fortzusetzen, gleichzeitig aber alle besetzten Gebiete für Israel zu erhalten und den Siedlungsbau auszuweiten. Die Arbeitspartei gelobte, mit den Palästinensern eine Regelung zur Autonomie zu finden, den Bewohnern Ost-Jerusalems die Teilnahme an den Verhandlungen zu gewähren und den Bau „politischer Siedlungen" tief in den besetzten Gebieten einzufrieren. Die Arbeitspartei unter Jitzchak Rabin gewann die Wahlen und mit diesem großen politischen Umschwung endete die 15 Jahre andauernde Herrschaft der Likud-Partei. In einem Interview in einer israelischen Zeitung kurz nach seiner Wahlniederlage erklärte Schamir: „Ich hätte die Autonomieverhandlungen noch zehn Jahre lang fortgesetzt und in der Zwischenzeit hätten wir dann eine Bevölkerungszahl von einer halben Million in Judäa und Samaria erreicht". (*Ma'ariv*, 26. Juni 1992)

In den folgenden 20 Monaten gab es in Washington zehn Verhandlungsrunden zwischen Israelis und Palästinensern, die jedoch keine konkreten Ergebnisse brachten. Mitten in diesen Verhandlungen ließ Rabin nach der Ermordung eines israelischen Grenzpostens 416 *Hamas*-Aktivisten in den Libanon abschieben. Die Abschiebungen, die von der UN als Verstoß gegen internationales Recht verurteilt wurden, sollten den Einfluss der *Hamas* eindämmen, erreicht wurde damit jedoch genau das Gegenteil. Mishal und Sela vertreten die Ansicht, diese Abschiebungen seien „ein Meilenstein bei der Entscheidung der *Hamas* für den Einsatz von Autobomben und Selbstmordattentätern als wichtigsten Modus Operandi gegen Israel" gewesen, weil die Abgeschobenen so mit Guerilla-Kämpfern der *Hisbollah* in Kontakt kamen, die sie in diesen Techniken ausbildeten. (2000:65-66) Die beiden merken an, die *Hamas* habe kurz nach der Rückkehr der Abgeschobenen in die besetzten Gebiete erstmals Selbstmordattentäter eingesetzt.[27]

Die Prinzipienerklärung

Während die offiziellen Verhandlungen fortdauerten, entschieden sich die Israelis, einen zweiten, diesmal geheimen diplomatischen Kanal in Oslo zu eröffnen. Erstmals erklärten sie sich bereit, mit einem Teil der PLO zu verhandeln. Durch diese Gespräche wurde der Großteil der PLO und der *Fatah* umgangen, da sich die Verhandlungen auf Jassir Arafat und einige enge Mitarbeiter beschränkten. Im September 1993 wurde schließlich die Prinzipienerklärung über die vorübergehende Selbstverwaltung zwischen Israelis und Palästinensern veröffentlicht und auf dem Rasen vor dem Weißen Haus von beiden Parteien unterzeichnet.
Die Erklärung stellte einen Terminplan für Verhandlungen dar und in ihr war festgeschrieben, dass sich Israel innerhalb von vier Monaten nach Unterzeichnung der Übereinkunft vollständig aus Gaza und Jericho zurückziehen muss. Danach übernimmt die palästinensische Polizei die internen Sicherheitsaufgaben in diesen Gebieten, während Israel nach wie vor die Verantwortung für die allgemeine externe Sicherheit und die äußeren Angelegenheiten trägt. An anderen Orten im Westjordanland übernehmen die Palästinenser die Kontrolle über fünf Bereiche: Bildungs- und Gesundheitswesen, Sozialfürsorge, direkte Besteuerung und Tourismus. Innerhalb von neun Monaten sollen die Palästinenser die Mitglieder einer eigenen Verwaltung wählen dürfen, die dann die Ver-

27 Weitere Quellen zum Einfluss der *Hisbollah* auf die *Hamas* siehe *Ha'aretz*, 21. April 1994 oder *Nida al-Watan*, 15. November 1996

antwortung für diese kommunalen Angelegenheiten übernehmen soll. Innerhalb von zwei Jahren sollen die Verhandlungen zum letztendlichen Status beginnen und innerhalb von fünf Jahren abgeschlossen sein.
Alle wichtigen Probleme zwischen den beiden Parteien, wie die Frage nach dem eigenen Staat für die Palästinenser, nach dem Grenzverlauf, nach der Lösung des Flüchtlingsproblems, nach der Zukunft der Siedlungen und nach dem Status Jerusalems, wurden bis zu den abschließenden Verhandlungen zurückgestellt. Die PLO erklärte sich bereit, die Resolutionen 242 und 338 anzuerkennen, den bewaffneten Kampf gegen Israel aufzugeben und die Teile der Palästinensischen Nationalcharta zu überarbeiten, in denen die Zerstörung des israelischen Staates gefordert wurde; und Israel seinerseits willigte ein, die PLO als Vertretung des palästinensischen Volkes anzuerkennen. Durch die Prinzipienerklärung wurde die erste Intifada beendet, welcher laut Angaben der israelischen Menschenrechtsorganisation *B'Tselem* 160 Israelis und 1.162 Palästinenser zum Opfer gefallen waren. (*B'Tselem*, 2003a)
Sowohl auf israelischer als auch auf palästinensischer Seite stieß das Abkommen auf Widerstand. Die Likud-Partei und die konservativen nationalistischen und religiösen Parteien verurteilten das Abkommen als Verrat an den Siedlern in den besetzten Gebieten, als Ende des biblischen Großisraels und als tödliche Bedrohung für die Sicherheit des Staates Israel. Sie behaupteten, die Politiker dürften die besetzten Gebiete nicht abtreten, da diese dem Volk Israel von Gott für die Ewigkeit versprochen worden waren. Benjamin Netanjahu, der Vorsitzende der Likud-Partei, lehnte es vollständig ab und versprach für den Fall, dass er Ministerpräsident werden sollte, die Erklärung aufzuheben. Er verglich das Abkommen mit der Beschwichtigungspolitik gegenüber Hitler und sagte zu Peres: „Sie sind noch schlimmer als Chamberlain. Er hat die Sicherheit eines anderen Volkes gefährdet, Sie tun das ihrem eigenen Volk an". (zitiert in Shlaim, 2000:521) Letzten Endes wurde das Abkommen von der *Knesset* knapp mit 61 zu 50 Stimmen gebilligt. Die israelische Öffentlichkeit stand dem Abkommen im Allgemeinen positiv gegenüber: 65 Prozent der Israelis sagten, sie würden es gutheißen und nur 13 Prozent erklärten, sie seien „sehr dagegen". (Shlaim, 2000)
In seiner Analyse der Reaktion der Palästinenser auf das erste Osloer Abkommen führte Mouin Rabbani vier voneinander verschiedene Positionen auf und schreibt: „im Gegensatz zu dem, was in der Presse größtenteils geschrieben wird, ist die Spannungslinie [...] in der palästi-

nensischen Politik keine ideologische, die friedliebende Gemäßigte von gewalttätigen Extremisten trennt". Vielmehr geht es bei den Gegensätzen „hauptsächlich um inhaltliche und verfahrenstechnische Fragen". (*Middle East International*, 24. September 1993) Er behauptete, nur wenige Palästinenser hätten das Abkommen „begeistert unterstützt", sie bilden die erste Gruppe. Die Mehrheit aber, die er als „genauso optimistisch wie verzweifelt" beschrieb, habe ernste Zweifel gehegt, sei jedoch bereit gewesen, dem Abkommen eine Chance zu geben. Er vertrat die Ansicht, sollte sich die Situation im Hinblick auf Menschenrechtsangelegenheiten nicht verbessern und die Siedlungsaktivitäten sowie die Besatzung andauern, könnte diese große Gruppe sich sehr schnell gegen das Abkommen wenden. Die dritte Gruppe bestand aus führenden Persönlichkeiten aus Politik und Kultur[28], wie Edward Said, der zwar für eine friedliche Beilegung des Konflikts war, die Abkommen aber dennoch als „sehr mangelhaft" und „potentiell tödlich für die nationalen Bestrebungen der Palästinenser" betrachtete. Diese Persönlichkeiten waren dagegen, dass Arafat das Dokument ohne vorherige öffentliche Debatte oder Konsultationen unterzeichnet und allgemein war man der Ansicht, es sei ein schlechtes Geschäft. Sie wiesen darauf hin, dass die Palästinenser sich damit bereit erklären würden, die Intifada zu beenden und ihren Anspruch auf 78 Prozent des historischen Palästina aufzugeben, ohne eine Garantie, einen eigenen Staat zu erhalten und ohne eine Übereinkunft, dass die Siedlungen entfernt würden (oder sogar der Bau von Siedlungen gestoppt würde). Auch gab es keinerlei Verpflichtungen seitens der Israelis, die Menschenrechtssituation zu verbessern oder die Flüchtlingsfrage und die Frage nach dem Status von Jerusalem zu klären. Diese dritte Gruppe war der Meinung, durch das Abkommen würden die international anerkannten Rechte der Palästinenser unterminiert und es ließe „die dauerhafte Enteignung der Mehrheit der Palästinenser vorausahnen" und berge das Potential für einen Bürgerkrieg. Als viertes führte Rabbani die Position derjenigen auf, die eine Einigung mit Israel grundsätzlich ablehnen. Zu dieser Gruppe gehören sowohl radikal islamistische als auch säkulare Bewegungen, wie die *Hamas* oder die PFLP,

28 Zu diesen Persönlichkeiten zählten unter anderem der Dichter Mahmud Darwisch; der Vertreter der PLO im Libanon, Shafiq al-Hut (beide traten aus Protest aus dem Exekutivkomitee der PLO aus); der Leiter des palästinensischen Verhandlungsteams und der *Gesellschaft des Roten Halbmondes* in Gaza, Haidar Abd al-Shafi; der palästinensische Unterhändler sowie andere bekannte Vertreter der *Fatah* und der PLO.

sowie ihre Anhänger in den besetzten Gebieten. Diese Gruppierungen, so Rabbani, betrachteten das Abkommen als „Paradefall einer Bantustanisierung", bei dem die wichtigste Waffe der Palästinenser, die Intifada, ausgeschaltet wird, sodass die Palästinenser gemeinsam mit den Israelis zu Verwaltern der Besatzung in einem schwachen, unterwürfigen Kleinstaat oder einer Reihe von Kleinstaaten werden. Rabbani schreibt, wären in dem Abkommen echte Schritte hin zu einer echten Eigenstaatlichkeit enthalten gewesen und wäre die Übereinkunft in „Übereinstimmung mit der allgemeinen Meinung unter den Palästinensern erzielt und ordnungsgemäß unterzeichnet worden", so hätten die meisten der Gruppierungen, die Israel grundsätzlich ablehnten, das Abkommen zumindest stillschweigend akzeptiert – obwohl Gruppen wie der *Islamische Dschihad* und Teile der *Hamas* nach wie vor dagegen wären.

Der Prinzipienerklärung von 1993 folgte im Februar 1994 die Unterzeichnung einer Reihe neuer Dokumente in Kairo. Die israelische Armee erklärte sich bereit, ihre Truppen von den urbanen Zentren stärker in die ländlichen Gegenden zu verlagern, wodurch sie besser in der Lage wäre, die allgemeine Sicherheit zu gewährleisten und die Grenzübertritte (sowohl zwischen den Palästinensergebieten und Israel als auch nach Jordanien; Anm. d. Übers.) zu kontrollieren. Am 25. Februar eröffnete Dr. Baruch Goldstein, ein in Amerika geborener Siedler und Mitglied der Kach-Partei, mit einem Galil-Gewehr der israelischen Armee das Feuer auf betende Muslime am Grab der Patriarchen in Hebron, wobei er 29 Menschen tötete, bis man ihn selbst ebenfalls umbrachte. Rachelle Marshall, Journalistin und Mitglied der *Jewish Peace Union*, schreibt, nach diesen Morden sei über mehr als eine Million Palästinenser eine fünfwöchige Ausgangssperre verhängt worden, die rund um die Uhr galt und in deren Verlauf die israelische Armee weitere 76 Palästinenser tötete, die meisten von ihnen Jugendliche, die die Soldaten mit Steinen bewarfen. (*Washington Report on Middle East Affairs*, Juni 1994)

Der israelische Journalist Danny Rubenstein schrieb später, die Morde von Hebron hätten „direkt und unmittelbar zu der Kette von Selbstmordattentaten geführt und die entsetzliche Spirale aus israelischen Reaktionen und palästinensischen Gegenreaktionen ausgelöst". (*Ha'aretz*, 28. September 1998) Infolge dieser Ereignisse übten nicht nur die Palästinenser, sondern auch Teile der israelischen Gesellschaft massiven Druck auf die israelische Regierung aus, woraufhin diese Schritte unternahm, um die übermäßig rassistisch orientierte Kach-Partei gesetzlich zu ver-

bieten. Sie weigerte sich jedoch, den Forderungen der Palästinenser nach einer Umsiedlung der einigen Hundert stark bewaffneten und bewachten Siedlern zu entsprechen, die in Hebron unter den mehr als 100.000 Palästinensern lebten. Außerdem weigerte sich die israelische Regierung, den Bitten der PLO nachzukommen und die Siedlungsfrage zu verhandeln. Hierbei argumentierte man, laut Prinzipienerklärung sei man dazu nicht vor dem dritten Jahr der Übergangszeit verpflichtet.
Die *Hamas* schwor Rache für die Morde in Hebron und kurz vor der Unterzeichnung der nächsten Stufe der Übereinkünfte in Kairo im Mai 1994 verübte sie ein Bombenattentat in Afula, bei dem durch eine Autobombe acht Menschen ums Leben kamen, sowie das erste Selbstmordattentat in Israel, bei dem fünf Menschen starben. Bei diesen Selbstmordattentaten befestigten die Attentäter Sprengstoff, Nägel und Kugellager direkt an ihrem Körper und brachten den Sprengstoff an stark frequentierten Orten wie auf Märkten oder in Bussen zur Explosion. Diejenigen, die einen Anschlag mit dieser neuen Waffe, bei deren Einsatz die Menschen wahllos getötet wurden, überlebten, waren für den Rest ihres Lebens mit Narben gezeichnet oder behindert, und durch die Waffe selbst wurden unter den Israelis die Ängste in Bezug auf die Sicherheit massiv verstärkt.
In einem Bericht im *BBC1 News Bulletin* werden die Nachwirkungen eines solchen Selbstmordattentats auf einen stark besuchten israelischen Markt beschrieben:

> Die beiden Explosionen erfolgten im Abstand weniger Sekunden und etliche Menschen im Zentrum des gut besuchten Marktes wurden einfach dahingerafft. Es war kurz nach ein Uhr mittags und der Markt war voller Besucher. Die Krankenwagen kamen in Kolonne, um die Toten und Verletzten abzutransportieren. Es war ein Ort schrecklichen Leidens [...]. Diejenigen, die unverletzt geblieben waren, wurden vom Ort der Verwüstung weggeführt, andere kamen ganz verzweifelt, um nachzusehen, ob Verwandte und Freunde dem Blutbad entgangen waren. (*BBC1*, Evening News, 30. Juli 1997)

Einige Palästinenser haben versucht, derartige Anschläge als Reaktionen auf die Tötung palästinensischer Zivilisten durch die Israelis zu rechtfertigen, während andere dahingehend argumentierten, dass es sich um den Widerstand gegen eine illegale Okkupation handelt oder dass diese Attentate die einzig wirksame Waffe gegen einen weit überlegenen Feind sind. Dr. Eyad El-Sarraj, Psychiater und 1998 Gewinner des Martin-Ennals-Menschenrechtspreises, merkte an, die meisten Selbstmordattentäter hätten in ihrer Jugend ein ernstes Trauma erlitten – „in vielen Fällen die Folterung enger Angehöriger“ – und „diese Kinder wachsen auf mit dem Wunsch, Rache für das erlittene Trauma zu nehmen. Folter ist ein integraler Bestandteil dieser Gewaltspirale“. (*Guardian*, 24. Januar 2003) Unabhängig von den Motivationen und Faktoren, die diesen Selbstmordanschlägen zugrunde liegen, haben Menschenrechtsorganisationen weltweit diese einhellig verurteilt und gefordert, dass alle, die an der Planung derartiger Anschläge beteiligt sind, zur Rechenschaft gezogen werden. In einem Bericht mit dem Titel *Without Distinction: Attacks on civilians by Palestinian armed groups* (deutsch etwa: Wahllos: Angriffe bewaffneter Palästinensergruppen auf Zivilisten; Anm. d. Übers.) argumentiert *Amnesty International*, unabhängig von den Umständen und von einer möglichen Provokation seien willkürliche Angriffe auf Zivilisten nicht zu rechtfertigen.

> Die Verpflichtung zum Schutz von Zivilisten ist eine absolute und muss auch dann Bestand haben, wenn Israel seine Verpflichtungen nicht respektiert. Die Angriffe bewaffneter Palästinensergruppen auf Zivilisten sind weit verbreitet, sie erfolgen systematisch und sind Ausdruck dafür, dass mit den Anschlägen auf Zivilisten eine explizite Taktik verfolgt wird, weshalb sie nach internationalem Recht ein Verbrechen gegen die Menschlichkeit darstellen. Je nachdem, welchen juristischen Status man den Feindseligkeiten und den bewaffneten Palästinensergruppen und bewaffneten Kämpfern auf der Grundlage des internationalen Rechts zuerkennt, kann man sie auch als Kriegsverbrechen betrachten. (*Amnesty International*, 2002a)

Das Kairoer Abkommen, Oslo II und das israelisch-jordanische Friedensabkommen

In dem am 4. Mai 1994 in Kairo unterzeichneten Abkommen wurden die Phase der Truppenumlegung aus Gaza und Jericho sowie die Bedingungen für eine Ausweitung der Autonomie der Palästinenser im Westjordanland festgeschrieben. Insgesamt sollte sich dies in drei Stufen vollziehen. In der ersten sollte die *Palästinensische Autonomiebehörde* eine Reihe kommunalpolitischer Funktionen übernehmen; in der zweiten sollten sich die israelischen Streitkräfte aus den Bevölkerungszentren zurückziehen; und in der dritten Stufe sollte es schließlich Wahlen geben, bei denen die Palästinenser die Mitglieder einer neuen Autonomiebehörde wählen sollten. Doch die palästinensischen Unterhändler waren von dem neuen Abkommen enttäuscht. Sie hatten gehofft, Israel würde das komplexe System militärischer Anordnungen und Besatzungsvorschriften in den besetzten Gebieten durch die Regelungen der Vierten Genfer Konvention und des internationalen Rechts ersetzen, doch dies sollte nicht geschehen. (Shlaim, 2000) Die Menschenrechtskommission der Vereinten Nationen kritisierte weiterhin die gegen die Bewohner der besetzten Gebiete gerichteten Menschenrechtsverstöße der Israelis. 1994 veröffentlichte die Kommission eine Resolution, in der die Tötungen von Palästinensern durch israelische Siedler oder durch die israelische Armee, die Folterungen, die Inhaftierungen ohne Gerichtsverfahren, die Zerstörung der Häuser der Palästinenser und die Grundstücksenteignungen, die Ausgangssperren, die Kollektivbestrafungen und die Einschränkung der Mobilität und die Siedlungspolitik „verurteilt" wurden. (United Nations, 1994)

Nach der Wahl der Rabin-Regierung im Jahr 1992 war der Bau illegaler jüdischer Siedlungen massiv verstärkt worden. Zwischen 1992 und 1995 stieg die Bevölkerungszahl der jüdischen Siedler in den besetzten Gebieten (ohne Ost-Jerusalem) von 74.800 auf 136.000 an. (*Foundation for Middle East Peace*, 1997) Nach Ansicht der Palästinenser stellten die Verstärkung des Baus von Siedlungen und die Enteignung palästinensischer Grundstücke Verstöße gegen den Geist, wenn nicht sogar gegen die Buchstaben der Oslo-Abkommen dar. Außerdem ging man davon aus, dass dadurch die Chancen auf einen lebensfähigen Palästinenser-Staat stark beeinträchtigt würden. Der amerikanische Historiker und Nahost-Experte Geoffrey Aronson sagte: „Man kommt nicht um die Tatsache herum, dass Rabins verstärkte Siedlungspolitik darauf ausgerichtet ist, dafür zu sorgen, dass die Zukunft der Stadt [Jerusalem] und ihrer Umgebung im Westjordanland außerhalb der Reichweite der Diplomatie liegt." (*Report on Israeli Settlement in the Occupied Territories*, Mai 1995) Weiter zitiert er Aussagen des israelischen Berichterstatters Ze'ev Schiff, der sagte: „Wenn wir die dritte Stufe [der Verhandlungen] erreichen, wird es [in Jerusalem] für die Palästinenser, abgesehen von den heiligen Stätten des Islam, nichts mehr geben, worüber man verhandeln könnte." Die Rabin-Regierung begann auch damit, Umgehungsstrassen zu bauen, durch die die einzelnen Siedlungen miteinander verbunden wurden, die aber nur von den jüdischen Siedlern sowie den israelischen Streifkräften benutzt werden durften. Der Plan dazu, so Israel Shahak (1995), stammt ursprünglich aus dem Jahr 1977 und kam von Ariel Scharon, doch er wurde erst direkt nach der Verabschiedung der Prinzipienerklärung von Rabin umgesetzt. Shahak behauptet, Ziel dieses Planes sei es gewesen, eine Kontrollmatrix zu erschaffen, durch die die Bevölkerungszentren der Araber in Enklaven zersplittert werden, die wiederum von Straßen und jüdischen Siedlungen durchkreuzt werden. Auf diese Weise sollte die israelische Armee die Möglichkeit erhalten, die nicht miteinander verbundenen palästinensischen Gebiete „von außen" zu kontrollieren. Tanya Reinhart, Professorin an der Tel Aviv University sagt, die Taktik von Rabin gleiche „eher den Anfängen der Apartheid als ihrem Ende" und sei mit dem südafrikanischen *Bantustan-Modell* „praktisch identisch". (*Ha'aretz*, 27. Mai 1994) Der Bau des Netzes von Umgehungsstraßen ermöglichte es der israelischen Regierung außerdem, die Abriegelungen palästinensischer Gebiete durchzusetzen, wodurch die Palästinenser weniger mobil waren und schlechteren Zugang zu Arbeitsplätzen hatten. Die israelische Seite rechtfertigte diese Maßnahmen damit, dass diese notwendig seien, um Angriffe der Palästinenser auf Israelis zu verhindern. Die Maßnahmen hatten jedoch ernstzunehmende Auswirkungen auf die palästinensische Wirtschaft. Der israelische Journalist Nadav Ha'etzni berichtete, bis Mai 1995 seien durch die Ausgangssperren und Abriegelungen „die palästinensische Wirtschaft ruiniert und allein im Gaza-Streifen 100.000 Familien ihrer Existenzgrundlage beraubt" worden. (*Ma'ariv*, 5. Mai 1995; zitiert in Chomsky, 1999:548) Die sich stetig verschlechternde wirtschaftliche Situation der Palästinenser wurde von israelischer Seite durch Schritte zur Erreichung einer „Separation" begleitet, mit deren Hilfe palästinensische Arbeitskräfte durch Arbeiter aus den Reihen der Migranten aus Thailand, von den Philippinen, aus Rumänien und aus anderen Ländern Osteuropas ersetzt werden sollten. Derartige Dinge, so Shlaim, „verschlimmerten die Situation in den besetzten Gebieten noch und machten die Träume der Palästinenser von einem eigenen Staat zunichte". (2000:530) Außerdem ging das Blutvergießen auf beiden Seiten munter weiter. Zwischen der Unterzeichnung der Prinzipienerklärung im September 1993 und dem Ende des Jahres 1994 kamen bei gewaltsamen Auseinandersetzungen 93 Israelis und 194 Palästinenser ums Leben. (*B'Tselem*, 2003a)

Im September 1994 schlossen Israel und Jordanien ein Friedensabkommen, durch das die Beziehungen zwischen den beiden Ländern sich normalisierten. In dem Abkommen wurde der Grenzverlauf der internationalen Grenze zwischen Israel und Jordanien verbindlich festgelegt und die Auseinandersetzungen um das Wasser des Jarmuks und des Jordans beigelegt. Das Abkommen war der zweite umfassende Vertrag, den Israel mit einem seiner arabischen Nachbarn abschloss.

Gegen Ende September 1995 beendeten Jassir Arafat und Jitzchak Rabin dann die nächste Stufe des Interimsabkommens, im Rahmen derer das Westjordanland in drei separate Regionen aufgeteilt werden sollte. Die Zivilverwaltung sowie die innere Sicherheit von Region A (3 Prozent des Westjordanlandes, einschließlich Nablus, Jenin, Tulkarem, Qalqilja, Ramallah, Bethlehem und später ab Januar 1997 80 Prozent von Hebron) sollten demnach von der *Palästinensischen Autonomiebehörde* kontrolliert werden. Im Falle von Region B (23 Prozent des Westjordanlandes, darunter 440 Dörfer und ihre Umgebung) sollte die Autonomiebehörde bestimmte kommunale Funktionen übernehmen, während die Sicherheitsaufgaben von gemeinsamen israelisch-palästinensischen Patrouillen gewährleistet werden sollte. Die Region C jedoch (74 Prozent des Westjordanlandes, darunter alle 145 jüdischen Siedlungen, einschließlich derer in und um Ost-Jerusalem) sollte auch weiterhin vollständig unter der Kontrolle der Israelis stehen.

Am 4. November 1995 wurde Jitzchak Rabin von dem 25-jährigen jüdischen Siedler Jigal Amir ermordet. Nach dem Mord beschuldigte Amir, der keinerlei Reue zeigte, Rabin, die Siedler verraten und verkauft zu haben und die Rückgabe der besetzten Gebiete an die Palästinenser vorbereitet zu haben. Rabins Nachfolger im Amt des Premierministers war Schimon Peres, der sogleich versicherte, er werde den Friedensprozess mit gleicher Intensität fortsetzen. Seit dem Bombenanschlag vom 21. August in Jerusalem, bei dem 3 Israelis und ein Amerikaner starben, war kein einziger Israeli mehr bei Selbstmordanschlägen ums Leben gekommen. Mishal und Sela (2000) deuten an, dass sowohl die *Hamas* als auch der *Islamische Dschihad* einerseits von der *Palästinensischen Autonomiebehörde* und andererseits von Israel unter Druck gesetzt wurden und die palästinensische Öffentlichkeit nicht dadurch gegen sich aufbringen wollten, dass sie durch ihr Vorgehen die geplanten Truppenverlagerungen der Israelis verhindern. Mishal und Sela merken außerdem an, dass militante Gruppen auf „einen bedingten Waffenstillstand mit Israel" gedrängt hatten, „damit nicht weiterhin das Blut Unschuldiger auf beiden Seiten vergossen wird". (2000:71)

Anfang des Jahres 1996 befahl Peres die Ermordung von Jahja Ajjasch, einem der Anführer der *Hamas*, der zuvor mehrere Selbstmordattentate geplant hatte, bei denen etwa 60 Israelis getötet worden waren. Shlaim schreibt, die israelischen Medien hätten in Bezug auf die Bedeutung von Ajjasch innerhalb der *Hamas* stark übertrieben und ihn als „Staatsfeind Nr.1" dargestellt, „ohne dabei zu erwähnen, dass die von ihm organisierten Anschläge eine Reaktion auf das Massaker [von Hebron] waren". (2000:556) Der Mordanschlag auf Ajjasch, bei dem eine Bombe in einem Telefon versteckt war, führte dazu, dass die *Hamas* Rache schwor und im Februar und März 1996 gab es sechs Selbstmordattentate, bei denen insgesamt 62 Israelis getötet wurden. (Außenministerium Israels; 1999) Infolge der Angriffe von Seiten der Konservativen nahm die Beliebtheit von Peres stetig ab und so setzte er die Gespräche mit der neu gewählten *Palästinensischen Autonomiebehörde* aus und schloss die Grenzen für alle Arbeiter aus den besetzten Gebieten.

Kurz danach startete Peres eine Großoffensive gegen die *Hisbollah* im Südlibanon, wo sich Israel schon seit längerem in einem Guerilla-Krieg befand. Die *Hisbollah* behauptete, man kämpfe dafür, die illegale Besetzung des Südlibanon durch die Israelis, die seit 1978 andauerte und einen Verstoß gegen die Resolution 425 des UN-Sicherheitsrates darstellte, endlich zu beenden.[29] Israel behauptete, die *Hisbollah* beabsichtige, den Staat Israel zu zerstören. Die Zahlen in den Opferstatistiken legen die Vermutung nahe, dass die palästinensische und die libanesische Zivilbevölkerung in diesem Konflikt über die Maßen stark betroffen waren.

29 Die *Hisbollah*, die auch ein Netzwerk sozialer Dienste unterhält, behauptet, sie versuche, die örtliche Bevölkerung zu schützen, von der ein Großteil durch die israelische Stellvertreterarmee im Südlibanon aus ihren Häusern vertrieben wurde. Menschenrechtsorganisationen haben die Vertreibungen als „Kriegsverbrechen" verurteilt und ihren sofortigen Stopp gefordert. (*Human Rights Watch*) Außerdem verurteilte die Organisation sowohl die Israelis als auch die *Hisbollah* wegen ihrer bewussten Angriffe auf Zivilisten.

Zwischen 1985 und 1996 kamen laut Schätzungen der israelischen Armee 6 israelische Zivilisten durch Guerilla-Angriffe oder Raketenangriffe der *Hisbollah* ums Leben. (IDF, 2003) *Amnesty International* (1996a) berichtet, 1993 seien bei einer einzigen Operation der Israelis 118 libanesische Zivilisten getötet und 300.000 Menschen vertrieben worden. Der Journalist und ehemalige Chefinspektor der *US Information Agency*, Richard Curtiss, sagt, nach dieser Operation habe Warren Christopher vom amerikanischen Außenministerium ungeschriebene Regeln für den Kampf ausgearbeitet, laut denen sich beide Seiten verpflichteten, die Kampfhandlungen auf Kämpfer im Südlibanon zu beschränken. (*Washington Report on Middle East Affairs*, Mai/Juni 1996)

Am 11. April 1996 startete Peres die Operation „Früchte des Zorns". Es wurde behauptet, es handle sich dabei um eine Vergeltungsaktion für Raketenangriffe auf israelische Siedlungen, bei denen 34 Zivilisten verletzt worden waren und für weitere Angriffe, bei denen acht Angehörige der israelischen Streitkräfte im Südlibanon getötet worden waren. Die *Hisbollah* vertritt die Ansicht, sie habe ein Recht dazu gehabt, Widerstand gegen die israelischen Truppen zu leisten, die illegal den Südlibanon besetzt hielten, und sagte, die Raketen, die man auf israelische Städte und Dörfer abgefeuert habe, seien Vergeltungsmaßnahmen für die Ermordung dreier libanesischer Zivilisten durch die Israelis gewesen. Im Rahmen der israelischen Operation gab es mehr als eintausend Lufteinsätze und es wurden 16.000 Granaten gegen weniger als 500 *Hisbollah*-Kämpfer eingesetzt. (*Ha'aretz*, 21. Mai 1996) Curtiss behauptet, viele der Angriffe seien „auf Elektrizitätswerke und Relaisstationen, Brücken und andere Teile der vom Krieg arg mitgenommenen grundlegenden Infrastruktur des Libanon gerichtet gewesen". (*Washington Report on Middle East Affairs*, Mai/Juni 1996) Der israelische Journalist Avi Shavit führt an, 400.000 Menschen seien gezwungen gewesen, innerhalb von acht Stunden aus ihren Häusern zu fliehen, anschließend betrachtete die israelische Luftwaffe die verlassenen Grundstücke als militärische Ziele und bombardierte sie. (*Ha'aretz*, 21. Mai 1996)

Am 18. April bombardierte Israel das UN-Gelände in Qana, wobei 106 Flüchtlinge, die dort Unterschlupf gesucht hatten, getötet wurden. Israel erklärte, die Bombardierung, im Rahmen derer auch Anti-Personen-Minen eingesetzt wurden, sei ein Fehler gewesen; das eigentliche Ziel sei ein nahe gelegenes Gelände gewesen, das eine Operationsbasis für *Hisbollah*-Kämpfer sei. Sowohl in einem Bericht der UNO (1996) als auch in einem von *Amnesty International* (1996b) hieß es, es sei unwahrscheinlich, dass der Angriff auf das UN-Gelände zufällig erfolgt sei. Außerdem wurden in den Berichten die Raketenangriffe der Israelis auf Krankenwagen und auf Wohngebiete, bei denen viele Zivilisten ums Leben kamen, scharf verurteilt. Shlaim ist der Ansicht, die Operation sei ein Versuch von Schimon Peres gewesen, sein schwächelndes politisches Glück wieder zu beleben und sich selbst „kurz vor den wichtigen allgemeinen Wahlen als starken Mann in der israelischen Politik" neu zu profilieren. (2000:560) Doch das Ganze trug nicht dazu bei, sein politisches Schicksal wieder zum Guten zu wenden, im folgenden Monat musste er sich bei den allgemeinen Wahlen dem Kandidaten der Likud-Partei, Benjamin Netanjahu, geschlagen geben.

Die Regierung Netanjahu

Vor seiner Wahl hatte Netanjahu dem Friedensprozess absolut negativ gegenübergestanden. Er hatte sich im Wahlkampf sowohl in Reden als auch in Artikeln öffentlich gegen die Umsetzung der Pläne ausgesprochen und war von Rabins Witwe beschuldigt worden, er habe die Ermordung Rabins provoziert, indem in der Öffentlichkeit aufwieglerische Reden gehalten hatte, in denen er Rabin mit einem SS-Offizier verglichen hatte. Zu Netanjahus Koalition gehörten ultra-konservative Gruppierungen sowie Siedlergruppen, die forderten, alle in den besetzten Gebieten lebenden Palästinenser gewaltsam auszuweisen. Das zentrale Argument Netanjahus war, dass der Friedensprozess Israel als schwach dargestellt hatte. Außerdem war dadurch die abschreckende Wirkung der IDF nach außen geschmälert worden und die Sicherheit des Landes hatte Schaden genommen. Er argumentierte dahingehend, dass Israel sich an die Vereinbarungen von Oslo gehalten hatte, die Palästinenser dagegen ihrem Teil der Verpflichtungen nicht nachgekommen waren, indem sie die militanten Kräfte nicht entwaffnet und zerschlagen oder ihre Mitglieder an Israel ausgeliefert hatten. Netanjahus Alternative bestand darin, die Truppenverlagerungen, die im Prinzip bereits ausgehandelt waren, neu zu verhandeln. Er behauptete, die Truppenverlagerungen seien eine Bedrohung für die Sicherheit Israels und sagte: „Egal, was die Vertreter der alten Labor-Regierung den Palästinensern eingeflüstert haben, es ist irrelevant". (Netanjahu, 2000:343) Außerdem war er strikt gegen eine vollständige Eigenstaatlichkeit für die Palästinenser und behauptete, Israel müsse nicht nur die Kontrolle über die Ein- und Ausreisepunkte des palästinensischen Gebietes haben, sondern auch über den dazugehörigen Luftraum sowie über große Teile der Wasservorkommen des Jordan-Tales und des Westjordanlandes. Weiter schlug er vor, die arabischen Länder sollten die palästinensischen Flüchtlinge bei sich ansiedeln. Shlaim behauptet in diesem Zusammenhang, Netanjahu habe in Bezug auf die Vereinbarungen von Oslo direkt nach seinem Amtsantritt Wortbruch begangen:

> Nach dem Rückzieher von Netanjahu verschlechterten sich die Beziehungen zwischen Israel und den Palästinensern deutlich. Sein Ansatz hieß gewissermaßen „Dienst nach Vorschrift" und auf diese Weise wollte er den Friedensprozess von Oslo unterminieren. Die Israelis zogen sich nicht aus Hebron zurück, es kam nicht zur „Eröffnung eines sicheren Korridors" zwischen Gaza und dem Westjordanland, ebenso wenig wie zu den Gesprächen über weitere Truppenabzüge aus dem Westjordanland, die die Israelis für Anfang September zugesagt hatten. Stattdessen wurden Häuser von Palästinensern in Ost-Jerusalem, für die es keine Genehmigung von israelischer Seite gab, zerstört und Pläne für den Bau neuer israelischer Siedlungen genehmigt. Die Lebensqualität der Palästinenser verschlechterte sich zunehmend und die Hoffnung auf eine bessere Zukunft war fast verloren. (2000:576)

Im Oktober 1996 kam es zu einem erneuten Ausbruch der Gewalt in Jerusalem, nachdem Netanjahu befohlen hatte, einen archäologischen Tunnelgang nahe der Al-Aqsa-Moschee aufzusprengen. Da dieses Vorgehen bei den Palästinensern den Eindruck hinterließ, die Israelis wollten ihre Macht über die heiligen Stätten des Islam demonstrieren, kam es zu größeren Unruhen, bei denen 15 israelische Soldaten und 80 Palästinenser zu Tode kamen und weitere 1.500 Palästinenser verletzt wurden. Nachdem die Amerikaner massiven Druck auf Netanjahu ausgeübt hatten, sagte dieser mit der Unterzeichnung des Hebron-Protokolls zu, dass der verschobene Abzug der israelischen Truppen aus Hebron im Januar

1997 stattfinden würde. Im Rahmen dieses Protokolls verpflichtete sich Israel außerdem zu drei weiteren Truppenumlagerungen im Westjordanland innerhalb der nächsten 18 Monate. Durch das Abkommen wurde Hebron in jüdische und arabische Zonen aufgeteilt. Die jüdische Zone, die den 450 Siedlern vorbehalten war, machte 20 Prozent der Stadt aus, einschließlich der besten Geschäftsviertel. Die restlichen 80 Prozent der Stadt waren für die 130.000 Palästinenser vorgesehen, die in Hebron lebten und regelmäßig von Ausgangssperren und Mobilitätsbeschränkungen betroffen waren.

Nach der Unterzeichnung des Hebron-Protokolls genehmigte Netanjahu den Bau einer Reihe neuer Siedlungen. Im Februar 1997 verkündete er öffentlich Pläne zum Bau von 6.500 neuen Wohnungen für 30.000 Siedler in Jabal Abu Ghneim (Har Homa) am Rande des annektierten Ost-Jerusalems. Har Homa war die letzte einer Reihe von konzentrisch angeordneten Siedlungen rund um Jerusalem und schnitt letztlich das arabische Ost-Jerusalem vom Rest des Westjordanlandes ab. Dieses Vorgehen rief nicht nur unter den Palästinensern große Verärgerung hervor, es wurde auch von der Generalversammlung der Vereinten Nationen mit 130 zu 2 Stimmen (Israel und die Vereinigten Staaten) verurteilt. (UN, 1997) Die Palästinenser waren wütend darüber, dass immer mehr ihres Landes enteignet wurde und riefen einen Generalstreik aus. Die USA legten im UN-Sicherheitsrat zwei Mal Veto gegen Resolutionen ein, in denen dieses Vorgehen verurteilt wurde, doch die Generalversammlung verabschiedete weitere Resolutionen, in denen ein Stopp des Har-Homa-Projekts, die Aufgabe der Siedlungen in den besetzten Gebieten sowie die Anwendung der Vierten Genfer Konvention in den besetzten Gebieten gefordert wurde. Doch all das konnte nicht verhindern, dass die neuen Siedlungen gebaut wurden. Im Juni 1997 berichtete der israelische Journalist Jay Bushinsky, Netanjahu habe seinen *Allon-Plus-Plan* für eine mögliche Einigung mit den Palästinensern vorgestellt. Laut diesem Plan war unter anderem vorgesehen, dass Israel etwa 60 Prozent des Westjordanlandes annektiert, wozu auch der Großraum Jerusalem, die Hügel östlich der Stadt, das Jordan-Tal, die Siedlungen und alle Umgehungsstraßen, durch die diese miteinander verbunden sind, gehörten. Außerdem sollte die Wasserversorgung des Westjordanlandes dauerhaft von den Israelis kontrolliert werden. (*Jerusalem Post*, 5. Juni 1997) Die palästinensische Führung war ob dieser Vorschläge geschockt und be-

schuldigte die israelische Regierung, sie verstieße gegen die Oslo-Abkommen und versuche, den Friedensprozess zu boykottieren.
Obwohl der in den besetzten Gebieten zwischen den palästinensischen Kämpfern und der IDF und den Siedlern ausgetragene Konflikt auch weiterhin viele Menschenleben forderte, gab es zwischen März 1996 und März 1997 in Israel keine Selbstmordanschläge mehr. Zwischen dem 21. März 1997 und dem 4. September 1997 verübten militante Kämpfer dann drei Selbstmordattentate, bei denen insgesamt 24 Israelis umkamen. Vertreter der *Hamas* sagten, die Angriffe seien die einzige Möglichkeit gewesen zu verhindern, dass noch mehr palästinensische Grundstücke zum Zweck des Siedlungsbaus enteignet und die heiligen Stätten „judaisiert" werden. Am 23. September 1997 sandte die *Hamas*-Führung Netanjahu einen Brief, der ihm von König Hussein von Jordanien überbracht wurde und in dem die *Hamas* einen indirekten Dialog mit der israelischen Regierung vorschlug, bei dem König Hussein als Vermittler tätig sein sollte. Durch diesen Dialog sollte der Gewalt ein Ende gesetzt und eine „Diskussion zu allen Fragen" erreicht werden. (*Ha'aretz*, 9. Oktober 1997; zitiert in Mishal und Sela, 2000:72) Zwei Tage später befahl Netanjahu einen Mordanschlag auf den Chef des Politbüros der *Hamas*, Chalid Maschal. Der von zwei Agenten des *Mossad* in Jordanien verübte Mordversuch schlug fehl und nachdem es Maschals Bodyguards gelungen war, die beiden Täter gefangen zu nehmen, wurden sie später gegen den inhaftierten geistigen Führer der *Hamas*, Scheich Ahmad Jassin, ausgetauscht. Durch diesen Mordversuch wurden die Beziehungen zwischen Israel und seinem engsten Verbündeten in der arabischen Welt, König Hussein von Jordanien, stark belastet und die Chance für einen Waffenstillstand war vorerst vertan, während die Freilassung von Jassin und seine Rückkehr nach Gaza die Unterstützung für die *Hamas* in der Bevölkerung stark ansteigen ließen.
Im März 1998 forderten 1.500 israelische Reservisten, darunter auch zwölf ehemalige Generalmajore, Netanjahu auf, den Siedlungsbau zu stoppen und zu versuchen, den Konflikt zu beenden und die Beziehungen zu den Palästinensern zu normalisieren. (Shlaim, 2000) Doch Netanjahu strich die vereinbarten Truppenabzüge und führte als Begründung Sicherheitsbedenken an. Obwohl sich sowohl Großbritannien als auch die USA bemühten, den Friedensprozess wieder zu beleben, kam dieser letztlich zum Erliegen. Beide Seiten beschuldigten sich gegenseitig böser Absichten und der Nichteinhaltung ihrer Verpflichtungen

aus den Abkommen von Oslo. Netanjahu wiederholte seine Behauptung, die PLO hätte bei der Entwaffnung beziehungsweise Verhaftung der Mitglieder militanter Gruppierungen versagt. Außerdem habe die PLO nichts getan, um weitere Anschläge auf Israelis zu verhindern und auch die PLO-Charta habe sie nicht geändert. Diese Behauptungen sind durchaus umstritten. Tanya Reinhart schrieb in dem jüdischen Magazin *Tikkun*, Arafat sei hart gegen die *Hamas* vorgegangen und die israelischen Sicherheitsdienste hätten dies auch anerkannt:

> Arafats Sicherheitsdienste haben diese Aufgabe [die Gewährleistung der Sicherheit Israels] treulich ausgeführt, indem sie beispielsweise *Hamas*-Terroristen ermordeten (dies war stets als „Unfall" getarnt) und indem sie die politischen Führer der *Hamas* verhafteten [...]. In den israelischen Medien wurden viele Informationen zu diesen Aktivitäten veröffentlicht und „Quellen aus Sicherheitskreisen" waren voll des Lobes für Arafats Leistungen. So verkündete beispielsweise Ami Ajalon, damals Chef des israelischen Geheimdienstes (*Schabak*), auf einem Regierungstreffen am 5. April 1998: „Arafat kommt seinen Aufgaben nach – er bekämpft den Terrorismus und stellt sich mit aller Macht gegen die *Hamas*". (*Ha'aretz*, 6. April 1998) Die Erfolgsquote der israelischen Sicherheitsdienste bei der Eindämmung des Terrors war zu keiner Zeit höher als die von Arafat – wahrscheinlich war sie sogar weitaus niedriger. (*Tikkun*, März/April 2002)

In einem Bericht von 1998 machte die israelische Friedensgruppe *Gusch Schalom* (1998) die Netanjahu-Regierung für das Scheitern des Friedensprozesses verantwortlich und beschuldigte sie 19 verschiedener Verstöße gegen die Abkommen von Oslo, darunter der Bau von Siedlungen und von Umgehungs- bzw. Verbindungsstraßen, der Einsatz von Absperrungen, die Nicht-Freilassung palästinensischer Gefangener, der Einsatz von Folter und anderen Menschenrechtsverletzungen sowie die Nichteinhaltung der festgesetzten Termine für den Truppenabzug und die mangelnde Bereitschaft zu den versprochenen Verhandlungen zur endgültigen Beilegung des Konflikts. In dieser Zeit nahm die Unterstützung für Gruppierungen wie *Islamischer Dschihad* und die *Hamas* massiv zu, während die Popularität der PLO und besonders Jassir Arafats stark sank. Dies war teilweise auf die Korruptionsskandale zurückzuführen, die damals die PLO-Führung erschütterten und im Rahmen derer ihr Vetternwirtschaft und das Abzapfen von Geldern, die ursprünglich für die *Palästinensische Autonomiebehörde* vorgesehen waren, vorgeworfen wurden. Ein weiterer Grund für die sinkende Unterstützung waren Arafats autokratischer Führungsstil und die ernsten Menschenrechtsverletzungen durch die palästinensischen Sicherheitskräfte, die mutmaßliche militante Kämpfer folterten oder ohne rechtliche Grundlage töteten. Außerdem waren viele Menschen sehr verärgert darüber, dass Arafat den Bau neuer Siedlungen nicht hatte verhindern können. Geoffrey Aronson ist der Ansicht, Arafat und andere „Outsider" in der PLO (jene, die nicht aus den besetzten Gebieten stammten) hätten die Bedeutung dieser Siedlungsbauten unterschätzt:

> Der Vorsitzende der *Palästinensischen Autonomiebehörde* Jassir Arafat wird nur selten über Israels Siedlungspolitik informiert und in der Regel reagiert er mit erstauntem Schweigen, während er sich die Karten anschaut, auf denen das Ausmaß der Unternehmungen zu sehen ist. Die Verhandlungsführer der Palästinensischen Autonomiebehörde, Mahmud Abbas (Abu Masen) und Ahmed Kurei (Abu Ala), haben zu keiner Zeit eine „Tour durch die Siedlungen" unternommen. Wenn man sich ihre Prioritäten bei den Verhandlungen anschaut, so scheinen sie keinerlei Vorstellung davon zu haben, welche Rolle die Siedlungen in der Geschichte der Politik Israels in den besetzten Gebieten gespielt haben, und sie scheinen auch nicht der Ansicht zu sein, dass dieses Wissen vonnöten wäre. (*Report on Israeli Settlement in the Occupied Territories*, Juli/August 1998)

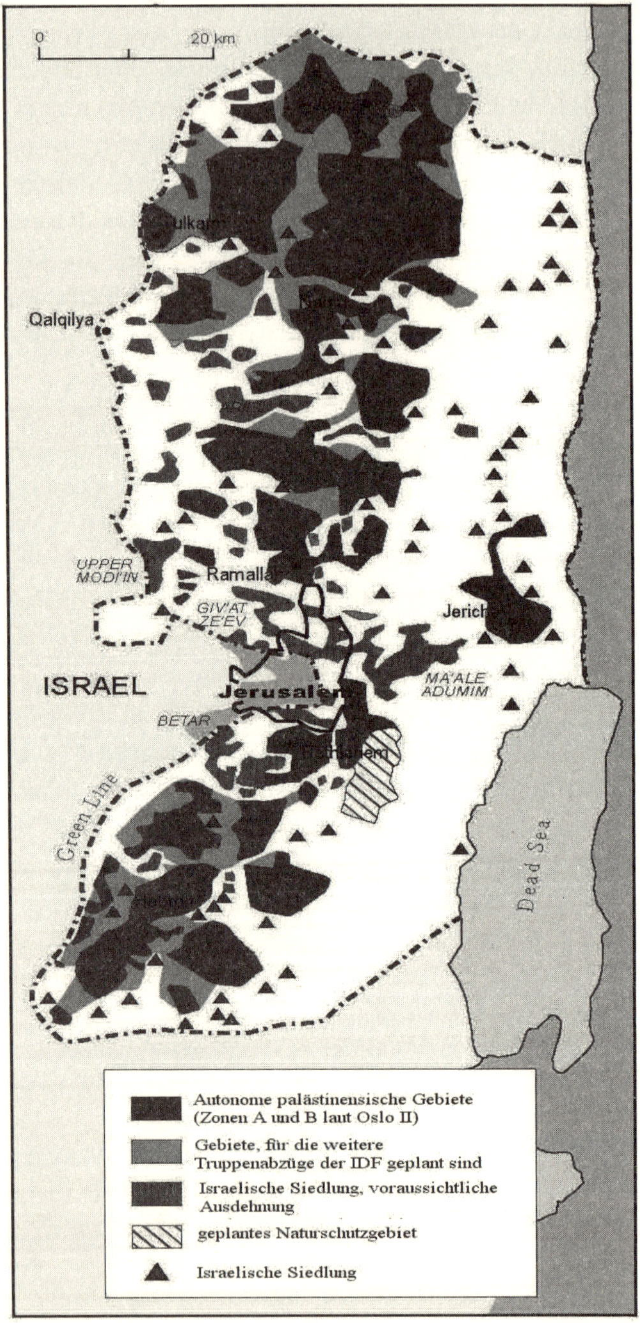

Karte 5: Das Wye-Memorandum, 1998 (Karte der Wye-Abkommen)

Mit der Unterzeichnung des Wye-Abkommens in Maryland im Oktober 1998 besiegelten die Verhandlungsführer der israelischen und der palästinensischen Seite gemeinsam die nächste Stufe im Friedensprozess. Dabei sagte Israel zu, seine Truppen in drei Stufen aus weiteren 13 Prozent des Westjordanlandes abzuziehen, während die Palästinenser sich verpflichteten, die Teile der Palästinensischen Nationalcharta, in denen die Zerstörung Israels gefordert wird, abzuändern und mit den israelischen Sicherheitskräften und der CIA zusammenzuarbeiten, um die Sicherheit Israels zu verbessern. Menschenrechtsorganisationen kritisierten die Sicherheitskomponente des Abkommens vor und nach der Unterzeichnung stark und behaupteten, sie würde höchstwahrscheinlich dazu beitragen, dass Menschenrechtsverletzungen wie Folterungen und Inhaftierungen ohne vorheriges Gerichtsverfahren sich häufen würden.[30]

Obwohl Netanjahu innerhalb seiner Koalition aus ultrakonservativen und religiösen Parteien praktisch keine Unterstützung für das Wye-Abkommen erhielt, wurde es in der *Knesset* doch mit großer Mehrheit akzeptiert. Obwohl beide Parteien sich in dem Abkommen verpflichtet hatten, keine „unilateralen Aktionen" durchzuführen, durch die der Status der besetzten Gebiete verändert werden könnte, forderten Vertreter der Koalition unter Netanjahu die Siedler öffentlich auf, so viel Land wie möglich einzunehmen, um zu verhindern, dass es den Palästinensern zufällt. Ariel Scharon, damals Minister für Infrastruktur, sagte auf einem Treffen der Tsomet-Partei am 15. November: „Jeder sollte handeln. Jeder sollte loslaufen und noch mehr Hügel einnehmen [...]. Wir werden das Gebiet ausdehnen. Was auch immer wir einnehmen, wird unsers sein.

30 Am Tag vor der Unterzeichnung des Abkommens drängte *Human Rights Watch* (1998) die Vereinigten Staaten und Israel, die *Palästinensische Autonomiebehörde* in Bezug auf eine Ausweitung der Sicherheitsrazzien nicht weiter unter Druck zu setzen, solange sich nicht alle Seiten klar dazu verpflichtet hatten, die Menschenrechte zu garantieren. *Human Rights Watch* wies außerdem darauf hin, dass die „Bilanz der *Palästinensischen Autonomiebehörde* im Hinblick auf die Menschenrechte bereits jetzt beklagenswert ist". Weiter heißt es: „Die USA verurteilen diese Verstöße jetzt nicht – wird man sie denn verurteilen, wenn sie selbst formal Teil des Prozesses sind, der sie auslöst?" Einen Monat nach der Unterzeichnung des Abkommens veröffentlichte die israelische Menschenrechtsorganisation *B'Tselem* einen Bericht, in dem von „vielfachen willkürlichen Verhaftungen sowohl durch die *Palästinensische Autonomiebehörde* als auch durch die israelische Seite" die Rede ist. Außerdem heißt es darin: „Das Abkommen stellt in Bezug auf die Menschenrechte nur ein Lippenbekenntnis dar, keine der Parteien – weder Israel, noch die *Palästinensische Autonomiebehörde* oder die Vereinigten Staaten – hat auch nur die leiseste Absicht, irgendjemanden für die Verletzungen der Menschenrechte zur Verantwortung zu ziehen."

Was wir nicht einnehmen, wird in ihre Hände fallen." (*BBC News*, 16. November 1998) Auch Netanjahu warb für dieses Vorgehen, wenn auch weniger offen: „Es gibt keinen Stopp [beim Bau von Siedlungen]. [...] Wir betreiben eine Politik des Wachstums und der Ausdehnung [...]. Dieses Thema muss gemeinsam mit dem Militär hinter verschlossenen Türen erörtert werden, nicht vor den Medien." (*Ha'aretz*, 24. November 1998) Am 20. Dezember 1998 setzte die israelische Regierung den zweiten im Wye-Abkommen festgesetzten Truppenabzug solange aus, bis die *Palästinensische Autonomiebehörde* fünf Bedingungen der Israelis erfüllte, von denen der Großteil völlig neu war. Netanjahu behauptete, die Aussetzung des Abzugs sei notwendig, um die Sicherheit Israels zu garantieren. Shlaim vertritt die Ansicht, diese Maßnahme habe dazu dienen sollen, „den Friedensprozess zu torpedieren und den Palästinensern die Schuld dafür zuzuschieben". (2000:605) Drei Tage später löste sich die *Knesset* auf und es wurden Neuwahlen für Mai 1999 angesetzt.

Die Barak-Regierung

Die Wahlen im Mai gewann Ehud Barak von der Labour-Partei. Drei Monate nach Baraks Amtsantritt berichtete die amerikanische Journalistin Deborah Sontag, die Barak-Regierung habe „Neubauten in den jüdischen Siedlungen im Westjordanland autorisiert und das schneller als die ultra-konservative Regierung unter Netanjahu". (*New York Times*, 28. September 1999) Außerdem signalisierte Barak, dass er zunächst nicht mit den Palästinensern, sondern lieber mit Syrien verhandeln wolle. Die Palästinenser fühlten sich dadurch brüskiert und sahen das Ganze als Versuch an, sie unter Druck zu setzen. Barak sagte, er wolle deswegen zunächst mit Syrien verhandeln, weil einerseits die Probleme in diesem Bereich eher lösbar erscheinen und man Syrien mit seiner riesigen Armee und den nicht-konventionellen Waffen als „existentielle Bedrohung" betrachtet. (*New York Review of Books*, 9. August 2001) Nach vier Monaten harter Verhandlungen wurden die Friedensgespräche zwischen Israel und Syrien ohne Ergebnis abgebrochen, wobei beide Parteien jeweils die Gegenseite dafür verantwortlich machten.[31]

Im Mai 2000 entschied Barak, die israelische Armee und ihre Stellvertreterkräfte aus dem Südlibanon abzuziehen. Die israelischen Besatzungstruppen hatten infolge von Angriffen der *Hisbollah* immer größere Verluste hinnehmen müssen – und Verluste waren politisch sehr unpopulär. Rachelle Marshall schreibt, durch diesen Truppenabzug sei es Hunderttausenden libanesischer Flüchtlinge möglich gewesen, in ihre verwüsteten Dörfer zurückzukehren und die *Hisbollah* habe Zentren zur medizinischen Versorgung eingerichtet und sofort damit begonnen, die zivile Infrastruktur wiederaufzubauen. (*Washington Report on Middle East Affairs*, Juli 2000)

Nachdem die Verhandlungen mit Syrien gescheitert waren, wandte Barak seine Aufmerksamkeit wieder den Palästinensern zu. Im Verlauf von Baraks Amtszeit waren die Anschläge von Seiten militanter Palästinenser – bis zum Ausbruch der Zweiten Intifada – stark zurückgegangen und es hatte auch keine Selbstmordattentate mehr gegeben. (*B'Tselem*, 2003a) Marshall schreibt, Anfang des Jahres 2000 habe Barak eine Reihe der Verpflichtungen aus den Osloer Abkommen ausgesetzt, darunter die geplante Freilassung von 1.650 palästinensischen Gefangenen, die vor Beginn des Osloer Friedensprozesses verhaftet worden waren, sowie die vereinbarte Übergabe der Kontrolle über drei kleine Dörfer in der Nähe von Jerusalem (Abu Dis, Al Ezzariyye und Swarah) an die Palästinenser. (*Washington Report on Middle East Affairs*, Juli 2000) Stattdessen, so Marshall, autorisierte Barak die Vereinnahmung von etwa 65 Hektar Fläche, die zu diesen Dörfern gehörte, für den Bau einer neuen Umgehungsstraße, durch die eine Verbindung zwischen Jerusalem und den Siedlungen hergestellt wurde, und den Bau von 200 neuen Wohneinheiten für jüdische Siedler in Abu Dis. Außerdem beschloss Barak, die Vereinbarungen, die die PLO mit seinem Vorgänger Netanjahu unterzeichnet hatte, neu zu verhandeln und strich den dritten Teilabzug israelischer Truppen ganz. In den Osloer Abkommen war vereinbart worden, dass Israel seine Truppen aus etwa 90 Prozent der besetzten Gebiete ab-

31 Barak erklärte, er würde nicht zulassen, dass die Syrer bis zum See von Tiberias vordringen (von wo Israel einen Großteil seines Wassers bezieht), während die syrische Seite behauptete, Barak versuche sie zu einem „Abkommen in der Art des von Arafat geschlossenen" zu verleiten – „normalisiert die Beziehungen und zügelt die *Hisbollah*, dann ziehen wir vielleicht ab".

gezogen haben sollte, bevor die Gespräche zum endgültigen Status dieser Gebiete und zur Beilegung aller wichtigen Fragen beginnen. Doch bis Mai 2000 lag diese Zahl nur bei etwa 18 Prozent.

Als im März 2000 die Vorbereitungsgespräche zwischen den Delegationen der Israelis und der Palästinenser über den endgültigen Status der besetzten Gebiete und die weiteren noch zu klärenden Fragen begannen, schrieben 120 palästinensische Intellektuelle und Persönlichkeiten aus dem künstlerischen Bereich einen offenen Brief an die „israelische und jüdische Öffentlichkeit", in dem sie eine gerechte Lösung entweder auf der Grundlage der Grenzen von 1967 oder eines bi-nationalen Staates forderten. In den Brief hieß es: „eine Seite ist der Ansicht, das derzeitige Kräfteverhältnis sei für sie günstig und sie könne der anderen Seite ein demütigendes Abkommen aufoktroyieren und sie damit zwingen, praktisch alles zu akzeptieren, was sie durchsetzen will". (*Ha'aretz*, 13. März 2000) Der israelische Kolumnist Danny Rabinowitz war der Ansicht, in dem Brief zeige sich, wie sehr sich die Bewertung des Friedensprozesses durch die Israelis und die Palästinenser unterscheidet:

> Laut einer Betrachtungsweise, die im Übrigen die Mehrheit der Israelis teilt, ist der Osloer Friedensprozess ein positiver, symmetrischer Prozess: eine gewählte Regierung in Israel führt Friedensverhandlungen mit einer palästinensischen Führung, die die tatsächlichen Interessen des palästinensischen Volkes vertritt. Die Weiterverfolgung dieses gemeinsamen Weges wird letztlich zu einem dauerhaften Frieden zwischen den beiden Völkern führen. Die zweite Betrachtungsweise, die der Unterzeichner des Briefes, fußt darauf, dass der Osloer Friedensprozess ein von Natur aus asymmetrischer Prozess ist, dessen bereits vorherbestimmter Ausgang nicht nur ungerecht sein wird, sondern auch gefährlich. Das Wesentliche hierbei ist, dass Israel, das stark, groß und reich ist und von einer Supermacht unterstützt wird, Verhandlungen mit einer schwachen palästinensischen Führung führt, die längst am Ende ist, und dass es diese Verhandlungen mit massivem Zwang führt. Arafat, seine Berater und die wenigen tausend Familien, die seiner Regierung nahe stehen, sind bloße Marionetten, die nicht über einen eigenen Willen verfügen und ebenso wenig über die Fähigkeit zu echtem diplomatischem Lavieren. In der Korruption und dem Despotismus, die immer wieder in der Wirtschaft, im Rechtssystem, im Bereich der Menschenrechte und in anderen Arbeitsbereichen der *Palästinensischen Autonomiebehörde* auf-

gedeckt werden, zeigt sich deutlich, dass das Hauptanliegen der palästinensischen Führung im Westjordanland und im Gaza-Streifen darin besteht, ihre eigene Herrschaft aufrechtzuerhalten und die finanziellen und symbolischen Gewinne, die von den Geber-Nationen kommen, unter sich aufzuteilen. Anhänger dieser Betrachtungsweise des Prozesses sind der Ansicht, dass die tatsächlichen nationalen Interessen von Millionen von Palästinensern in den besetzten Gebieten und in der Diaspora mit Füssen getreten und verraten wurden. (*Ha'aretz*, 19. März 2000)

Im Vorfeld der abschließenden Gespräche über die noch offenen Fragen veröffentlichte Israel im Mai 2000 Pläne, in denen dargelegt war, wie eine endgültige Lösung nach Meinung Israels aussehen sollte, und nach diesen Plänen würde die palästinensische Selbstverwaltung auf drei oder vier nicht zusammenhängende Gebiete beschränkt bleiben.

Die Gespräche zum endgültigen Status der besetzten Gebiete und zur Beilegung der noch ungeklärten drängenden Fragen in Camp David

Am 11. Juli 2000 trafen Jassir Arafat und Ehud Barak in Camp David (USA) zu Gesprächen zum endgültigen Status der besetzten Gebiete zusammen, diese wurden jedoch nach zwei Wochen unter bitteren gegenseitigen Schuldzuweisungen abgebrochen. Die israelische Seite behauptete, sie habe den Palästinensern das „großzügige Angebot" gemacht, 97 Prozent der besetzten Gebiete zurückzugeben. Die Gegenseite habe das Angebot jedoch zurückgewiesen und gewaltsam versucht, Konzessionen zu erzwingen, die sie am Verhandlungstisch nicht hatte erreichen können. Die Palästinenser dagegen argumentierten, das Angebot sei nicht nur vage, sondern auch inakzeptabel gewesen, man habe den Palästinensern „weniger als ein Bantustan" angeboten, so Arafat wörtlich. (*New York Times*, 26. Juli 2001) Eine gründliche Analyse dieser Gespräche wird dadurch erschwert, dass die israelische Seite all ihre Angebote nur in mündlicher Form gemacht hat, ohne dazu Karten oder schriftlichen Vorschläge vorzulegen.

In einem Gespräch mit dem israelischen Historiker Benny Morris legte Ehud Barak dar, warum die Gespräche aus israelischer Sicht gescheitert waren. (*New York Review of Books*, 9. August 2001) Barak behauptete, er habe Arafat neben 92 Prozent des Westjordanlandes und 100 Prozent des Gaza-Streifens auch einige territoriale Zugeständnisse auf der Grundlage des Staates Israel vor 1967 angeboten. Er wies die Behauptung, der palästinensische Staat hätte damit nur aus Bantustans bestanden, klar zurück. Vielmehr sagte er, obwohl das Westjordanland durch eine „israelische Landzunge, die nicht breiter wäre als eine Rasierklinge" und von der Siedlung *Maale Adumim* bis an den Jordan reichen sollte, in zwei Teile geteilt würde, „würde durch einen Tunnel oder eine Brükke gewährleistet, dass die beiden Seiten des palästinensischen Gebiets miteinander verbunden bleiben". Weiter behauptete Barak, er habe angeboten, die meisten Siedlungen aufzulösen und den Großteil der Siedler in den 8 Prozent des Westjordanlandes unterzubringen, den Israel sich einzuverleiben plante. In Ost-Jerusalem sollte eine palästinensische Hauptstadt errichtet werden, wobei einige Viertel zum palästinensischen Gebiet gehören sollten und für andere eine „funktionale Autonomie" geplant war. Außerdem habe man den Palästinensern zwar keine Hoheitsgewalt über den Tempelberg, aber doch volle Verwaltungsbefugnis in Aussicht gestellt. Barak brachte außerdem vor, Israel habe angeboten, den palästinensischen Flüchtlingen ein Rückkehrrecht in den zukünftigen Palästinenser-Staat einzuräumen. Damit sollte jedoch keineswegs ein Eingeständnis der Verantwortung Israels für die Entstehung dieses Flüchtlingsproblems oder ein Rückkehrrecht nach Israel selbst verbunden sein. Barak beschuldigte Arafat, dieser habe jeden Vorschlag einfach abgewiesen, selbst jedoch keine Gegenvorschläge vorgelegt. Weiter sagte er, Arafat sei der Ansicht, Israel „habe keine Existenzberechtigung und er wolle den Untergang Israels", und durch den Einsatz der palästinensischen Flüchtlinge als demographisches Werkzeug zur Untergrabung des Staates Israel könne dies auch erreicht werden. Neben diesen Anschuldigungen griff er auch die Araber im Allgemeinen und Arafat im Besonderen an, indem er behauptete, sie seien „ein Produkt einer Kultur, in der es keine Misstöne verursacht, jemanden zu belügen", weil die Araber „das Lügen als Problem, wie es in der jüdisch-christlichen Kultur besteht, nicht kennen". In der arabischen Gesellschaft, so Barak, „gibt es so etwas wie ‘die Wahrheit’ gar nicht“. Bei dieser Anschuldigung hatte er vermutlich die vorher von Jitzchak Schamir getätigten Äußerungen in Bezug auf Anschuldigungen gegen seine Person wegen Unehrlichkeit vergessen. Dieser war in der *Ha'aretz* mit folgenden Worten zitiert worden: „wenn es dem Wohl des Staates Israel dient, so ist eine Lüge zulässig.“ (14. Februar 1992; zitiert in Shlaim, 2000:496) Barak deutete auch an, nach 1948 würde es vermutlich achtzig Jahre dauern, bis die Palästinenser zu den für einen Frieden nötigen Kompromissen bereit wären, und schrieb dies einem Phänomen unter den Palästinensern zu, das er als „Lachs-Syndrom“ bezeichnete. Achtzig Jahre nach 1948 wird die Generation der Palästinenser, die damals vertrieben wurden, größtenteils tot sein, sodass es nur noch „sehr wenige ‘Lachse’ geben wird, die weiterhin den Wunsch haben, zum Sterben an ihren Geburtsort zurückzukehren“.

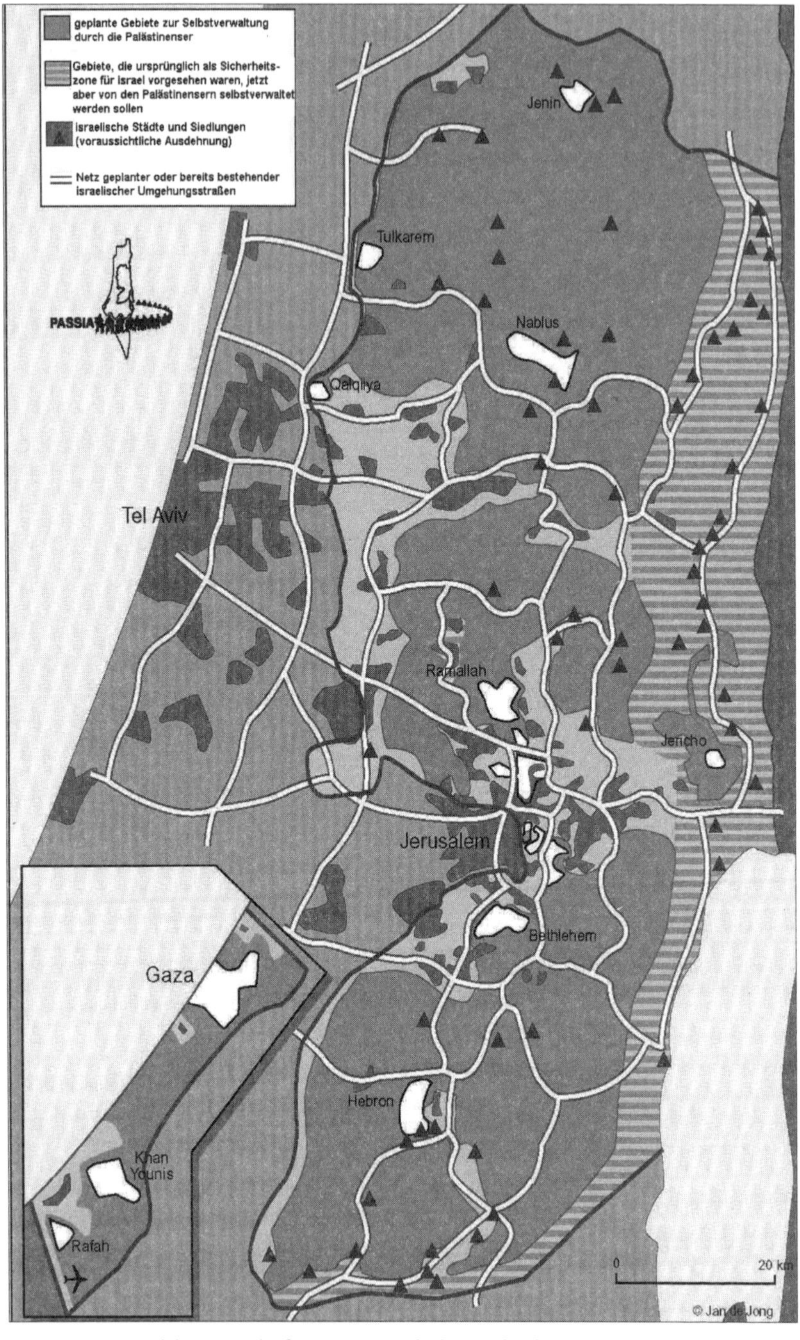

Karte 6: Vorschlag Israels für eine mögliche endgültige Lösung der territorialen Fragen in Bezug auf das Westjordanland, Karte vorgelegt im Juli 2000 in Camp David

Robert Malley, ein Sonderberater von Präsident Clinton, und Hussein Agha, Historiker in Oxford, haben Baraks Darstellung als „ausgesprochen oberflächlich" kritisiert. (*New York Review of Books*, 9. August 2001) Sie vertreten die Ansicht, dass alle Beteiligten einen Anteil am Scheitern der Gespräche haben. Malley und Agha argumentieren, Baraks Entscheidung, Israels vorläufige Zusagen beispielsweise zu Truppenabzügen und Freilassungen von Gefangenen zu brechen und gleichzeitig den Siedlungsbau auszudehnen, habe dazu dienen sollen, im Vorfeld der Gespräche die politischen Spannungen mit den Konservativen in Israel zu reduzieren und politisches Kapital zu bewahren. Anschließend konnte er „ein Gesamtpaket aus allen Konzessionen und Gegenleistungen" schnüren, „dem die israelische Öffentlichkeit dann in einem Volksentscheid zustimmen sollte". Malley und Agha schreiben, dieser „Alles oder Nichts"-Ansatz habe dazu geführt, dass mächtige Kreise unter den Palästinensern, wie etwa das Sicherheitsestablishment, die Intellektuellen, die Beamten und die Geschäftsleute, Arafat massiv unter Druck setzten, da sie Barak nicht mehr vertrauten. Weiter deuten die beiden an, Baraks Weigerung, die in den Interimsabkommen vereinbarten Truppenabzüge tatsächlich durchzuführen, hätte sich direkt auf das vermeintliche Kräftegleichgewicht ausgewirkt, da die Palästinenser nun annahmen, sie müssten in den Gesprächen zum endgültigen Status der besetzten Gebiete auch über dieses Land noch verhandeln müssen. Malley und Agha behaupten auch, dass Arafat durch all diese Faktoren den Eindruck gewann, die Israelis und die Amerikaner versuchten, ihn hinters Licht zu führen und ihn dazu zu bringen, ein demütigendes Abkommen zu akzeptieren. Ferner führten sie dazu, dass er sich wie ein Belagerter fühlte und für die Fortsetzung der Verhandlungen und Gegenvorschläge unempfänglich wurde. Malley und Agha sind auch der Meinung, dass zu wenig Zeit darauf verwendet wurde, in vorbereitenden Verhandlungen vor dem Gipfeltreffen die Grundlagen zu legen, und schreiben, dass Arafat die amerikanische Außenministerin Madeleine Albright einen Monat vor den Gesprächen gewarnt hatte, dass jene aufgrund all dieser Faktoren wahrscheinlich scheitern würden.

Andere, wie die israelische Menschenrechtsorganisation *Gusch Schalom* (2003) haben die Behauptung, man habe den Palästinensern ein „großzügiges Angebot" gemacht, jedoch in Zweifel gezogen. Hier vertritt man vielmehr die Ansicht, als die Palästinenser den Israelis in Oslo nachgaben und auf 78 Prozent des Mandatsgebiets Palästina verzichteten, hätten sie damit einen historischen Kompromiss geschlossen und man habe ihnen im Juli 2000 in Camp David auch nie 95 Prozent der besetzten Gebiete angeboten. Die Vertreter von *Gusch Schalom* behaupten, Barak hätte darauf bestanden, die 10 Prozent des Westjordanlandes, die aus jüdischen Siedlungen bestanden, zu annektieren, wodurch „unmögliche Grenzen entstanden wären, durch die das Leben der Palästinenser im Westjordanland ernsthaft beeinträchtigt worden wäre". Weiter behaupten die Vertreter von *Gusch Schalom*, Barak habe eine „zeitweise Kontrolle der Israelis" über weitere 10 Prozent des Westjordanlandes und das für unbestimmte Zeit angestrebt. Außerdem vertreten sie die Ansicht, „die scheinbare territoriale Einheit ist in Wirklichkeit durch Siedlungsblöcke, Umgehungsstraßen und Straßenblockaden zersplittert" und „die Palästinenser müssen auf Land, welches sie für ihre eigene Weiterentwicklung und zur Aufnahme von Flüchtlingen dringend benötigen würden, verzichten" und gleichzeitig „neben vielen anderen Einschränkungen auch hinnehmen, dass die Israelis auch die Grenzübergänge überwachen". Nach Ansicht von *Gusch Schalom* würde kein Volk hinnehmen, dass die eigenen Grenzübergänge von einer ausländischen Macht kontrolliert werden oder dass die Mitglieder des eigenen Volkes bei der Reise von einer Stadt in die andere einen Reiseweg von etwa 80 Kilometern auf sich nehmen müssen, obwohl die tatsächliche Distanz zwischen ihnen nur 8 Kilometer beträgt.

Jeff Halper, Professor für Anthropologie an der Ben-Gurion-Universität und Koordinator des *Israeli Committee against House Demolition (ICAHD)*, sagt, es ist im Grunde müßig, darüber zu diskutieren, ob den Palästinensern nun 81 oder 91, 95 oder 96 Prozent des Westjordanlandes angeboten worden waren, denn selbst wenn Israel bereit gewesen wäre, 96 Prozent der besetzten Gebiete zurückzugeben, so hätte es immer noch über eine „Kontrollmatrix" verfügt, mit deren Hilfe die Souveränität und die freie und unabhängige Entwicklung der Palästinenser unterminiert werden konnten:

> Wie sieht nun diese Kontrollmatrix aus? Es handelt sich um eine Reihe ineinander greifender Mechanismen, wobei nur sehr wenige zu ihrer Umsetzung der physischen Okkupation von Land bedürfen, die aber Israel die Möglichkeit bieten, jeden Aspekt des Lebens der Palästinenser in den besetzten Gebieten zu kontrollieren. Die Matrix funktioniert im Grunde wie das japanische Go-Spiel. Anders als beim Schach besteht

> das Ziel beim Go nicht darin, den Gegner zu schlagen, sondern ihn bewegungsunfähig zu machen, indem man sich die Kontrolle über Schlüsselpunkte einer Matrix sichert, sodass der Gegner jedes Mal, wenn er einen Zug macht, auf irgendein Hindernis trifft […]. Durch die Matrix, die Israel im Westjordanland, im Gaza-Streifen und in Ost-Jerusalem eingeführt hat und die starke Ähnlichkeit mit einem Go-Brett hat, wurde die palästinensische Bevölkerung dort buchstäblich paralysiert, ohne dass sie „besiegt" worden wäre oder man auch nur besonders große territoriale Eroberungen gemacht hätte. (*Middle East Report*, Herbst 2000)

Zu dieser Matrix, so Halper, gehört auch die Ausweitung der „Großstadt" Jerusalem, die sich nach seiner Meinung fast bis zum Jordan erstreckt und 40 Prozent des Westjordanlandes einschließt, inklusive Ramallah und Bethlehem. Nach Halpers Ansicht ist dadurch, dass die Israelis dieses Gebiet kontrollieren, wodurch die Palästinenser in Ost-Jerusalem letzten Endes vom restlichen Westjordanland abgeschnitten sind, „einem zukünftigen Palästinenser-Staat jede Möglichkeit für eine wirkliche Staatshoheit genommen". Außerdem weist Halper darauf hin, dass auch das Netz aus Umgehungsstraßen, das sich quer durch das Westjordanland zieht, eine beträchtliche und dauerhafte Militärpräsenz der Israelis innerhalb des Palästinenser-Gebietes erforderlich macht. All diese Faktoren, so Halper, hätten letztlich dazu geführt, dass selbst wenn Jassir Arafat Baraks Vorschlägen in Camp David zugestimmt hätte, das Abkommen nicht lange gehalten hätte:

> Das Problem bei den Verhandlungen zwischen Israelis und Palästinensern besteht also nicht nur in der territorialen Aufteilung – es geht auch um Fragen der Kontrolle, der Lebensfähigkeit und der Gerechtigkeit. Ein palästinensischer Staat, der in kleine, miteinander nicht verbundene Enklaven zerstückelt ist, umgeben und sogar verstümmelt durch massive israelische Siedlungsblöcke, der außerdem von wirtschaftlichen und militärischen Blockaden von Seiten Israels betroffen ist, seinen vertriebenen Volksangehörigen keine Gerechtigkeit widerfahren lassen kann und auf seine heiligsten religiösen und identitätsstiftenden Symbole verzichten muss, kann kaum als lebensfähiger Staat bezeichnet werden. Man kann einen „Frieden" erzwingen, doch solange es sich dabei nicht um einen gerechten Frieden handelt, wird er nicht von Dauer sein.

Nachdem die Gespräche in Camp David abgebrochen worden waren, verhandelten Vertreter der israelischen und der palästinensischen Seite monatelang im Geheimen. Am 28. September 2000 dann kam es durch eine der Schlüsselfiguren der israelischen Konservativen zu einem entscheidenden Vorfall. Gemeinsam mit anderen Mitgliedern der Likud-Regierung und in Begleitung von 1.000 bewaffneten Polizisten besuchte Ariel Scharon die drittwichtigste der heiligen Stätten des Islam, den *Al-Haram al-Scharif* (arabische Bezeichnung für den Tempelberg in Jerusalem; Anm. d. Übers.). In den Augen der Palästinenser stellten die Israelis mit diesem Besuch ihre Hoheitsgewalt über eine der wichtigsten heiligen Stätten der islamischen Welt zur Schau und der Besuch selbst stellte eine Provokation seitens eines israelischen Führers dar, der bereits wegen seiner Rolle beim Massaker von Sabra und Schatila berüchtigt war. Nach diesem Vorfall kam es zu Unruhen und kämpferischen Auseinandersetzungen, aus denen letztlich die zweite Intifada hervorging.

September 2000 – Die zweite Intifada

Im Hinblick auf die Faktoren, die zu diesem erneuten Gewaltausbruch geführt haben, gibt es einmal mehr unterschiedliche Meinungen. Der konservative Berichterstatter Charles Krauthammer beispielsweise ist der Meinung, Jassir Arafat selbst habe die Intifada geplant und inszeniert, um auf diese Weise Konzessionen zu erreichen, die er am Verhandlungstisch in Camp David nicht erreichen konnte:

> Es ganz einfach so, dass Jassir Arafat, nachdem er (sehr zur Überraschung und zum Missfallen der amerikanischen Vermittler) durch seine Zurückweisung von Baraks Vorschlägen in die diplomatische Defensive geraten war, das getan hat, was er immer tut: er hat auf gewaltsame Mittel zurückgegriffen, um neuen Auftrieb zu erhalten und um, was noch viel wichtiger ist, neue minderjährige Märtyrer zu rekrutieren. All das geschah vor internationalen Medien, um weltweit die Sympathien wieder gut zu machen, die er eingebüsst hatte, als er die Friedensvorschläge

> in Camp David zurückwies. [...] Der dann folgende Krieg war ungefähr so spontan wie eine Demonstration in Havanna. Der Prediger in der Al-Aqsa-Moschee rief beim Freitagsgebet dazu auf, „die Juden in Palästina auszulöschen". Das offizielle palästinensische Fernsehen zeigte immer wieder Archivaufnahmen von der Intifada der Palästinenser zwischen 1987 und 1993, bei denen gezeigt wurde, wie junge Menschen auf den Straßen mit Steinen warfen. Und für den Fall, dass irgendjemand die Botschaft immer noch nicht verstanden haben sollte, begann *Voice of Palestine*, patriotische Kriegslieder zu spielen. Dann schloss Arafat die Schulen und rief einen Generalstreik aus, sodass alle auf die Straße gingen. Und nachdem Arafats oberster Polizeichef für das Westjordanland die Milizen instrumentalisierte, kam es schließlich zum „Ausbruch" des Krieges. (*Jewish World Review*, 6. Oktober 2000)

Andere hingegen sind der Ansicht, bei dieser Intifada habe es sich um einen spontanen, durch Scharons Besuch ausgelösten Aufstand der Bevölkerung gehandelt, der durch die Entscheidung Israels, mit Waffengewalt gegen größtenteils unbewaffnete Demonstranten vorzugehen, noch zusätzlich angeheizt wurde. Als Arafats Polizeikräfte schließlich anfingen, auf die israelischen Sicherheitskräfte zu schießen, wurde die Situation besonders prekär. Die israelische Journalistin Amira Hass ist der Meinung, in der Intifada hätten sich sieben Jahre der Frustration auf Seiten der Palästinenser sowohl darüber entladen, dass auch der Osloer Friedensprozess nicht dazu geführt hatte, dass die militärische Besatzung beendet wurde, als auch über die Tatsache, dass Arafat nichts dagegen tun konnte:

> Sieben Jahre nach der Unterzeichnung der Abkommen von Oslo fühlte sich jeder Palästinenser betrogen, weil die Besatzung nach wie vor andauerte. [...] Als sechs Palästinenser in der Nähe der Moschee von israelischen Polizeikräften aus nächster Nähe erschossen wurden, vereinigte sich die Wut, die jeder einzelne fühlte, mit der Wut aller anderen, die sich über sieben Jahre und mehr angestaut hatte. Diesmal konnte Arafat nicht einmal davon träumen, diese Wut mithilfe seiner Sicherheitskräfte im Zaum zu halten. Schließlich ging es hier um Al-Aqsa. Er hätte all seine Glaubwürdigkeit eingebüßt, also pfiff er seine Polizeikräfte zurück. Doch selbst ohne diesen Befehl waren die Polizeikräfte außerstande, sich länger zurückzuhalten, nachdem sie mit ansehen mussten,

> wie palästinensische Jugendliche zu Hunderten in Augen und Kopf geschossen wurden. Selbst wenn es gelänge, die Zusammenstöße unter Kontrolle zu bringen, so würden die Palästinenser nun doch veränderte Spielregeln fordern. Und ihre Botschaft geht nicht nur an die Israelis – sie ist ebenso für Arafat bestimmt. (*Guardian*, 3. Oktober 2005)

Die israelische Akademikerin und Journalistin Tanya Reinhart sagt, die Intifada sei von prominenten israelischen Militärs bewusst provoziert worden, weil sie einen Krieg gegen die Palästinenser vom Zaun brechen wollten, mit dessen Hilfe sie die Autonomiebehörde vernichten und Arafat stürzen wollten. (*Tikkun*, März 2000) Außerdem ist Reinhart der Ansicht, das letztendliche Ziel habe darin bestanden, die Entstehung eines Palästinenser-Staates zu verhindern und die besetzten Gebiete einzubehalten. Sie deutet an, dass die folgende Invasion der Israelis in Ramallah, Jenin und anderen Städten im Westjordanland im Jahr 2003 und die fast vollständige Zerstörung der Infrastruktur der im Entstehen begriffenen neuen *Palästinensischen Autonomiebehörde* (PNA) während dieser Angriffe in engem Zusammenhang mit Plänen für die so genannte Operation „Dornenfeld“ standen, die seit 1996 unter israelischen Militärs und hochrangigen Politikern kursierten:

> Bereits im Oktober 2000, ganz zu Beginn der palästinensischen Unruhen, lagen den israelischen Militärs detaillierte Operationspläne zum Sturz Arafats und der Autonomiebehörde vor; und das war vor Beginn der palästinensischen Terroranschläge. In einem Dokument, das die Sicherheitsdienste im Auftrag des damaligen Premierministers Barak ausgearbeitet hatten, hieß es am 15. Oktober 2000: „Die Person Arafats stellt eine ernste Bedrohung für die Sicherheit des Staates [Israel] dar und der Schaden, der entstünde, wenn er entfernt würde, wäre geringer als der, der durch seine Anwesenheit verursacht wird.“ (Einzelheiten aus dem Dokument veröffentlicht in *Ma'ariv*, 6. Juli 2001) Der Operationsplan, der unter dem Namen „Dornenfeld“ bekannt wurde, war bereits im Jahr 1996 ausgearbeitet und während der Intifada aktualisiert worden. (Amir Oren; *Ha'aretz*, 23. November 2001) Die politische Befehlsebene ihrerseits (Barak und sein Umfeld) bemühten sich darum, die Öffentlichkeit auf einen Sturz Arafats vorzubereiten. [...] In *The Foreign Report* (einer Publikation von *Jane's Defense*) vom 12. Juli 2001 wurde enthüllt, dass die israelische Armee (zur Regierungszeit Scharons) ihre

> Pläne für einen „Rundumschlag gegen die Palästinensische Autonomiebehörde, mit dem ihr Anführer Jassir Arafat entmachtet und seine Soldaten getötet oder gefangen genommen werden sollten", überarbeitet hatte. Am 8. Juli [2001] stellte Stabschef Schaul Mofaz den Entwurf mit dem Titel *The Destruction of the Palestinian Authority and Disarmament of All Armed Forces* (dt. etwa: Die Zerstörung der Palästinensischen Autonomiebehörde und die Entwaffnung aller bewaffneten Kräfte; Anm. d. Übers.) der israelischen Regierung vor. Der Angriff sollte, je nach Gutdünken der Regierung, nach einem größeren Selbstmordanschlag in Israel erfolgen, bei dem es viele Tote und Verletzte gegeben hatte, und dieses Blutvergießen sollte dann als Rechtfertigung für den Angriff dienen. (*Tikkun*, März 2002)

Am 7. Oktober 2000 verabschiedete der UN-Sicherheitsrat die Resolution 1322, in der sowohl Ariel Scharons Besuch des *Al-Haram al-Scharif* als auch die „Anwendung übermäßiger Gewalt gegen Palästinenser" von Seiten Israels verurteilt wurde. Außerdem kritisierten Menschenrechtsorganisationen wie *Amnesty International, Human Rights Watch und B'Tselem* Israels Reaktion auf die Demonstrationen der Palästinenser. Eine Untersuchung von *Amnesty International* ergab, dass die „Mehrzahl der Getöteten [der getöteten Palästinenser] Teilnehmer von Demonstrationen waren, in denen Steine die einzigen Waffen waren". Weiter berichtete *Amnesty International*, „in vielen Fällen" habe es den Anschein gehabt, als seien Gruppen von Zivilisten, einschließlich Kindern, „bewusst angegriffen worden". (*Amnesty International*; 2000b) Auch aus der israelischen Armee selbst gab es Anschuldigungen, israelische Soldaten hätten bewusst auf unbewaffnete Zivilisten, auch auf Kinder, geschossen und sie getötet, wobei viele derer, die diese Anschuldigungen erhoben, sich weigerten, in den besetzten Gebieten Dienst zu tun, da sie an derartigen Aktivitäten nicht beteiligt sein wollten.[32]

Im Verlauf der restlichen Monate des Jahres 2000 kam es immer wieder zu Zusammenstößen zwischen den Bewohnern der besetzten Gebiete und der IDF. Bis zum Ende des Jahres waren bei den Unruhen 279 Palästinenser, darunter 82 Minderjährige, sowie 41 Israelis (keine Minderjährigen) getötet worden. (*B'Tselem*, 2003b)

---

32 Siehe beispielsweise Conal Urquhart; „Israeli soldiers tell of indiscriminate killings by army and a culture of impunity"; *Guardian;* 6. September 2005

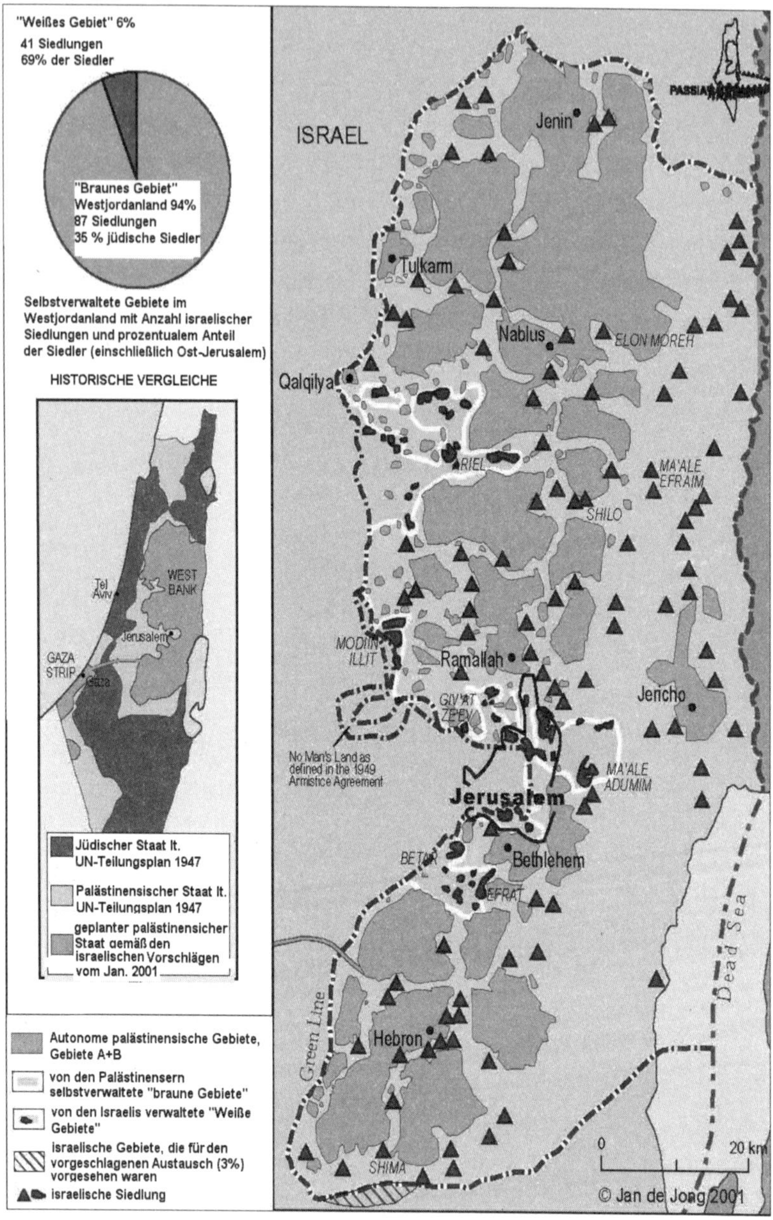

Karte 7: Karte zur möglichen endgültigen Lösung der territorialen Fragen, vorgelegt von Israel im Januar 2001

Am 21. Januar 2001 trafen sich Abgesandte der palästinensischen und der israelischen Seite mit US-Präsident Clinton zu weiteren Friedensgesprächen in Taba. Israel legte zwar ein nachgebessertes Angebot vor, doch nach einer Woche brach Ehud Barak die Gespräche ab, ohne dass ein Ergebnis erzielt worden wäre, und berief sich darauf, dass in Israel die großen allgemeinen Wahlen kurz bevorstanden. Arafat verurteilte die Entscheidung, die Gespräche abzubrechen, und beschuldigte die Israelis, einen grausamen und barbarischen Krieg gegen die Palästinenser" zu führen. Ungeachtet dieser Dinge gaben beide Seiten eine Erklärung ab, in der es hieß, man habe Fortschritte gemacht und sei einer Einigung so nahe gekommen wie noch niemals zuvor. (*Guardian*, 29. Januar 2001) In einer Analyse der Gespräche sagt Aronson, beide Seiten hätten sich in den territorialen Fragen einer Lösung stark angenähert. So hatte Israel seine Forderung nach einer uneingeschränkten Kontrolle über das Jordan-Tal, das Westjordanland und die Gegend um Kirjat Arba aufgegeben, die etwa 10 Prozent des Westjordanlandes umfasste. (*Report on Israeli Settlements in the Occupied Territories*; März/April 2001) Stattdessen sollten ihre Sicherheitsbedenken durch die „Schaffung einer begrenzten Anzahl unauffälliger Sicherheitspunkte im Jordan-Tal" befriedigt werden, „durch Arrangements, aus denen sich keinerlei territoriale Ansprüche ableiten und durch die keine Siedlungen entstehen und die nicht davon abhängig gemacht werden würden, ob Israel die Kontrolle über wichtige Transportrouten hat". Außerdem fuhr Israel seine Forderungen bezüglich einer Annexion der Korridore zwischen den Siedlungen zurück, die weit in das Gebiet eines möglichen Palästinenser-Staates hineinreichten und durch die die territoriale Kontinuität eines solchen Staates gefährdet wäre, ebenso wie die Forderungen nach einer Kontrolle über die Straßen und danach, das Land zu kantonisieren. Doch Aronson schreibt auch, es habe weiterhin einige „Schwachstellen [gegeben], die sowohl Auswirkungen auf die territoriale Kontinuität als auch auf die Transportkorridore in wichtigen Gebieten in der Nähe von Jerusalem, Ramallah, Bethlehem, Kalkilja und Nablus hatten".

Der palästinensische Unterhändler Abu Ala legte Pläne vor, mit deren Hilfe diese Schwachstellen ausgemerzt werden sollten. Durch die Umsetzung dieser Pläne wären drei große Ziele der palästinensischen Seite erfüllt worden: (1) „die Beschränkung der Gebiete, die Israel annektieren würde, auf das Doppelte der Siedlungsgebiete, (2) Verringerung der Anzahl jener Palästinenser im Westjordanland, die in den von Israel zu annektierenden Gebieten leben, von den mehr als 20.000, die es laut dem von den Israelis in Taba vorgelegten Plan wären, auf praktisch Null und (3) die Ablehnung einer Annexion irgendwelcher Teile der Siedlungsgebiete *Maale Adumim* oder *Givat Ze'ev* in der Nähe Jerusalems". Aronson merkte dazu an, der Plan sei ein „historischer und diplomatischer Meilenstein", da es der erste offizielle Vorschlag von Seiten der Palästinenser war, in dem diese akzeptierten, dass Israel Teile der besetzten Gebiete annektieren würde. Dr. Ron Pundak, Direktor des *Peres Centre for Peace* in Tel-Aviv und eine der zentralen Persönlichkeiten beim Friedensprozess von Oslo, behauptet: „Im Hinblick auf die heiklen Themen palästinensische Flüchtlinge und Rückkehrrecht erarbeiteten die Unterhändler einen Entwurf, in dem nicht nur die Parameter und das Vorgehen für eine Lösung festgelegt wurden, sondern auch ganz klar hervorgehoben wurde, dass durch die Umsetzung des Entwurfs der jüdische Charakter des Staates Israel nicht gefährdet würde". (2001:44) Außerdem ist Pundak der Ansicht, die Gespräche hätten zu „großen Fortschritten bei allen wichtigen Fragen" geführt".(2001:44)

Die Scharon-Regierung

Am 6. Februar 2001 gewann Ariel Scharon die Wahlen in Israel und versprach, vor Beendigung der Intifada würde es keine neuen Verhandlungen mit den Palästinensern geben. Genau eine Woche später starb einer von Arafats Leibwächtern von der „Force 17", Massud Ajad, beim Angriff eines israelischen Kampfhubschraubers. Damit war er der erste offizielle Vertreter, der seit der Ermordung von Thabet Thabet, dem Generalsekretär der *Fatah* und Generaldirektor des palästinensischen Gesundheitsministeriums am Silvestertag, getötet wurde. Die Ermordung von Thabet war weltweit verurteilt worden, da Thabet enge Verbindungen zu israelischen Friedensaktivisten unterhielt. (*Guardian*, 14. Februar 2001) Am 19. Februar wurde dann Muhammad al-Madani, ein junger Anführer der *Hamas*, in Nablus ermordet. Kurz danach entschied sich die israelische Labor-Partei in einer Abstimmung dafür, sich mit der Likud-Partei zu einer Regierung der nationalen Einheit zusammenzuschließen, in der Ariel Scharon Premierminister und Schimon Peres Außenminister wurde. Anfang März sprengte sich ein Palästinenser in der Küstenstadt Netanja selbst in die Luft, wobei 3 israelische Zivilisten

getötet und 60 weitere verletzt wurden. Dies war der erste Selbstmordanschlag in Israel seit Beginn der Intifada.
Die zunehmende Gewalt führte dazu, dass sich Parteien von außen versuchten einzuschalten, um die Lage zu stabilisieren. Am 27. März brachten die blockfreien Staaten im Sicherheitsrat die Resolution SC/7040 ein, in der man forderte, dass UN-Beobachter in die besetzten Gebiete entsandt würden, um die palästinensischen Zivilisten zu beschützen. Die einzige Stimme gegen die Resolution kam von den USA, die von ihrem Veto-Recht Gebrauch machten. Auch die Europäische Union kritisierte die israelische Regierung für ihren „unverhältnismäßigen" Einsatz von Gewalt und forderte sie auf, den Bau illegaler Siedlungen in den besetzten Gebieten zu beenden. (*Guardian*, 22. Mai 2001) Viele Menschenrechtsorganisationen äußerten sich ähnlich und kritisierten vor allem den Einsatz israelischer Kampfhubschrauber gegen Zivilisten.
Die Gewaltakte gingen den ganzen Sommer über weiter. Die israelische Seite startete eine Reihe von Angriffen auf palästinensische Städte und Dörfer und ermordete weiter politische und militärische Führer der Palästinenser. 40 von ihnen starben allein in jenem Sommer bei Raketenangriffen aus israelischen Kampfhubschraubern. Einfache Palästinenser und bewaffnete Mitglieder der palästinensischen Sicherheitskräfte lieferten sich Gefechte mit der israelischen Armee. Außerdem gab es eine Reihe von Selbstmordanschlägen in Israel. Beim schwersten davon kamen am 1. Juni in der „Dolphinarium-Diskothek" in Tel-Aviv 19 junge Israelis ums Leben. *Amnesty International* verurteilte diesen Anschlag umgehend und bezeichnete die Ermordung dieser Teenager als „schokkierend und verwerflich". Weiter hieß es von Seiten von AI: „Es kann zu keiner Zeit irgendeine Rechtfertigung für Angriffe auf Zivilisten geben". (*Amnesty International*, 2001e) Bis Ende August 2001 waren durch die Intifada 154 Israelis, davon 28 Minderjährige, und 495 Palästinenser, davon 123 Minderjährige, ums Leben gekommen. (*B'Tselem*, 2003b)
Nach den Angriffen vom 11. September in New York traf sich Jassir Arafat am 26. September mit Schimon Peres zu dem Versuch, eine Waffenruhe auszuhandeln, doch auch damit konnte das Blutvergießen nicht gestoppt werden. In den letzten Monaten des Jahres 2001 gingen das Töten, die Selbstmordanschläge und die israelischen Angriffe auf palästinensische Städte immer weiter, wobei es – besonders auf palästinensischer Seite – viele Tote gab. Am 16. Oktober 2001 ermordeten Mitglieder der PFLP den ultrakonservativen israelischen Minister Rehavam

Ze'evi in einem Hotelzimmer in Jerusalem. Laut Aussagen der Gruppe handelte es sich dabei um einen Racheakt für die Ermordung eines ihrer Anführer bei einem Angriff eines Kampfhubschraubers am 27. August. Die Ermordung des israelischen Ministers, der sich für eine gewaltsame Vertreibung aller Palästinenser aus dem Westjordanland und aus dem Gaza-Streifen ausgesprochen hatte, zog eine heftige Rüge seitens des Weißen Hauses nach sich. Von dort hieß es: „Es ist an der Zeit, dass die *Palästinensische Autonomiebehörde* energischer gegen die Terroristen vorgeht. Bloße Worte sind zu wenig." (Ari Fleisher; zitiert im *Guardian*, 17. Oktober 2005) Daraufhin ermordeten die israelischen Streitkräfte eine Reihe führender Palästinenser und marschierten in Bethlehem, Ramallah, Nablus und Jenin ein, wobei eine große Zahl an Palästinensern, sowohl Kämpfer als auch Zivilisten, viele davon Kinder, ums Leben kamen. Außerdem flog die IDF mit ihren F-16-Kampffliegern eine Reihe von Luftangriffen auf palästinensische Städte. Zwischen September und Dezember 2001 fielen der Intifada 13 israelische Soldaten, 61 israelische Zivilisten (8 davon Minderjährige), sowie 241 palästinensische Kämpfer und Zivilisten (42 von ihnen Minderjährige) zum Opfer.
Dieses Muster der Gewalt setzte sich auch in den ersten Monaten des Jahres 2002 unverändert fort. Der März und April bildeten hier einen erneuten Höhepunkt, da es in diesen Monaten wieder eine verhältnismäßig hohe Zahl von Selbstmordattentaten innerhalb Israels gab. Daraufhin besetzten die Israelis erneut mehrere Städte im Westjordanland, darunter Nablus, Jenin, Ramallah und Bethlehem, wo viele Palästinenser in der Geburtskirche Zuflucht vor der Verfolgung durch die IDF gesucht hatten. Nachdem sein Hauptquartier in Ramallah von israelischen Panzern und Bulldozern größtenteils zerstört worden war, wurde Palästinenserführer Jassir Arafat dort vier Wochen lang von den Israelis belagert. Allein im März und April kamen in dem Konflikt 66 israelische Soldaten, 100 israelische Zivilisten (13 von ihnen Minderjährige) und 495 Palästinenser (47 davon Minderjährige) ums Leben. Was die Invasion in Jenin anging, so war diese heiß umstritten. Die Palästinenser hatten zunächst behauptet, es habe ein „Massaker" gegeben, dem Hunderte Zivilisten zum Opfer gefallen waren, doch diese Behauptungen wurden später eher kritisch betrachtet. Ungeachtet dieser Tatsache waren die Verluste sehr hoch: 23 israelische Soldaten und 57 Palästinenser, davon etwa die Hälfte Zivilisten, kamen ums Leben und große Teile des Flüchtlingslagers von Jenin wurden zerstört.

In einem von *Amnesty International* vorgelegten Bericht über die Invasionen in Jenin und Nablus wurden Behauptungen, die israelische Armee hätte während militärischer Operationen „rechtswidrigen Tötungen" begangen, Menschen „gefoltert" und Palästinenser als „menschliche Schutzschilde" benutzt sowie „medizinische Hilfe und die Lieferung von Lebensmitteln und Wasser blockiert und [fremdes] Eigentum zerstört", genauer untersucht. Die Autoren des Berichts kamen zu folgendem Schluss:

> Die IDF hat Taten begangen, die gegen internationale Menschenrechtsbestimmungen verstießen und einige dieser Taten stellten ernsthafte Verstöße gegen die Vierte Genfer Konvention zum Schutz von Zivilpersonen in Kriegszeiten aus dem Jahr 1949 und Kriegsverbrechen dar. (*Amnesty International*, 2002b)

In einem UN-Bericht hieß es, die Zahl der zivilen Todesopfer bei der erneuten Besetzung von Nablus durch die Israelis sei doppelt so hoch gewesen wie im Falle von Jenin und insgesamt seien zwischen dem 1. März und dem 7. Mai 2002 497 Palästinenser getötet und 1.500 verwundet worden. (*Guardian*, 2. August 2002) Im Juli 2002 kam es zu einem besonders umstrittenen Zwischenfall: israelische Kampfjets bombardierten ein Wohngebiet in Gaza-Stadt und töteten dabei neben 15 weiteren Palästinensern, neun davon Kinder, auch Salah Schehadeh, den Gründer des militärischen Flügels der *Hamas*. Der israelische Premierminister Ariel Scharon bezeichnete die Aktion als „großen Erfolg", von Javier Solana, dem „Außenminister" der EU, wurde die Aktion jedoch „scharf verurteilt". Die Kritik seitens der USA fiel dafür deutlich milder aus: Ari Fleischer, der Sprecher des Weißen Hauses, beschrieb die Aktion als „ungeschickt". (*Ha'aretz*, 23. Juli 2002)
Im Jahr 2002 gab eine Gruppe israelischer Soldaten und Offiziere eine öffentliche Erklärung ab, in der sie ihren Unwillen zum Ausdruck brachten, in den besetzten Gebieten Dienst zu tun. In der Erklärung hieß es, der „Preis für die Besatzung" sei der „Verlust des menschlichen Wesens der IDF und die Korruption der gesamten israelischen Gesellschaft" und sie [die Unterzeichner] würden „nicht länger außerhalb der Grenzen von 1967 dafür kämpfen, ein ganzes Volk zu beherrschen, zu vertreiben, auszuhungern und zu erniedrigen". (*Ha'aretz*, 25. Januar 2002) Diese Erklärung bildete den Ausgangspunkt für die *Seruv-Bewegung* (Seruv

= Verweigerung), die sich ganz klar gegen die Siedlungspolitik und die Beteiligung an der Besetzung palästinensischer Gebiete durch den Militärdienst aussprach. Der Erklärung der ersten Gruppe folgte im September 2003 der Brief einer Gruppe von 27 Elitekampffliegern, in welchem diese erklärten, sie würden nicht länger Operationen in den besetzten Gebieten ausführen: „Wir, die man den Staat Israel zu lieben gelehrt hat, weigern uns, an Luftangriffen auf Zentren der Zivilbevölkerung teilzunehmen. Wir weigern uns, unschuldigen Zivilisten Leid zuzufügen". (*Guardian*, 25. September 2003) Im Juni 2002 begann Israel mit dem Bau einer Sperranlage, die sich quer durch die besetzten Gebiete ziehen sollte. Die israelische Regierung behauptete, diese Sperranlagen seien notwendig, um das Eindringen von Selbstmordattentätern nach Israel zu verhindern. Aronson dagegen vertritt die Ansicht, dass durch diese Absperrung eine De-facto-Grenze geschaffen werden soll, mit deren Hilfe Israel sich etwa 50 Prozent des Westjordanlandes einverleiben kann, während die Palästinenser „durch Grenzen, die auf den Siedlungsblocks basieren, voneinander und von den palästinensischen Staatsbürgern in Israel getrennt" wären. (*Report on Israeli Settlements in the Occupied Territories*, Juli/August 2003) Auch die israelische Menschenrechtsorganisation *B'Tselem* (2003c) hat den Bau der Sperranlagen verurteilt, da man davon ausgeht, sie würden 210.000 Palästinensern „direkten Schaden zufügen", einige Dörfer in „isolierte Enklaven" verwandeln und die Palästinenser wären damit von ihrem Ackerland und ihren Dörfern abgeschnitten und ihrer Lebensgrundlage beraubt.

Ebenfalls im Juni veröffentlichten die USA Erklärungen, in denen sie darauf bestanden, die Palästinenser müssten sich einen neuen Anführer wählen und ihre Institutionen reformieren, bevor man ihnen einen eigenen Staat gewähren würde. Bei einer Rede in Washington sagte Präsident Bush: „Sobald das palästinensische Volk neue Anführer und neue Institutionen hat und neue Sicherheitsregelungen mit seinen Nachbarn getroffen hat, werden die Vereinigten Staaten von Amerika die Schaffung eines Palästinenser-Staates unterstützen". Er fügte hinzu: „Für den Frieden braucht es eine neue, andere palästinensische Führung, damit ein palästinensischer Staat aus der Taufe gehoben werden kann". Diese Aussagen verärgerten die palästinensischen Vertreter, die nicht der Ansicht waren, dass die USA überhaupt das Recht hätten zu entscheiden, wen die Palästinenser zu ihrem Anführer wählen sollten. Der palästinensische Chefunterhändler Saeb Erekat dazu: „Palästinenserführer schwe-

ben nicht an Fallschirmen vom Himmel, weder von Washington aus, noch von sonst irgendwo. Sie werden vom palästinensischen Volk gewählt". (*Guardian*, 25. Juni 2002) Die Quintessenz der amerikanischen Erklärung war, dass die US-Administration ihre seit langem erwartete „Road-Map" für den Frieden nicht vorlegen würde, bevor Arafat nicht einen Ministerpräsidenten ernannt und einen großen Teil seiner Befugnisse abgegeben hätte. Nachdem weiter massiv Druck auf ihn ausgeübt wurde, kündigte Arafat schließlich die Bildung eines neuen Kabinetts mit der Einführung von Mahmud Abbas als palästinensischem Ministerpräsident für April 2003 an.
Kurz danach stellten die Amerikaner ihre „Road-Map" vor, die sie in Zusammenarbeit mit der EU, den vereinten Nationen und Russland ausgearbeitet hatten. Darin wurde die Errichtung eines Palästinenser-Staates im Westjordanland und im Gaza-Streifen bis zum Jahr 2005 gefordert. Der Plan sollte in drei Stufen umgesetzt werden. Für die erste war die Beendigung jeglicher Gewalt seitens der Palästinenser vorgesehen, außerdem die Reformierung der politischen Strukturen der Palästinenser, der Abriss der nach März 2001 gebauten Siedlungsvorposten durch die Israelis sowie ein stufenweiser Rückzug Israels aus Teilen der besetzten Gebiete. In der zweiten Stufe sollte eine internationale Friedenskonferenz stattfinden und ein provisorischer Palästinenser-Staat errichtet werden. Die dritte und letzte Stufe sollte schließlich die Lösung der hartnäkkigsten Probleme beinhalten, wie den Grenzverlauf, die Flüchtlingsfrage und den Status von Jerusalem. Überdies sollten die arabischen Staaten Friedensverträge mit Israel abschließen.
Bereits kurz danach, Ende Juni 2003, riefen *Hamas*, *Islamischer Dschihad* und *Fatah* einen 3-monatigen Waffenstillstand aus, um Spielraum für Verhandlungen zu schaffen. Angesichts der Tatsache, dass die IDF weiterhin palästinensische Kämpfer und Zivilisten tötete und die palästinensische Seite die Selbstmordanschläge in Israel wieder aufnahm, hielt der Waffenstillstand jedoch nicht lange. Nachdem die Tötungen auf beiden Seiten wieder eskalierten, trat Mahmud Abbas am 6. September nach einem kurzen, aber entscheidenden Machtkampf mit Jassir Arafat als Ministerpräsident zurück. Sein Nachfolger, Ahmed Kurei, wurde bereits am nächsten Tag vereidigt. Die Selbstmordanschläge und die Ermordung palästinensischer Anführer gingen weiter und der Stellvertretende Ministerpräsident Israels, Ehud Olmert, drohte öffentlich mit der Ermordung von Jassir Arafat. Diese Äußerung wurde von der

britischen Regierung und von Teilen der *Knesset* jedoch verurteilt. Die linke Meretz-Partei war der Ansicht, dies sei die Strategie der Likud-Partei, um Zwei-Staaten-Lösung zu verhindern: „Wenn man Arafat vertreibt, überlässt man damit der *Hamas* das Feld, und so dumm ist die Regierung nicht. Das ist eine Strategie, damit alles bleibt, wie es ist und es keine Zwei-Staaten-Lösung gibt." (*Guardian*, 15. September 2003)
Im Oktober 2003 trafen einige linke israelische Politiker und palästinensische Führer zusammen und unterzeichneten die Genfer Initiative, eine alternative Vision für einen Friedensschluss, in der die Parameter für eine Beilegung des Konflikts detailliert festgeschrieben wurden. Dazu gehörte auch die Errichtung eines Palästinenser-Staates fast im gesamten Westjordanland und Gaza-Streifen, die Aufgabe der Siedlungen, das Rückkehrrecht für die palästinensischen Flüchtlinge – jedoch nicht nach Israel, sondern in den zukünftigen Palästinenser-Staat – sowie die Teilung Jerusalems. Mehrere Führer aus aller Welt, unter ihnen auch Bill Clinton, unterstützten diese Initiative, die israelische Regierung jedoch lehnte sie kategorisch ab. Gegen Ende des Jahres 2003 verurteilten die europäische Union, die UN-Generalversammlung und UN-Generalsekretär Kofi Annan den Bau der israelischen Sperranlagen und zwischen September 2003 und Ende Januar 2004 kamen weitere 25 israelische Soldaten, 36 israelische Zivilisten (davon 5 Minderjährige) und 169 Palästinenser (davon 42 Minderjährige) bei gewaltsamen Zwischenfällen um.
Als Ariel Scharon Anfang Februar 2004, mitten in einer Untersuchung wegen Korruptionsvorwürfen, verkündete, es gäbe Pläne, alle jüdischen Siedlungen im Gaza-Streifen aufzugeben, da diese ein Sicherheitsrisiko darstellten, schockierte er selbst die Mitglieder seines eigenen Kabinetts. Im darauf folgenden Monat töteten die Israelis den querschnittsgelähmten geistigen Führer der *Hamas* Scheich Jassin sowie drei Umstehende durch Beschuss mit mehreren Raketen. Zum Zeitpunkt des Angriffs wurde Jassin gerade zum Morgengebet in seiner Moschee in Gaza gebracht. Weniger als einen Monat später wurde sein Nachfolger, der Kinderarzt Abdel Asis Rantisi, gemeinsam mit zwei Beratern durch einen Raketenangriff auf sein Auto in Gaza getötet. Die Europäische Union und die UN verurteilten den Angriff, die USA dagegen waren der Ansicht, Israel habe das Recht, sich zu verteidigen. Kurze Zeit später deutete Ariel Scharon an, es sei auch möglich, dass Israel Jassir Arafat töten würde. Inzwischen gingen die Selbstmordanschläge innerhalb Israels und

die israelischen Angriffe auf palästinensische Städte und Dörfer weiter. Zwischen März und Mai 2004 kamen weitere 16 israelische Soldaten, 17 israelische Zivilisten (davon 4 Minderjährige) und 245 Palästinenser (davon 69 Minderjährige) ums Leben. Besonders viele Todesopfer gab es, nachdem die IDF im Flüchtlingslager Rafah einmarschiert war und dort massive Zerstörungen angerichtet hatte. Nach heftiger Kritik aus allen Teilen der Welt zog die IDF Ende Mai 2004 schließlich ab.

Im April 2004 gab es auch Veränderungen geradezu seismischen Ausmaßes in der offiziellen Haltung Amerikas zu diesem Konflikt. Jahrzehntelang hatte diese darin bestanden, an den Parametern der UN-Resolution 242 festzuhalten. Man hatte erwartet, dass Israel sich auf die Grenzen von vor 1967 zurückziehen würde und dass die Frage nach dem „Rückkehrrecht" für die Palästinenser durch eine Verhandlungslösung geregelt würde. Des Weiteren ging man davon aus, dass die israelischen Siedlungen in den besetzten Gebieten ein „Hindernis für den Frieden" darstellten. Doch am 14. April 2004 verkündete Präsident Bush neben dem israelischen Premierminister Ariel Scharon stehend einen radikalen Kurswechsel in der offiziellen politischen Haltung der USA, als er sagte: „Angesichts neuer Gegebenheiten vor Ort, darunter auch die bereits bestehenden großen israelischen Bevölkerungszentren, ist es unrealistisch zu erwarten, dass das Ergebnis der End-Verhandlungen in einer vollständigen Rückkehr zu den Waffenstillstandslinien von 1949 bestehen wird". (*Washington Post*, 15. April 2004) Außerdem lehnte Präsident Bush ein Rückkehrrecht für die vertriebenen Palästinenser nach Israel ab und sagte, sie sollten stattdessen in einem zukünftigen Palästinenser-Staat wieder angesiedelt werden.

Dieser Schritt der USA zur Legitimation der wichtigsten Siedlungsblocks Israels in den besetzten Gebieten und zur Ablehnung des „Rückkehrrechts" nach Israel für die palästinensischen Flüchtlinge wurde sowohl von führenden palästinensischen als auch europäischen Politikern verurteilt. So sagte der französische Präsident Jacques Chirac, Bushs Aussage habe ein „unseliges und gefährliches Beispiel" gesetzt, und wies diesen Wandel in der politischen Haltung zurück. Der irische Außenminister Brian Cowen (und damalige Präsident des Rats der Europäischen Union; Anm. d. Übers.) äußerte sich ähnlich und sagte: „Die EU wird Veränderungen im Grenzverlauf im Vergleich zu den Grenzen von vor 1967 nicht anerkennen, es sei denn, die beiden Parteien hätten sich in Verhandlungen darauf geeinigt." (*Guardian*, 16. April 2004)

Jon Leyne, Korrespondent der *BBC* in Washington, sagte, dieser Schritt habe die Palästinenser verärgert, weil Washington damit im Grunde „jedem zukünftigen Verhandlungsführer der Palästinenser den Boden unter den Füssen weggerissen hatte, indem man ihre Forderungen zurückgewiesen hatte, noch bevor die Gespräche überhaupt begonnen hatten". Weiter fügte er hinzu: „Auf welche Konzessionen kann ein palästinensischer Unterhändler denn jetzt als Gegenleistung beispielsweise für die Aufgabe des Rückkehrrechts noch hoffen, nachdem ja nun klar ist, dass Washington dies ablehnt?". Leyne ist der Meinung, Bush sei bei seiner Kehrtwende stark von der pro-israelischen Lobby in Amerika beeinflusst worden, zu der auch viele christliche Fundamentalisten gehören, auf deren Unterstützung die Republikaner maßgeblich bauen:

> Es sieht so aus, als sei er vom „Bulldozer", wie Scharon auch genannt wird, überrollt worden. Und wie könnte er sich im Wahljahr auch gegen die Israel-Lobby stellen? Doch der israelische Führer rannte offene Türen ein. In der schwarz-weiß gezeichneten Welt von Präsident Bush sind die Israelis die Guten und die Palästinenser – oder zumindest ihre Anführer – die Bösewichte. [...] Die Erklärung vom Mittwoch wird Bush ganz sicher auch im eigenen Land zu Gute kommen, nicht nur bei der jüdischen Lobby, sondern auch bei den christlichen Fundamentalisten, die einen wichtigen Teil seiner Basis darstellen, bei den republikanischen Hardlinern und natürlich auch bei den Demokraten, die bei den letzten Wahlen 90 % der jüdischen Wählerstimmen für sich verbuchen konnten. (*BBC Online*, 14. April 2004)

Im Gegensatz zu vielen führenden europäischen Politikern, die den Wechsel in der politischen Haltung der USA zu dem Konflikt verurteilten, begrüßte Tony Blair ihn sogar, was dazu führte, dass eine Koalition aus 52 ehemaligen britischen Diplomaten in bisher nicht gekannter Weise Kritik übten. In einem offenen Brief schrieben sie: „Unsere Bestürzung angesichts dieses rückwärts gerichteten Schritts wird noch durch die Tatsache verstärkt, dass Sie selbst ihn zu begrüßen scheinen und damit die Prinzipien aufgegeben zu haben scheinen, die seit fast vierzig Jahren die Grundlage für die internationalen Bemühungen zur Wiederherstellung des Friedens im Heiligen Land bilden." Weiter hieß es: „Es gibt keinen Grund, eine Politik zu unterstützen, die von Anfang an zum scheitern verurteilt ist". (*The Times*, 26. April 2004)

Im Juli 2004 verkündete der Internationale Gerichtshof sein schon lange erwartetes Urteil zu den Sperranlagen, die Israel tief in den besetzten Gebieten gebaut hatte. Das Gericht entschied mit 14 Stimmen zu 1, dass diese Sperranlagen gegen internationales Recht verstoßen, und die einzige Gegenstimme stammte von dem amerikanischen Richter. In der Entscheidung des Gerichts hieß es, der Gerichtshof sei „nicht davon überzeugt, dass es zur Erreichung der Ziele Israels für seine Sicherheit notwendig war, dass die Sperranlagen dem spezifischen Verlauf folgten, den Israel vorgesehen hatte" und der Bau der Sperranlagen habe dazu geführt, dass in hohem Maße palästinensischer Besitz konfisziert oder zerstört wurde, was einen direkten Verstoß gegen die Vierte Genfer Konvention darstellte. Außerdem wurde durch das Urteil der illegale Charakter der israelischen Siedlungen in den besetzten Gebieten erneut bestätigt und festgestellt, dass die Gefahr besteht, dass durch den Bau der Sperranlagen Teile der besetzten Gebiete „*de facto* annektiert würden". Der Gerichtshof erklärte in seinem Urteil, Israel sollte die Sperranlagen abreißen und sei „verpflichtet, Reparationen für jedwede Schäden zu leisten, die durch den Bau der Sperranlagen in den besetzten palästinensischen Gebieten entstanden sind". Weiter sprach das Gericht die Empfehlung aus, dass die UN-Generalversammlung und der UN-Sicherheitsrat sich damit beschäftigen sollten, welches Vorgehen notwendig wäre, um Israel dazu zu zwingen, der Gerichtsentscheidung Folge zu leisten.

Die Europäische Union unterstützte die Entscheidung des Gerichts, die Amerikaner jedoch wiesen sie mit der Begründung zurück, die Meinungsverschiedenheiten bezüglich der Sperranlagen sollten durch bilaterale Verhandlungen zwischen Israelis und Palästinensern beigelegt werden. Die Israelis argumentierten dahingehend, dass der Internationale Gerichtshof in der Frage der Sperranlagen rechtlich nicht zuständig war, dass die Entscheidung des Gerichts unausgewogen war und dass die Sicherheitsbedenken Israels darin nicht ausreichend gewürdigt worden waren. Der israelische Sprecher Raanan Gissin erklärte: „Ich glaube daran, dass diese Resolution, nachdem sich all der Groll gelegt hat, ihren Platz im Papierkorb der Geschichte finden wird. Der Gerichtshof hat eine ungerechte Entscheidung gefällt und Israel das Recht zur Selbstverteidigung abgesprochen". (*Guardian*, 10. Juli 2004)

Nach einer Äußerung von Dov Weisglass, einem der engsten Berater von Premierminister Scharon, in einem Interview mit Ari Shavit von der *Ha'aretz* brachen Anfang Oktober 2004 heftige Kontroversen los.

In dem Interview hatte Weisglass erklärt, die israelische Regierung sei Ende 2003 wegen einer Reihe aktueller und zukünftiger politischer Entwicklungen sehr besorgt gewesen. Zu diesen Entwicklungen gehörten unter anderem die große Unterstützung für die Genfer Initiative in der Bevölkerung, aber auch die stagnierende Wirtschaft, die wachsende Zahl berühmter „Verweigerer" und die Möglichkeit, dass in Zukunft starker internationaler Druck auf Israel ausgeübt werden könnte, endlich eine Verhandlungslösung mit den Palästinensern zu finden. Weiter sagte Weisglass, ein Abzug aus dem Gaza-Streifen würde gewissermaßen als „Formaldehyd" dienen; die „Road Map" würde eingefroren, „sodass es letztlich keinen politischen Prozess zusammen mit den Palästinensern gäbe":

> In Zusammenarbeit mit dem Management der Welt [den Vereinigten Staaten] habe ich eine Möglichkeit gefunden sicherzustellen, dass es hier keine Stoppuhr geben wird und keinen Zeitplan zur Verwirklichung des Alptraums der Siedler. Ich habe diesen Alptraum auf unbestimmte Zeit ausgesetzt. Denn letzten Endes habe ich mich mit den Amerikanern darauf geeinigt, dass Teile der Siedlungen überhaupt nicht angetastet würden und der Rest erst dann, wenn sich die Palästinenser in Finnen verwandeln. Das ist die Quintessenz dessen, was wir getan haben. Das Wichtige dabei ist das Einfrieren des politischen Prozesses. Und wenn man diesen Prozess einfriert, verhindert man damit die Errichtung eines Palästinenser-Staates und eine Diskussion über die Flüchtlingsfrage, den Grenzverlauf und über Jerusalem. Im Grunde ist damit das ganze Paket mit dem Namen Palästinenser-Staat und alles, was damit in Zusammenhang steht, bis auf unbestimmte Zeit von unserer Tagesordnung verschwunden. Und all das mit Ermächtigung und Erlaubnis. Alles mit dem Segen des Präsidenten und nach Ratifizierung durch beide Häuser des Kongresses. Was hätten wir mehr erwarten können? Und was hätte man den Siedlern mehr geben können? (*Ha'aretz*, 8. Oktober 2004)

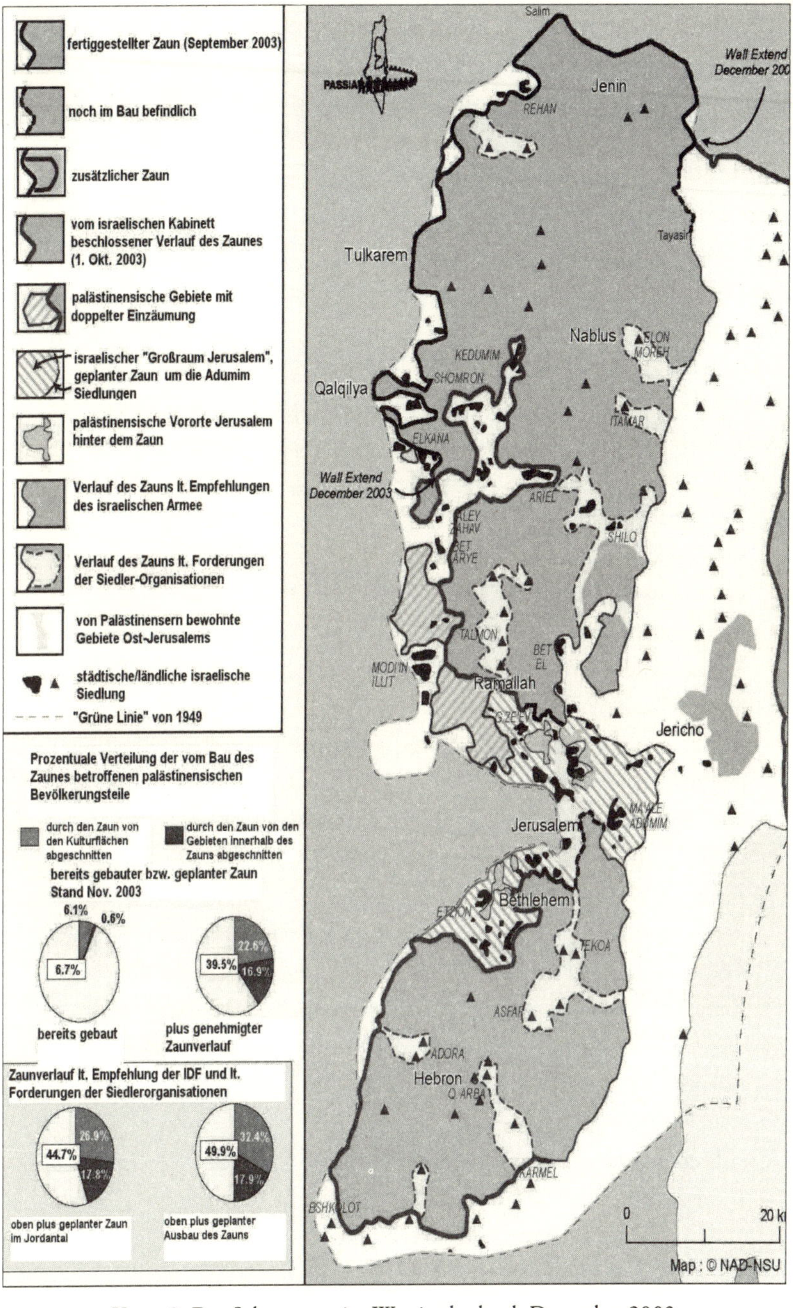

Karte 8: Der Schutzzaun im Westjordanland, Dezember 2003

Am 29. Oktober 2004 erkrankte Jassir Arafat plötzlich und wurde mit dem Hubschrauber in Krankenhaus in Frankreich ausgeflogen, wo er zwei Wochen später starb. Die Bedeutung, die sein Tod hatte, und das Erbe, das er nach fast vierzig Jahren als Anführer der Palästinenser hinterließ, waren bei Politikern und Beobachtern stark umstritten. Viele der israelischen Beobachter äußerten sich sehr kritisch. Tommy Lapid, der israelische Justizminister, sagte, es sei „gut, dass die Welt ihn los ist [...] jetzt scheint die Sonne wieder über dem Nahen Osten". (*BBC Online*, 11. November 2004) Der israelische Historiker Michael Oren beschuldigte Arafat in einem Artikel in der *Washington Post* mit dem Titel *Arafat without Tears: The Terrorist Statesman Took Peace Nowhere* (dt. etwa: Keine Tränen für Arafat: Der terroristische Staatsmann hat den Frieden nicht vorangebracht; Anm. d. Übersetzers), die Einstellung seines Volkes zu Israel vergiftet und den Friedensprozess kaputt gemacht zu haben:

> Der ganze Spannungsbogen im Image von Arafat – vom Terroristen hin zum Friedensnobelpreisträger und wieder zurück zum Terroristen – hat sich tief in das Bewusstsein der israelischen Öffentlichkeit eingegraben. Ein Großteil eben dieser Öffentlichkeit ist inzwischen überzeugt, dass Arafat nie die Absicht hatte, Frieden zu schließen, sondern Oslo nur dazu benutzt hat, den „stufenweisen Plan" der Palästinensischen Befreiungsorganisation aus dem Jahr 1974 umzusetzen, in dem die allmähliche Zerstörung Israels durch eine Kombination aus Gewaltakten und diplomatischem Vorgehen gefordert wurde. Tatsächlich gibt es eine solide Mehrheit in Israel, die inzwischen der Ansicht ist, dass Arafat sein eigenes Volk so vergiftet hat, dass die Chancen für eine Wiederaufnahme der Verhandlungen sehr gering sind – egal ob mit ihm oder ohne ihn, und dass Israels einzige Option darin bestand, sich hinter einem Zaun zu verstecken, der die Israelis von den Palästinensern trennt, bis die Palästinenser eine rechtmäßige Führung haben, die in der Lage ist, Frieden zu stiften. (*Washington Post*, 14. November 2004)

Alan Dershowitz' in der *Jerusalem Post* veröffentlichte Kritik an dem Palästinenserführer fiel sogar noch harscher aus. Er beschrieb Arafat als den „Paten des internationalen Terrorismus, der die Hoffnungen seines Volkes auf einen eigenen Staat selbst zerstört hat" und „die [palästinensischen] Kinder mit so viel Hass indoktriniert hat, dass sie sich bereitwillig in menschliche Bomben verwandelt haben":

> Arafat war persönlich verantwortlich für die Ermordung Tausender unschuldiger Israelis, Hunderter unschuldiger Araber und zahlloser ande-

> rer Menschen. Ebenso wie andere ethnisch motivierte Schlächter vor ihm empfand er ein Vergnügen dabei, jüdische Kinder zu töten, wie er es bei mehreren gut geplanten Angriffen auf israelische Schulen und Kindertagesstätten tat. Er befahl außerdem persönlich die Ermordung Hunderter Vertreter seines eigenen Volkes, die nicht einer Meinung mit ihm waren oder mit Israel kollaborierten. Da er andere Meinung grundsätzlich nicht tolerierte, ließ er in der Auseinandersetzung mit seinen Kritikern eher Kugeln als Argumente für sich sprechen. Arafat war eine Inspiration für Osama bin Laden, weil er seinem eifrigen Schüler zeigte, das Terrorismus funktionieren kann und dass Terroristen in einer feigen Welt Lob und Anerkennung erfahren können, wie es bei Arafat so lange und von so vielen Seiten der Fall war. Arafat war keiner jener Anführer, die sich wie Nelson Mandela vom Terroristen zum Friedensstifter wandeln. Er hat nie gelernt, ein „Ja" als Antwort zu akzeptieren und hat jede Chance genutzt, eine solche zu verpassen. (*Jerusalem Post*, 12. November 2004)

Doch nicht alle Israelis waren so unversöhnlich in ihrer Kritik Arafats. Uri Avnery vertrat die Meinung, der Palästinenserführer sei für die meisten Israelis die Personifizierung der gesamten Gewalt dieses Konflikts gewesen und aus diesem Grunde seien sie nicht in der Lage gewesen, die Konzessionen und Kompromisse anzuerkennen, die er zur Beendigung des Konflikts gemacht hatte:

> Jeder Konflikt schafft eine große Menge an Stereotypen und Vorurteilen und sehr viel Hass und Angst. Und all dieser Hass, die Ängste und vielleicht auch die Schuldgefühle, weil wir unsere Nationalfabrik auf den Ruinen des palästinensischen Volkes aufgebaut haben, all das projizierten wir auf Jassir Arafat. Es sind Millionen von Worten geschrieben worden, mit denen man ihn verdammte, doch ich kann mich nicht an 100 Worte erinnern, mit denen man ihn gelobt hätte. Es kann nicht angehen, dass es nicht ein Wort des Lobes über einen Menschen gibt. Er war der Initiator von Oslo, er hat Israel anerkannt. Es muss doch etwas Gutes an dem Mann gegeben haben, der auf 77 % von dem verzichtete, was vor 1948 Palästina war und sich mit 22 % zufrieden gab. In den Darstellungen war er kein bloßer Gegner, sondern ein Monster. Man zeichnete das Bild eines großen Feindes und er hätte doch ein starker Partner sein können. (*Jerusalem Post*, 11. November 2004)

Einige andere Beobachter und politische Führungskräfte bewerteten Arafats Leben sogar positiv. So bezeichnete ihn der malaysische Premierminister Abdullah Ahmad Badawi als „großen Führer“, der „den Menschen aus allen Teilen der Welt wegen seines Muts und seiner Entschlossenheit, sich trotz schlechtester Chancen für die unveräußerlichen Rechte des palästinensischen Volkes einzusetzen und sie zu verteidigen, in Erinnerung bleiben wird“. (*BBC Online*, 11. November 2004) Der ehemalige Präsident Südafrikas, Nelson Mandela, beschrieb ihn als „einen der herausragenden Freiheitskämpfer dieser Generation, einer, der sein gesamtes Leben der Sache der Palästinenser gewidmet hat“. (*BBC Online*, 11. November 2004) David Hirst lieferte im *Guardian* eine nuancierte Bewertung des Lebens und von Arafat sowie seines Vermächtnisses. Er schreibt, Arafat habe eine entscheidende Rolle dabei gespielt, dass sich die Palästinenser nach den Niederlagen von 1948 und 1967 wieder aufrappelten, nach 1990 jedoch sei seine Führung sehr schwach gewesen. Hirst kritisierte ihn unter anderem dafür, dass er Folter und Misshandlung in der *Palästinensischen Autonomiebehörde* instituiert und zugelassen hat, dass seine wirtschaftlichen Berater „ein marodes, nepotistisches Gebäude aus Monopolen, Schiebereien und offener Erpressung“ errichteten, „mit dessen Hilfe sie immer reicher wurden, während der Großteil der Gesellschaft immer mehr verarmte“. Doch ebenso wie bei Edward Said richtete sich auch bei Hirst die heftigste Kritik gegen die Entscheidung Arafats, die Bedingungen der Abkommen von Oslo zu akzeptieren, durch die nach Hirsts Ansicht nicht nur Israel stark bevorteilt wurde, sondern auch die im internationalen Recht verankerten Rechte der Palästinenser untergraben wurden:

> Er war ebenso sehr ein Kollaborateur wie ein Befreier. Durch die Abkommen von Oslo war eine Reihe von Interims-Abkommen vorgesehen, die am Ende zu Gesprächen über den endgültigen Status der besetzten Gebiete und zur Beilegung der noch offenen Fragen führen sollten. Ein israelischer Beobachter sagte über das erste davon: „wenn man sich einmal die ganzen hochtrabenden Phrasen und bewussten Fehlinformationen, die Hunderte rechtsverdrehender Abschnitte und Unterabschnitte, Anhänge und Protokolle genau durchliest, dann erkennt man ganz deutlich, dass die Palästinenser eine furchtbare Niederlage einstecken mussten, während der Sieg der Israelis vollkommen war.“ So ging das

> sechs Jahre lang, noch lange nachdem klar war, dass dieser „Impuls" nicht für ihn arbeitete, sondern gegen ihn. Und es konnte auch gar nicht anders sein, denn durch dieses Abkommen, durch das die Gewalt verboten, die Rechtsprechung der UN zu diesem Konflikt mit Füßen getreten und die von jeher pro-israelischen USA als einziger Vermittler in diesem Friedensprozess eingesetzt wurden, verschob sich das Kräftegleichgewicht mehr denn je zugunsten Israels. Durch die Interims-Abkommen, mit deren Hilfe er sein Konzept des „endgültigen Status" hatte vorantreiben wollen, wurden stattdessen nur die Vorstellungen der Israelis gefördert. (*Guardian*, 11. November 2004)

Am 9. Januar 2005 traten die Palästinenser in den besetzten Gebieten an die Wahlurnen und wählten Mahmud Abbas, den Kandidaten der *Fatah*, zu ihrem Präsidenten. Zwei Wochen später, am 23. Januar 2005, stimmten *Hamas* und *Islamischer Dschihad* zu, die Angriffe auf Israel auszusetzen, um Abbas Zeit zu geben, mit den Israelis eine Waffenruhe auszuhandeln. Dies gelang schließlich am 8. Februar 2005 bei einem Treffen zwischen Abbas und Scharon in Scharm el-Scheich (Ägypten), bei dem sich beide Seiten nicht nur auf eine Waffenruhe einigten, sondern auch über die Bedingungen für die Freilassung palästinensischer Gefangener und den Rückzug der israelischen Truppen aus den palästinensischen Bevölkerungszentren. Nach dem Gipfel beschwerte sich die *Hamas*, bei den Verhandlungen zu der Waffenruhe habe man sie nicht ausreichend konsultiert, erklärte aber gleichzeitig, man würde die Waffenruhe nicht brechen, solange man nicht provoziert würde. Das Morden ging ungeachtet der Waffenruhe weiter, wenn auch nicht im selben Maße wie zuvor. Zwischen der Unterzeichnung der Waffenruhe im Februar und dem Truppenabzug aus dem Gaza im August wurden weitere 18 Israelis (davon 4 Minderjährige) und 60 Palästinenser (17 davon Minderjährige) getötet. (*B'Tselem*, 2005)

Anfang August 2005 marschierten israelische Truppen im Gaza-Streifen ein, um die israelischen Siedler, die sich weigerten, das von der Regierung angebotene Kompensationspaket anzunehmen und sich freiwillig anderswo anzusiedeln, von dort zu entfernen. Obwohl vorher prophezeit worden war, dass es vielerorts zu Gewalt und starkem Widerstand kommen würde, konnten alle israelischen Siedler innerhalb weniger Tage und ohne größeres Blutvergießen aus dem Gaza-Streifen entfernt werden. Die britische und die amerikanische Regierung bezeichneten dies

als einen Schritt hin zu einem Frieden. In der Resolution des israelischen Kabinetts, durch die der Abzug aus dem Gaza-Streifen autorisiert worden war, hieß es, es gäbe „keinen verlässlichen palästinensischen Partner, mit dem ein Fortschritt in einem bilateralen Friedensprozess möglich wäre" und man zöge sich aus dem Gaza-Streifen zurück, um die „Sicherheitslage sowie die politische, wirtschaftliche und demographische Situation zu verbessern". (Außenministerium Israels, 2004)
Dabei war die demographische Situation nach Ansicht der Israelis das größte Problem. Arnon Soffer, Demograph an der Universität von Haifa und in den Augen der meisten der Schöpfer von Ariel Scharons Teilungsplan, hatte sich in einem Interview in der *Jerusalem Post* im Jahr 2004 zum Wesen der demographischen Bedrohung geäußert. Seiner Ansicht nach war das Angebot, das die Israelis den Palästinensern unterbreiteten, für diese derart inakzeptabel, dass sie vermutlich so lange warten würden, bis sie in den von Israel kontrollierten Gebieten (Israel und die besetzten Gebiete) die Mehrheit bildeten, und dann gleiches Stimmrecht fordern könnten, wodurch die Existenz des Staates Israel als jüdischer Staat bedroht wäre. Wenn nun die 1,3 Millionen Palästinenser im Gaza-Streifen nicht mehr unter israelischer Kontrolle stünden, würde diese Entwicklung für einige Jahre aufgeschoben:

> Betrachten wir es einmal aus der Perspektive der Palästinenser. Stellen wir uns vor, Sie und ich seien Arafat und Jassir Abed Rabbo und wir schauen uns die Karte an, um zu sehen, was uns die Juden für unseren Staat zu überlassen bereit sind. Sie wollen uns den Gaza-Streifen geben – der nicht viel mehr ist als ein überfülltes „Gefängnis". Und dann ist da noch das andere „Gefängnis", Hebron, und ein weiteres, größeres, namens Samaria. In dem einen leben 1,6 Millionen, in dem anderen 1 Million und in dem dritten 1,5 Millionen Menschen (bald werden es 3 Millionen sein). Jedes dieser „Gefängnisse" ist vom Rest völlig abgeschnitten. Die Juden werden uns nicht erlauben, eine eigene Armee zu haben, doch wir werden von ihrer mächtigen Armee umzingelt sein. Sie werden uns nicht erlauben, eine Luftwaffe zu haben, doch ihre Luftwaffe wird am Himmel über uns sein. Und sie werden uns kein Rückkehrrecht gewähren. Warum sollten wir ein Abkommen mit ihnen treffen? Warum sollten wir den Staat, den sie uns anbieten, akzeptieren? Gedulden wir uns noch 10 Jahre, dann werden die Juden nur noch etwa 40 Prozent der Bevölkerung dieses Landes ausmachen, wir aber 60 Pro-

zent. Und da die Welt nicht zulassen wird, dass eine Minderheit eine Mehrheit beherrscht, wird Palästina dann uns gehören. (*Jerusalem Post*, 10. Mai 2004)

Soffer prophezeite, dass die Zeit nach dem Truppenabzug aus dem Gaza-Streifen trostlos und von Gewalt geprägt sein würde, deutete aber auch an, die demographische Situation und die Sicherheitslage in Israel würden sich verbessern und es könne möglicherweise ein „freiwilliger Transfer" der Palästinenser aus den besetzten Gebieten erreicht werden:

> Statt in den Gaza-Streifen einzumarschieren, wie wir es vergangene Woche getan haben, werden wir den Palästinensern einfach sagen, dass wir für jede Rakete, die über den Zaun hinweg auf uns abgeschossen wird, 10 zurückschicken werden, und dass Frauen und Kinder getötet und Häuser zerstört werden. Nach dem fünften derartigen Zwischenfall werden die palästinensischen Mütter ihren Ehemännern nicht mehr erlauben, Kassam-Raketen [auf uns] abzuschießen, weil ihnen klar sein wird, was sie dann erwartet. Und zweitens wird es eine große Katastrophe geben, wenn 2,5 Millionen Menschen im Gaza-Streifen abgeriegelt werden. Diese Menschen werden sich durch einen irrsinnigen, fundamentalistischen Islam noch mehr zu Tieren entwickeln, als es bisher schon der Fall ist. Der Druck auf die Grenzen wird furchtbar werden. Das wird einen schrecklichen Krieg geben. Wenn wir also am Leben bleiben wollen, werden wir töten, töten, töten müssen. Den ganzen Tag lang und das jeden Tag. Wenn wir nicht selbst töten, wird es uns bald nicht mehr geben. (*Jerusalem Post*, 10. Mai 2004)

Er äußerte sich auch zu den Folgen dieser Politik für die israelische Gesellschaft und den langfristigen Auswirkungen auf die Palästinenser:

> Das einzige, was mir Sorgen macht, ist die Frage, wie man sicherstellen kann, dass die Jungen und Männer, die das Töten übernehmen müssen, hinterher nach Hause zu ihren Familien gehen können und ganz normale Menschen sind. Die Palästinenser werden einsehen müssen, dass das Demographieproblem nicht mehr von Bedeutung ist, weil wir hier sein werden und sie dort. Und dann werden sie um Gespräche zur „Konfliktbereinigung" bitten – nicht dieses schmutzige Wort „Frieden" [...]. Eine unilaterale Abgrenzung ist keine Garantie für „Frieden" – aber für

einen zionistisch-jüdischen Staat, in dem die Juden die überwältigende Mehrheit bilden; sie garantiert die Art von Sicherheit, die dafür sorgt, dass die Touristen wieder in dieses Land kommen und sie garantiert noch eine weitere wichtige Sache. Zwischen 1948 und 1967 war der Zaun ein Zaun und 400.000 Menschen haben das Westjordanland freiwillig verlassen. Und das wird auch nach der Teilung passieren. Wenn ein Palästinenser nicht zum Arbeiten nach Tel Aviv kommen kann, wird er sich im Irak, in Kuwait oder in London umsehen. Ich glaube, viele Menschen werden das Gebiet verlassen. (*Jerusalem Post*, 10. Mai 2004)

Auch Graham Usher beschreibt, was er als Schlüsselrolle der Demographie sowohl beim Rückzug aus dem Gaza-Streifen als auch in der Naturalisierungspolitik Israels sieht:

> Die einzige Logik ist die demographische: es geht um die verzweifelte Angst davor, dass Israel, wenn es sich nicht aus dem Gaza-Streifen zurückzieht, irgendwann für die 1,3 Millionen palästinensischen Bewohner verantwortlich sein wird. Die Demographie ist auch die Begründung für die neue Naturalisierungspolitik Israels. Laut dieser erhält jeder Jude auf diesem Planeten die israelische Staatsbürgerschaft, während es drakonische Beschränkungen für Palästinenser – in den besetzten Gebieten oder sonst wo – gibt, die (manchmal sogar buchstäblich) ihre in Israel lebenden Cousins oder Cousinen heiraten. Um es mit Kimmerlings Worten zu sagen: dies ist ein „Herrenvolk"-Gesetz, mit dessen Hilfe ethnische Diskriminierung und rassische Überlegenheit ganz unverfroren zum Grundstein der Staatsbürgerschaft gemacht werden. Es gibt bereits Pläne, Tausende derzeit „illegal" in Israel lebender Palästinenser „über die Grenze" abzuschieben, sobald die Grenze (d.h. der Zaun) fertig gestellt ist. (*Usher*, 2006:20)

Dem Rückzug der Israelis aus dem Gaza-Streifen folgte in den letzten Monaten des Jahres 2005 eine Reihe politischer Erdbeben. Am 10. November wurde Schimon Peres bei der Wahl zum Parteichef der Labor-Partei unerwartet von Amir Peretz, einem Gewerkschaftsführer, geschlagen. Dieser sagte direkt nach seiner Wahl, er wolle die Labor-Partei der Koalition der nationalen Einheit mit der Likud-Partei herauslösen und Neuwahlen veranlassen. Der Sieg von Peretz kam besonders deswegen überraschend, weil er der erste sephardische Jude war, der zum Anführer einer Partei gewählt wurde, die allgemein als von den Aschkenasim dominiert gilt. Einige Parteimitglieder hofften, auf diese Weise würde sich der Stimmenanteil der Partei bei den Juden aus dem Nahen Osten erhöhen, die traditionell eher die Likud-Partei wählten. Am 22. November wurde eine neue Partei gegründet. Sie trug den Namen *Kadima* („Vorwärts") und zog sofort Überläufer sowohl von der Likud-Partei als auch von der Labor-Partei an, unter ihnen auch alt gediente Parteipersönlichkeiten wie Schimon Peres und Schaul Mofaz. Erste Meinungsumfragen ergaben, dass die *Kadima* bei den für den 28. März 2006 angesetzten Wahlen stärkste Kraft werden würde. Am 18. Dezember erlitt Ariel Scharon einen leichten Schlaganfall, wurde jedoch kurz danach wieder aus dem Krankenhaus entlassen. Zwei Tage später wurde Benjamin Netanjahu zum neuen Parteichef der Likud-Partei gewählt und versprach, keine weiteren Gebiete an die Palästinenser zurückzugeben, es sei denn, dies sei vorher von den Israelis durch ein Referendum autorisiert worden. Am 4. Januar 2006 erlitt Ariel Scharon einen zweiten, weitaus schwereren Schlaganfall, infolge dessen er im Koma liegt. Seinen Platz als Parteichef der neu gegründeten Kadima-Partei nahm sein Stellvertreter Ehud Olmert ein.

Ende Januar 2006 fanden die Parlamentswahlen der Palästinenser statt, von denen es bereits im Vorfeld hieß, das Ergebnis würde sehr knapp ausfallen. Der Überraschungssieger dieser Wahl, die *Hamas*, übertrumpfte nicht nur erstmals die *Fatah*, es gelang ihr sogar, die Mehrheit der Sitze zu erringen, wodurch sich ihr die Möglichkeit bot, ohne Koalitionspartner zu regieren. Einige Beobachter vertraten die Meinung, das Wahlergebnis sei Ausdruck des Protests gegen den Verfall der *Fatah* oder eine Reaktion auf das Versagen der internationalen Gemeinschaft, den Konflikt mit rechtlichen Mitteln beizulegen. Dazu gehörte vor allem, dass es keinerlei Maßnahmen der internationalen Gemeinschaft gegeben hatte, nachdem der Internationale Gerichtshof sein Urteil zu den Absperranlagen verkündet hatte. Europa und die USA reagierten sehr negativ auf das Wahlergebnis und drohten damit, der *Palästinensischen Autonomiebehörde* die Gelder zu streichen, sollte die *Hamas* nicht der Gewalt abschwören und den Staat Israel anerkennen. Langfristig lässt sich nur schwer vorhersagen, wohin diese neuen Entwicklungen führen werden. Möglicherweise werden sich die Palästinenser unter der Führung der *Hamas* bei der Suche nach neuen Geldgebern stärker Ländern wie dem Iran annähern. In diesem Fall wäre der jetzige Zeitraum nicht nur für die Radikalisierung der Palästinenser von entscheidender Bedeutung, sondern auch für die vieler anderer Gruppen in der muslimischen Welt.

Die Geschichte kennt kein Ende und in diesem Sinne gibt es auch keine abschließenden Worte, die an dieser Stelle gesagt werden könnten. An dieser Stelle der Entwicklung dieses erbitterten Konflikts endet unser Buch ganz einfach. Wir hatten nicht die Absicht, uns mit unserer Darstellung auf eine der beiden „Seiten" zu stellen oder zu bewerten, was die unterschiedlichen Parteien am besten tun sollten. Wir wollten lediglich die gegensätzlichen Argumente vorstellen und hoffen, mit unserer Arbeit dazu beigetragen zu haben, dass die Teilnehmer am öffentlichen Diskurs zu den Ursachen des Konflikts, den möglichen Lösungen und den dazu nötigen Schritten nun noch besser informiert sind.

Quellen

Aham, A. (1923) *Am Scheideweg* (Berlin)

Amnesty International (2002a) Without Distinction: Attacks on Civilians by Palestinian Armed Groups. AI Index MDE 02/003/2002

---- (2002b) Israel and the Occupied Territories: Shielded from Scrutiny: IDF Violations in Jenin and Nablus. AI Index: MDE 15/149/2002.

---- (2001a) Annual Report 2001 Israel and the Occupied Territories. AI Index: POL 10/001/2001

---- (2001b) Israel/OT: The international community must act to end Israel's policy of closures and house demolitions. AI Index: MDE 15/066/2001

---- (2001c) Israel/OT: Committee Against Torture says Israel's policy of closures and demolitions of Palestinian homes may amount to cruel inhuman or degrading treatment. AI Index MDE 15/105/2001.

---- (2001d) Israel/OT: Annual report. AI Index: POL 10/001/2001

---- (2001e) Israel/OT/Palestinian Authority: Amnesty International condemns bombing of discotheque. AI Index MDE 15/049/2001

---- (2000a) Annual Report 2001 Israel and the Occupied Territories. AI Index: POL 10/001/00

---- (2000b) Israel and the Occupied Territories: Excessive Use of Lethal Force. AI Index: MDE 15/041/2000

---- (1999a) Israel: Flouting UN obligations in the name of security. Oral Statement to the UN Commission on Human Rights on Israel and the Occupied Territories. AI Index: MDE 15/034/1999

---- (1999b) Annual Report 2001 Israel and the Occupied Territories. AI Index: POL 10/001/2001

---- (1999c) Israel and the Occupied Territories: Demolition and Dispossession: the Destruction of Palestinian Homes. AI Index: MDE 15/059/1999.

---- (1998) Annual Report 1998 Israel and the Occupied Territories.

---- (1997) Annual Report 1997 Israel and the Occupied Territories.

---- (1996a) Israel/Lebanon Unlawful Killings during Operation Grapes of Wrath. AI Index: MDE 15/042/1996

---- (1996b) Israel/Lebanon: Amnesty International demands effective protection for civilians, calls for proper enquiry into killings by Israel. AI Index: MDE 15/049/1996.

Bard, M. (2003) *Myths and Facts Online Israel and Lebanon* [Internet]. Einsehbar auf: *http://www.us-israel.org/jsource/myths/mf11.html*, eingesehen am 6. September 2003

Bauer, Y. (1970) *Flight and Rescue: Brichah.* (New York: Random House)

Beilin, Y. (1985) *Mehiro Shel Ihud.* (Hebräisch) (Revivim)

Bohm, A. (1935) *Die Zionistische Bewegung.* (Berlin)

Boyle (2002) *The Two O'Clock War: The 1973 Yom Kippur Conflict and the Airlift that Saved Israel.* (New York: St. Martins Press)

Bregman, A. (2003) *A History of Israel.* (Basingstoke, Hants: Palgrave Macmillan)

British Government (1947) The Political History of Palestine under the British Administration. [Memorandum für das United Nations Special Committee on Palestine], (Jerusalem)

---- (1939) Bericht eines Ausschusses über die Korrespondenz zwischen Sir Henry McMahon und dem Scharif von Mecca. Parliamentary Papers - Cmd. 5974

---- (1930) Palestine: Report on Immigration, Land Settlement and Development - Cmd. 3686

---- (1919a) Public Record Office. Foreign Office No. 800/215

---- (1919b) Public Record Office. Foreign Office No. 371/4183

B'Tselem (2005) Casualty Statistics, 2000-2007. [Internet] Einsehbar auf: *http://www.btselem.org/English/Statistics/Casualties.asp*, eingesehen am 30. Juli 2007

---- (2003a) Casualty Statistics 1987-2003. [Internet] Einsehbar auf *ttp://www.btselem.org/English/Statistics/Total_Casualties.asp*, eingesehen am 6. September 2003

---- (2003b) Opferzahlen der Al-Aqsa Intifada, Zahlen nach Monaten. [Internet] Einsehbar auf : http://www.btselem.org/English/Statistics/Al_Aqsa_Fatalities_Tables.asp, eingesehen am 6. September 2003

---- (2003c) *Behind the Barrier: Human Rights Violation as a Result of Israel's Separation Barrier.* B'Tselem Position Paper. April 2003

---- (2000) *Illusions of Restraint.* Report, Dezember (2000)

Cattan, H. (1973) *Palestine and International Law.* (London: Longman)

Cockburn, A. und Cockburn, L. (1991) *Dangerous Liaison: The Inside Story of the US-Israeli Covert Relationship.* (New York: Harper Collins)

Crum, B.C. (1947) *Behind the Silken Curtain.* (New York: Simon & Schuster)

Dodd, P. und Barakat, H. (1968) Rivers Without Bridges. (Beirut: Institute for Palestine Studies)

Eban, A. (1992) *Personal Witness: Israel through my Eyes.* (New York: Putnam Publishing)

---- (1977) *An Autobiography.* (New York: Random House)

Eddy, W. (1954) *F.D.R. Meets Ibn Saud.* (New York: American Friends of the Middle East)

Feingold, H.L. (1970) *The Politics of Rescue.* (New Brunswick: Rutgers University Press)

Flapan S. (1987) *The Birth of Israel: Myths and Realities.* (New York: Pantheon Books)

Finkelstein, N. G. (2001) *Image and Reality of the Israel-Palestine Conflict.* (London: Verso)

---- (1996) *The Rise and Fall of Palestine: A Personal Account of the Intifada Years.* (Minneapolis: University of Minnesota Press)

Fisch, H. (1982) *The Zionism of Zion.* (Hebräisch) (Tel-Aviv: Zmora Bitan)

Flapan, S. (1987) *The Birth of Israel: Myths and Realities.* (New York: Pantheon Books)

Foundation for Middle East Peace (1997). *Siedlerzahlen 1972-97.* [Internet] Einsehbar auf: *http://www.fmep.org/charts/chart9811_1.gif*, eingesehen am 6. September 2003

Friedlander, D. und Goldscheider, C. (1979) *The Population of Israel.* (New York: Columbia University Press)

Gabbay, R. (1959) *A Political Study of the Arab-Jewish Conflict: the Arab Refugee Problem.* (Geneva: Librairie E. Droz.)
Gush Shalom. (2003) *Barak's Generous Offers.* [Internet] Einsehbar auf: *http://www.gush-shalom.org/generous/generous.html*, eingesehen am 6. September 2003

---- (1998) *Who is Violating the Agreements?* [Internet] Einsehbar auf: http://www.gush-shalom.org/archives/oslo.html, eingesehen am 6. September 2003

Heller, Y. (1985) The Struggle for the State: Zionist Diplomacy of the Years 1936-48. [Hebräisch] (Jerusalem: Jewish Agency Protocols)

Herzl, T.; Alex Bein et. Al. (Hrsg.) (1984) *Briefe und Tagebücher Bd. 2.* (Berlin u.a.: Propyläen)

Hirst D. (1977) *The Gun and the Olive Branch.* (London: Faber & Faber)

Hitchens, C. und Said, E. (1988) *Blaming the Victims.* (London: Verso)

Human Rights Watch (1998) *Security Pact May Encourage Human Rights Violations.* Pressemitteilung, New York 22. Oktober 1998.

---- (1996) *Israel's Closure of the West Bank and Gaza Strip.* Juli 1996, Bd. 8, Nr 3. (E).

Hunter, J. (1996) *Israeli Foreign Policy: South Africa and Central America.* (Boston: South End Press)

Independent Television Commission (2003) *The Public's View.* 33 Foley Street, LONDON W1 W7

Ingrams, D. (1972) *Palestine Papers 1917-1922, Seeds of Conflict.* (London: John Murray)

Israelische Streitkräfte (2003) *Zahlen der getöteten/verwundeten israelischen Zivilisten an der Grenze zum Libanon 1985-99.* [Internet] Einsehbar auf: *http://www.idf.il/english/statistics/civilian.stm*, eingesehen am 5. September 2003
Israelisches Außenministerium (2004) Kabinettsentscheidung zum Rückzugsplan, 6. Juni 2004. [Internet] Einsehbar auf: *http://www.mfa.gov.il/MFA/Peace+Process/Reference+Documents/Revised+Disengagement+Plan+6-June-2004.htm*, eingesehen am 5. Februar 2006

---- (1999) *Suicide and Other Bombing Attacks Inside Israel Since the Declaration of Principles, September 1993.* [Internet] Einsehbar auf: *http://www.mfa.gov.il/mfa/go.asp?MFAH0i5d0*, eingesehen am 5. September 2003

---- (1996) *Israel's Settlements: Their Conformity with International Law.* [Internet] Einsehbar auf: http://www.israel.org/mfa/go.asp?MFAH0dgj0, eingesehen am 5. September 2003

Kapeliouk, A. (1984) *Sabra and Shatila: Inquiry into a Massacre.* (Belmont, MA: Association of Arab-American University Graduates)

Karsh, E. (2000) *Fabricating Israeli History: The 'New Historians'.* (London: Frank Cass)

Khalidi, W. (1988) Plan Dalet: Master Plan for the Conquest of Palestine. *Journal of Palestine Studies*, Herbst 1988

Kimmerling (1983) *Zionism & Territory: The Socio-Territorial Dimension of Zionist Politics.* (Berkley: University of California Regents)

Laqueur, W. und Rubins, B. (1984) *The Israel-Arab Reader.* (New York: Facts on File/Viking Penguin)

Lilienthal, A. (1978) *The Zionist Connection.* (New York: Dodd, Mead & Co.)

Linowitz, S. (1957) The Legal Basis for the State of Israel. *American Bar Association Journal*, Bd. 43

Lorch, N. (1961) *The Edge of the Sword: Israel's War of Independence, 1947-1949.* (New York: Putnam)

Lustick, I. (1980) *Arabs in the Jewish State: Israel's Control of a National Minority.* (New York: University of Texas Press)

McCarthy, J. (1990) *The Population of Palestine.* (New York: Columbia University Press)

Masalha, N. (1999) The 1967 Palestinian Exodus, in Karmi, Ghadi and Cotran, Eugene, *The Palestinian Exodus 1948-1998.* (London: Garnet Publishing)

---- (1992) *Expulsion of the Palestinians: The Concept of 'Transfer' in Zionist Political Thought.* (Beirut: Institute for Palestine Studies)

Mayhew, C. (1973) *Crossroads to Israel.* (Bloomington, IN: Indiana University Press)

Morris, B. (2001) *Righteous Victims: A History of the Zionist-Arab Conflict.* (New York: Vintage Books)

---- (1997) *Israel's Border Wars, 1949-1956 Arab Infiltration, Israeli Retaliation, and the Countdown to the Suez War.* (Oxford: Oxford University Press)

---- (1992) *Israel's Secret Wars: A History of Israel's Intelligence Services.* (London: Futura Publications)

---- (1989) *The Birth of the Palestinian Refugee Problem.* (London: Cambridge University Press)

Neff, D. (1985) *Warriors for Jerusalem.* (New York: Smithmark Publishing)

Netanyahu, B. (2000) *A Durable Peace: Israel and its Place Among the Nations.* (New York: Warner Books)

Ovendale, R. (1999) *The Origins of the Arab-Israeli Wars.* (Harlow: Pearson)

Pappe, I. (1999) Were they Expelled? The History, Historiography and Relevance of the Palestinian Refugee Problem, in Karmi, Ghadi and Cotran, Eugene. *The Palestinian Exodus 1948-1998* (Reading: Garnet Publishing)

Perlmutter, A., Handel, M., Bar-Joseph, U. (1982) *Two Minutes over Baghdad.* (London: Vallentine Mitchell)

Philo, G. (2002) 'Television News and Audience Understanding of War, Conflict and Disaster'. *Journalism Studies*, Bd. 3, (2) (London: Routledge)

Pundak, R. (2001) From Oslo to Taba: What Went Wrong? *Survival*, Bd. 43, Nr. 3

Peters, J. (1984) *From Time Immemorial: The Origins of the Arab-Jewish Conflict over Palestine.* (New York: HarperCollins)

Randal, J. (1983) *The Tragedy of Lebanon: Christian Warlords, Israeli Adventurers and American Bunglers.* (London: Chatto & Windus/The Hogarth Press)

Segev, T. (2001) *One Palestine, Complete. Jews and Arabs Under the British Mandate.* (London: Abacus)

---- (1993) *The Seventh Million: The Israelis and the Holocaust.* (New York: Hill and Wang)

Shafir, G. (1999) Zionism and Colonialism, in Pappe, Ilan, *The Israel/ Palestine Question.* (New York: Routledge)

Shahak, I. und Mezvinsky, N. (1999) *Jewish Fundamentalism in Israel.* (London: Pluto Press)

Shahak, I. (1995) *Analysis of Israeli Policies: The Priority of the Ideological Factor.* Bericht Nr. 154. 12. Mai 1995

Shlaim, A. (2003) *The War of the Israeli Historians.* Vortratg in der Georgetown University, 1. Dezember 2003 [Internet] Einsehbar auf: *http://ccas.georgetown.edu/research-articles.cfm?id=96*, eingesehen am 6. September 2003

---- (2001) *Israel and the Arab Coalition in 1948*. In Eugene Rogan und Avi Shlaim (Hrsg.), *The War for Palestine: Rewriting the United States and the Israeli-Palestinian Conflict History of 1948*. (Cambridge: Cambridge University Press)

---- (2000) *The Iron Wall: Israel and the Arab World*. (London: Penguin Press)

Shonfeld, M. (1977) *The Holocaust Victims Accuse: Documents and Testimony on Jewish War Criminals, Part I.* (Brooklyn: Neturei Karta of USA)

Tillman, S. (1982) *The United States in the Middle East: Interests and Obstacles.* (Bloomington: IN: University of Indiana Press)

United Nations (1999) Commission on Human Rights: 1999/5. Question of the violation of human rights in the occupied Arab territories, including Palestine. E/CN.4/RES/1999/5, 23. April 1999

---- (1997) Illegal Israeli actions in occupied East Jerusalem and the rest of the Occupied Palestinian Territory. Resolution A/RES/ES-10/2, verabschiedet am 25. April 1997

---- (1996) UN Report on Israel's Bombing of the United Nations Compound at Qana, Lebanon. S1996/337 7. Mai 1996

---- (1994) United Nations Commission on Human Rights. Question of the violation of human rights in the occupied Arab territories, including Palestine. E/CN.4/RES/1994/3 (A+B)E/1994/24E/CN.4/1994/132 18. Februar 1994

---- (1990) The Origins and Evolution of the Palestine Problem 1917-1988. [Internet] Einsehbar auf: *http://domino.un.org/UNISPAL.NSF/561c6ee353d740fb8525607d00581829/aeac80e740c782e4852561150071fdb0!OpenDocument*, eingesehen am 6. September 2003

---- (1988) Report of the Special Committee to Investigate Israeli Practices Affecting the Human Rights of the Population of the Occupied Territories. Resolution 43/58A, verabschiedet am 6. Dezember 1988

---- (1945) Völkerbund. The Mandate System. Origin Applications Principles. 30.April 1985. LoN/1945.VI.A.1

Usher, G. (2006) The Wall and the Dismemberment of Palestine. *Race & Class*, 47, 9-30.

Weisgal, M. (1944) *Chaim Weizmann* (New York: Dial Press)

Yisraeli, D. (1974) The Palestine Problem in German Politics. (Bar Ilan University: Ramat Gan)